复旦附中『双新』语文课
《论语》东西方对读

黄荣华 主编

广西师范大学出版社
·桂林·

图书在版编目(CIP)数据

复旦附中“双新”语文课.《论语》东西方对读 / 黄荣华主编. —桂林：广西师范大学出版社，2022.6
ISBN 978－7－5598－4889－5

Ⅰ.①复… Ⅱ.①黄… Ⅲ.①中学语文课－教学参考资料 Ⅳ.①G634.303

中国版本图书馆 CIP 数据核字(2022)第056512号

复旦附中“双新”语文课.《论语》东西方对读
FUDANFUZHONG “SHUANGXIN” YUWENKE.《LUNYU》DONGXIFANG DUIDU

出 品 人：刘广汉
责任编辑：刘美文　伍忠莲
装帧设计：李婷婷

广西师范大学出版社出版发行
(广西桂林市五里店路9号　　邮政编码:541004
网址:http://www.bbtpress.com)
出版人:黄轩庄
全国新华书店经销
销售热线：021－65200318　021－31260822－898
山东韵杰文化科技有限公司印刷
(山东省淄博市桓台县桓台大道西首　邮政编码：256401)
开本：720 mm×1 000 mm　1/16
印张：17　　字数：314 千字
2022年6月第1版　　2022年6月第1次印刷
定价：58.00元

前　言

黄荣华

思考了多年的“东方经典东西方对读”课程，终于有了实实在在的进展。

这个课程可以融进 2023 届同学的语文学习了。

自 2010 年以后，越来越感觉语文教育的困难，在诸多原因中，有一点就是学生对古典文明的隔膜越来越深，无论是东方文明还是西方文明。为什么会这样呢？总体而言，是学生生长的文明环境基本上属于由“现代”“后现代”的“碎片化文明”组接而成的“文明境域”造成的。我用一个比喻来说明这一点：学生都知道唐三彩是珍品，但由于没有见过真正、完整的唐三彩，更没有真正“研究”过唐三彩，因此常常将自己见到过的某块“唐三彩碎片”当成唐三彩本身。“唐三彩碎片”是极锋利的、极具杀伤力的，把玩越久，伤害就会越大。许多学生常常在“唐三彩碎片”一般的“碎片化文明”的高度“刺激”中，激动不已，不能自拔，越伤越重。

“现代”“后现代”的“碎片化文明”是现代主义、后现代主义在反思、反叛、解构古典传统的过程中逐步形成的人类当代生活的“文明境域”。由于中华传统文明在与近现代世界文明的激烈碰撞中是“严重伤残者”，因此，人类的当代“文明境域”基本上由西方“碎片化文明”重构，并没有多少中华传统文明的“因子”。这样，身处当代世界“文明境域”中，我们的学生就必然与东西方古典文明产生隔膜。因此，我们的语文教育才越来越困难。

而人类古典文明构成了人类文明的基本形态，政治、经济、军事，个人、家庭、族群……东西方尽管有诸多差异，但基本信念一致，如爱的信念、公平的交往原则、疾恶如仇的心理、探求真理的天性……正是这些基本信念，使得人类有了同理心与共同情感，有了互信、互爱、互利，有了“共和”理想，有了“大同”理想，有了“命运共同体”认知。正是在这些基本信念的支持下，东西方几乎在差不多的时间里，诞生了老子（约公元前 571—公元前 471 年）、释迦牟尼（约公元前 566—公元前 486 年）、孔子（公元前 551—公元前 479

年）、苏格拉底（公元前469—公元前399年）、亚里士多德（公元前384—公元前322年）、以色列先知等一大批圣人。他们各自创立的思想体系，共同构筑了人类文明的精神基石，构成了人类文明的大逻辑。

当代基础语文教育当然不可能等同于人类古典文明教育，但人类古典文明教育一定是当代基础语文教育的重要内容，甚至是基础语文教育的基石。因此，如何消除学生对东西方古典文明的隔膜，引导学生深入古典文明的深处，应当是当代语文教育必须面对、必须解决的核心问题。

基于这样的思考，自2009年开始，我们在教育设计中增设了“中国人”与“外国人”两门相对应的课程。

“中国人”课程由“儒家的理想人”“墨家的理想人”“道家的理想人”“法家的理想人”“释家的理想人”“魏晋时期‘觉醒’的人”“儒道合流的人”“儒道释合流的人”“明代寻找真我的人”“近代寻求真理的人”“现代寻求‘解放’的人”“当代‘走向世界’的人”“传说人物”“神话人物”“侠义英雄”十五个单元构成。

“中国人”课程的主要目的是引导学生认识在本民族发展进程中产生过重大影响的民族文化人物，进而认识自己的来路，产生“扎根于大地”的理性力量，不至于彷徨无依，不至于盲目跟风，不至于妄自菲薄。

“外国人”课程由七个部分组成：“古希腊神话人物”“《圣经》中的神”“歌唱‘神曲’的人”“导引‘理性’的人”“呼唤‘人道’的人”“从弗里德里希·尼采到让-保罗·萨特”“从弗兰兹·卡夫卡到米兰·昆德拉”。

在“外国人”课程的教学中，我们尤其关注伏尔泰、维克多·雨果、列夫·托尔斯泰、弗兰兹·卡夫卡、赫尔曼·黑塞等文化名人对中国文化的呼应，关注西方人对中国道家思想的接受。这样的教学引导学生在认识他人的同时，学会用比照的方式更正确地理解自我与他人，构建与他人的和谐关系。

我们期待这样的课程与三年的《论语》研读等课程一起，引导学生构建一个较为完整的人类文明大逻辑，对以“个人主义”为“第一语言”的学生具有长善救失的功能，对被“碎片化文明”伤害的学生有一定的疗治作用。

但不得不说，“中国人”与“外国人”这两门课程现在还在推进中，由于其涉及内容较多等原因，确实无法得到完全落实，因此整体教育效果难以达到。

因此，四年前我就开始构思“东方经典东西方对读”课程，聚焦《论语》《老子》《庄子》这三部经典的东西方对读，将其融入日常语文课程中。

“东方经典东西方对读”课程将在高一、高二两个学年中展开，高一学年聚焦“《论语》东西方对读”，高二学年第一学期聚焦“《老子》东西方对读”，第二学期聚焦“《庄子》东西方对读”。

我们期待“东方经典东西方对读”课程，能够帮助学生在基础教育阶段更好地建立起一个较为完善的人类文明大逻辑。在这个大逻辑中，不仅有对“现代”“后现代”的怀疑与解构，而且有“古典”与“现代”相融相会的精彩重构；不仅有东方文明或西方文明的一极偏斜，而且有东方文明和西方文明相融相会的自我新生。这样，当学生在古与今、东与西的宏阔时空中自由驰骋时，他们就一定是一个自由的人。

尽管我们做了很大的努力，但本书在编写方面一定还有许多需要修正的地方。期待大家的批评。

目录

第一单元 我欲仁，斯仁至矣
——关于仁德的对读

宋 旭

第一则 《论语·颜渊篇》(12.22)

【原文】

樊迟①问仁。子曰②：“爱人。”问知。子曰：“知人。”

樊迟未达③。子曰：“举直错诸枉④，能使枉者直。”

樊迟退，见子夏⑤曰：“乡⑥也吾见于夫子而问知，子曰：‘举直错诸枉，能使枉者直。’何谓也？”

子夏曰：“富哉言乎⑦！舜⑧有天下，选于众，举皋陶⑨，不仁者远矣。汤⑩有天下，选于众，举伊尹⑪，不仁者远矣。”

【注释】

① 樊迟：名须，字子迟，鲁国人；孔子的弟子，小孔子三十六岁。

② 子曰：子，中国古代对有地位、有学问的男子的尊称，有时也泛称男子。《论语》中“子曰”的“子”，都是指孔子。

③ 达：理解，明白。

④ 举直错诸枉：直，正直的人。错，通“措”，放置。诸，之于。枉，不正直的人。

⑤ 子夏：姓卜，名商，子夏是他的字，卫国人；孔子的弟子，小孔子四十四岁。

⑥ 乡：同“向”，刚才。

⑦ 富哉言乎：“言富哉乎”的倒装。富，丰富。

⑧ 舜：传说中上古时代的贤君，继位于尧，传位于禹。

⑨ 皋陶（gāo yáo）：皋氏，名繇，传说中东夷族的首领，曾在舜的手下做过管理刑法的官。古人认为他是执法公正公平的典范。

⑩ 汤：又叫成汤，是商朝的开国君主。

⑪ 伊尹（yǐn）：商朝初期大臣，他辅佐汤王很有成就，是古代有名的贤臣。

【今译】

樊迟请教什么是仁。孔子说：“爱人。”樊迟又请教什么是智。孔子说：“善于了解他人。”

樊迟没有明白老师的意思。孔子又说：“举用正直的人来代替不正直的人，能使不正直的人变得正直。”

樊迟退出来，见到子夏，说：“刚才我去见老师，问他什么是智，他说：‘举用正直的人来代替不正直的人，能使不正直的人变得正直。’这是什么意思？”

子夏说：“这话的含义丰富啊！舜拥有天下后，在众人中挑选人才，举用了皋陶，没有仁德的人就离去了。汤拥有天下后，在众人中挑选人才，举用了伊尹，没有仁德的人就离去了。”

【对读】

人类由于志趋善良而有所成就，成为最优良的动物，如果不讲礼法、违背正义，他就堕落为最恶劣的动物。悖德（不义）而又武装起来，势必引致世间莫大的祸害；人类恰正生而具备［他所特有的］武装［例如言语机能］，这些装备本来应由人类的智虑和善德加以运用，可是，这也未尝不可被运用来逞其狂妄或济其罪恶。于是失德的人就会淫凶纵肆，贪婪无度，下流而为最肮脏最残暴的野兽。城邦以正义为原则。由正义衍生的礼法，可凭以判断［人间的］是非曲直，正义恰正是树立社会秩序的基础。

——［古希腊］亚里士多德著，《政治学》（第一卷），吴寿彭译，北京：商务印书馆，2017 年版，第 9—10 页

【阐释】

孔子在对仁的意义的说明过程中，十分自然地引入对仁政的看法。“爱人”即爱护人，“知人”即了解人，“举直错诸枉”即任用正直的人来代替不正直的人，层层递进，道出为政者施行仁政的必要措施。

亚里士多德则在对善德的论述中，强调了善德（包括礼法、正义等）在人类政治生活中的价值，它不仅是树立社会秩序的手段，而且是建立政治国家的目的。

需要认识的是，尽管两位先哲的思想有诸多相似之处，但社会土壤的不同决定了其政治理念的本质区别。从亚里士多德对善德的强调中可以看出，一个

政体是否优良，关键在于统治目的。亚里士多德是城邦民主的真诚捍卫者，他认为城邦的本性就是民主。孔子处在君主专制的古代中国，仁政思想毫无疑问代表了先秦时代中国政治意识文明的最高成果，而其进步意义是在君主专制制度的前提下存在的。

【例说】

舜用皋陶，汤举伊尹，我们自古便有选贤举能的传统，这也是仁政实施的体现。选贤举能在古时候是“贤”“能”并举，或偏向于贤德，比如汉武帝时期有举孝廉的政策，可以向朝廷推举当地品德高尚的人做官。随着历史的推进，当今社会在人才的选择上或更偏向于“能”，某公司开出200万元年薪抢天才少年的新闻轰动互联网，对于这个现象，你有什么看法？

思路提示：可在对比古今不同时代背景的基础上发表自己的看法。

第二则 《论语·颜渊篇》(12.1节选)

【原文】

颜渊①问仁。子曰：“克己复礼②为仁。一日克己复礼，天下归仁焉。为仁由己，而由人乎哉？”

【注释】

① 颜渊：名回，字子渊，鲁国人；孔子的弟子，小孔子三十岁。

② 克己复礼：克己，克制私欲。复，反，回。礼，行为规范。

【今译】

颜渊请教什么是仁。孔子说：“克制私欲，使言行回复到礼的范围就是仁。一旦能够克制私欲，使言行回复到礼的范围，天下的人就会归依仁了。成就仁在于自身的努力，哪里要仰仗别人呢？”

【对读】

苏格拉底：亲爱的格劳孔啊！也就是因为这个缘故，所以儿童阶段文艺教育最关紧要。一个儿童从小受了好的教育，节奏与和谐浸入了他的心灵深处，在那里牢牢地生了根，他就会变得温文有礼；如果受了坏的教育，结果就会相反。再者，一个受过适当教育的儿童，对于人工作品或自然物的缺点也最敏感，因而对丑恶的东西会非常反感，对优美的东西会非常赞赏，感受其鼓舞，并从中吸取营养，使自己的心灵成长得既美且善。对任何丑恶的东西，他能如嫌恶臭不自觉地加以谴责，虽然他还年幼，还知其然而不知其所以然。等到长大成人，理智来临，他会似曾相识，向前欢迎，因为他所受的教养，使他同气相求，这是很自然的嘛。

——［古希腊］柏拉图著，《理想国：权威全译本》(第三卷)，郭斌和、张竹明译，北京：商务印书馆，2019年版，第109—110页

【阐释】

孔子以“克己复礼”释仁，说的是在礼崩乐坏的春秋末期，一个仁者若想完善个体人格，需要做到的是以周礼来约束自己的行为。如此这般，方能实现“天下归仁”的政治理想。

在古希腊，先哲将个体人格的完善诉诸美的觉醒和文艺教化。柏拉图认为美的艺术或环境能对人格的塑造产生影响，主要表现在能够形成人的审美趣味、审美标准，并建构人的人格品性，从而提升至心灵的和谐境界，这是达到其所提倡的德性的必要方式。

孔子提倡的“克己复礼”和柏拉图提倡的文艺教化，都诉诸社会文化心理结构的建构，塑造符合政治需求的审美主体，塑造文质彬彬的君子，塑造善于治国的理想人，分别创造了东西方文化史上的文艺在萌芽时期的辉煌，对后世产生了深远的影响。

【例说】

例一：有人说今时不同往日，“克己复礼”已不具备孔子所处时代的价值和效用。对此，你的观点是什么？“克己复礼”在当今社会和谐人际关系的构建过程中，是否丧失了生命力和借鉴作用呢？

思路提示：结合时代变迁，辩证扬弃进行分析。

例二：在柏拉图的话语体系里，艺术能促进道德情感的净化和完美人格的塑造，是表达真理的一种特殊形式。那么落实到生活中，绘画、音乐、舞蹈等艺术形式如何对你的思维方式产生影响？

思路提示：结合自身经历进行阐述。

第三则 《论语·阳货篇》(17.6)

【原文】

子张①问仁于孔子。孔子曰：“能行五者于天下为仁矣。”

"请问之。"曰："恭、宽、信、敏、惠。恭则不侮，宽则得众，信则人任②焉，敏则有功，惠则足以使人。"

【注释】

① 子张：姓颛孙，名师，子张是他的字，陈国人；孔子的弟子，小孔子四十八岁。

② 任：任之以事。

【今译】

子张向孔子请教什么是仁。孔子说："能在天下实行五种美德就是仁了。"

子张说："请问是哪五种美德？"孔子说："庄重、宽厚、诚信、勤敏、慈惠。庄重就不会遭受侮辱，宽厚就可以赢得众人的心，诚信就能被人任用，勤敏就会取得成功，慈惠就可以差使别人。"

【对读】

苏格拉底：其次，让我们考察一下灵魂的善：它们是节制，正义，勇敢，敏悟，强记，豪爽，以及如此等等吗？

美诺：当然。

苏格拉底：而像这样一些不是知识，而是别一类的东西，是有时有益有时有害的；例如，勇敢而不谨慎，岂不只是一种莽撞？一个人若是没有理性，勇敢对他是有害的，但他若是有理性，这对他岂不就有益了？

美诺：对的。

苏格拉底：而对于节制和敏悟也同样可以这样说；不论什么东西，如果有理性地来学来做，就是有益的，但若没有理性地来做，它们就是有害的？

美诺：很对。

苏格拉底：而一般地说，灵魂所企图或承受的一切，如果在智慧的指导之下，结局就是幸福；但如果在愚蠢的指导之下，则结局就相反。

美诺：这似乎是对的。

——［古希腊］柏拉图著，《美诺》，北京大学哲学系外国哲学史教研室编译，《古希腊罗马哲学》，北京：生活·读书·新知三联书店，1957 年版，第 163—166 页

【阐释】

孔子向子张讲了仁的五个具体方面："恭"即对人对事要庄重，"宽"即对

人对事要宽厚，“信”即对人对事要诚信，“敏”即做事敏捷聪慧，“惠”即对人慈惠。强调的是，能行如此五者之人，便已同时符合了对仁者的外在要求和内在约束，因而能够达到不取辱、得人心、受任用、获成功、能差使人的目标和境界。

苏格拉底则列举了善的六个表现：节制，正义，勇敢，敏悟，强记，豪爽。他关注到了这些品质的中性特征，只有其被谨慎地运用时，才会成为美德，反之则是罪恶。因此这段论述强调了在践行“善”的过程中智慧和理性的重要作用。换言之，“善”最终以益还是害的面貌呈现，主要取决于由智慧的灵魂还是无知的灵魂来指导。

从世界范围来看，无论东方西方，仁与善这类核心精神的概念之下都存在具体化的阐述，即便侧重点略有差异，但对施行的强调并无不同。如何为之方为仁者，如何处之可达善道，这些是先哲关注的事情。

【例说】

例一：在中国当代外交中，孔子所言的“恭”“宽”“信”“敏”“惠”依然散发着耀眼的光彩，请你举例谈一谈。

思路提示：可结合我国当代外交理念进行阐述。

例二：当今，网络上出现了一些谩骂拉踩的现象，有些甚至侵犯到个人隐私。这显然有违孔子提倡的“恭”“宽”“信”“敏”“惠”。对于此种现象，请你谈一谈看法。

思路提示：结合自身上网的经历进行阐述。

第四则 《论语·宪问篇》(14.17)

【原文】

子贡①曰：“管仲②非仁者与？桓公杀公子纠③，不能死，又相之。”子曰：“管仲相桓公，霸诸侯，一匡④天下，民到于今受其赐。微⑤管仲，吾其被发左衽⑥矣。岂若匹夫匹妇之为谅⑦也，自经⑧于沟渎⑨而莫之知⑩也？”

【注释】

① 子贡：姓端木，名赐，子贡是他的字，卫国人；孔子的弟子，有辩才，会经商，孔子很喜欢他，曾称他为“瑚琏之器”。

② 管仲：（约公元前723或前716—公元前645年）名夷吾，谥曰“敬仲”，颍上（今安徽省颍上县）人，史称管子。春秋时期齐国著名的政治家、军

事家，被称为“春秋第一相”，辅佐齐桓公成为春秋时期的第一霸主。管仲的言论见于《国语·齐语》，另有《管子》一书传世。

③ 桓公杀公子纠：桓公，即齐桓公，姓姜，名小白，姜太公吕尚的第十二代孙。春秋时期齐国第十六位国君，公元前685—公元前643年在位，春秋五霸之首。齐桓公任管仲为相，推行改革，齐国逐渐强盛。齐桓公于公元前681年在甄（今山东省鄄城县）召集宋、陈等四国诸侯会盟，是历史上第一个充当盟主的诸侯。但晚年昏庸，管仲去世后，任用易牙、竖刁等小人，最终在内乱中饿死。公子纠，齐襄公的弟弟，齐桓公的哥哥。齐襄公在位时，齐国内乱，公子纠和小白分别在管仲、召忽和鲍叔牙的护卫下逃到鲁国和莒国。齐襄公死后，小白用计先返回齐国继承了君位，然后派兵逼迫鲁国杀死了公子纠。召忽为此自杀，管仲被鲁人押送回齐国，经鲍叔牙举荐做了齐国的国相。

④ 匡：正，把……纳入正轨。

⑤ 微：无，没有。

⑥ 被发左衽：被，同“披”。衽，衣襟。当时中原民族的装束是束发、衣襟右开；未开化的少数民族的装束是披发、衣襟左开。

⑦ 谅：遵守信用。这里指小节小信。

⑧ 自经：上吊自杀。

⑨ 渎：小沟渠。

⑩ 莫之知：“莫知之”的倒装，即“没有谁知道他”。

【今译】

子贡说：“管仲不能算是仁人吧？齐桓公杀了公子纠，他不能为公子纠而死，还任相辅佐齐桓公。”孔子说：“管仲辅佐齐桓公，称霸诸侯，把天下纳入正轨，百姓到今天还享受着他的好处。如果没有管仲，恐怕我们也要披散着头发，衣襟向左开。他哪能像普通男女那样恪守小节，自杀在小沟渠里而没有谁知道他呢？”

【对读】

苏格拉底：综上所述，一个人如果不是天赋具有良好的记性，敏于理解，豁达大度，温文尔雅，爱好和亲近真理、正义、勇敢和节制，他是不能很好地从事哲学学习的。那么，如果是一个具备了这些优良品质的人从事这一学习，对此你还有什么可指摘的吗？

格劳孔：对此虽玛摩斯也无法挑剔了。

苏格拉底：因此，像这样的人——在他们教育完成了，年龄成熟了的时侯——不是也只有这样的人你才肯把国家托付给他们吗？

——［古希腊］柏拉图著，《理想国：权威全译本》（第六卷），郭斌和、张竹明译，北京：商务印书馆，2019 年版，第 235—236 页

【阐释】

孔子判断管仲为仁人的主要依据在于其建立了历史功绩：第一，管仲辅佐齐桓公，不以战争手段而以和平手段称霸诸侯，使百姓免于杀伐之苦；第二，由于管仲的辅佐，齐国强盛，使得百姓没有“被发左衽”。

类似的，对于才能和功绩的强调在柏拉图这里体现在其“哲学王”思想中。他认为只有哲学家才具有最高的智慧和理性，能够实现个人的正义，并且只有哲学家成为统治者，使城邦的各个成员各尽其能，才能实现城邦正义。城邦的四种美德——智慧、勇敢、节制和正义在哲学家身上凝聚，因此“哲学王”思想是其构建理想城邦的核心内容。

孔子以管仲为仁者，是以历史功绩作为衡量仁者的尺度。在柏拉图这里，哲学家之所以最适合成为城邦的统治者，是因为其智慧和德性无限靠近理念，其作为统治者最符合城邦利益。二者对于仁者和贤人的评判标准均基于是否有利于共同体的发展。

【例说】

例一：孔子亦曾对管仲表达过微词，因其僭越。“邦君树塞门，管氏亦树塞门。邦君为两君之好，有反坫，管氏亦有反坫。管氏而知礼，孰不知礼？”（《论语·八佾篇》）而又因管仲斐然的历史功绩评价其为仁人，你如何理解孔子的评价标准？

思路提示：可以从两种评价的不同角度进行思考。

例二：秦始皇建立了中国历史上第一个统一的封建王朝，在经济和文化等方面推行了一系列巩固统一的措施，称得上丰功伟绩，但在这个过程中也伴随着暴政，比如虽然为了防御的需要修建长城，但也造成了无数杞梁遗骨，更不用说其为满足私欲而大兴土木。你觉得秦始皇称得上仁吗？谈一谈你的看法。

思路提示：可以结合孔子对仁的表述进行分析。

第五则 《论语·卫灵公篇》（15.10）

【原文】

子贡问为仁。子曰：“工欲善①其事，必先利②其器。居是邦也，事③其

大夫之贤者，友④其士之仁者。”

【注释】

①善：使……善，完善。
②利：使……精良。
③事：侍奉。
④友：与……结为朋友。

【今译】

子贡请教怎样成为仁人。孔子说：“工匠想要做好他的工作，必须首先使他的工具精良。居住在这个国家里，就要侍奉有贤德的大夫，要与有仁德的士人结为朋友。”

【对读】

完善的友爱是好人和在德性上相似的人之间的友爱。因为首先，他们相互间都因对方自身之故而希望他好，而他们自身也都是好人。那些因朋友自身之故而希望他好的人才是真正的朋友。因为，他们爱朋友是因其自身，而不是由于偶性。所以，这样的友爱只要他们还是好人就一直保持着，而德性则是一种持久的品质。其次，他们每个人都既在总体上是好人，又相对于他的朋友是好人，因为好人既是总体上好又相互有用。他们每个人也在这两种意义上令朋友愉悦。因为，好人既在总体上令人愉悦，相互之间也感到愉悦。他们每个人都由于自己的实践而愉悦，因而也由于与他的相似的实践而愉悦，而所有好人的实践都是相似的。第三，这样的友爱自然地是持久的。因为朋友所具有的所有特性都包含在这种友爱中……不过，像这样的友爱是很少的。因为，很少有这样的人。这种友爱需要时间，需要形成共同的道德。

——［古希腊］亚里士多德著，《尼各马可伦理学》（第八卷），廖申白译注，北京：商务印书馆，2017 年版，第 254—256 页

【阐释】

“工欲善其事，必先利其器”，孔子以工匠完善工具来帮助做好工作，比喻君子依靠侍奉贤者、结交仁者作为朋友来帮助仁德的实现。他接受了这个启示，并用其来引导学生。

在亚里士多德这里，友爱分为三种形态：有用的友爱、令人愉快的友爱和德性的友爱。其中德性的友爱作为友爱的完整范例属于高等的友爱，能够促进

城邦形成一种和谐的生活秩序。朋友之间德性的友爱是使整个城邦处于和平状态的牢固纽带。当时的雅典城邦危机四伏，战乱纷争不断，从亚里士多德对结交之人德性的强调可以看出，他对德性的友爱作为城邦的维系力量的重视。

完善的友爱基于好人和相似的德性并发展出共同的道德，这也是孔子“居是邦也，事其大夫之贤者，友其士之仁者”所要传达的内容。

【例说】

伯牙子期高山流水遇知音的交情算不算“友其士之仁者”?

思路提示：可以从对“士”与“仁者”的理解来思考，言之成理即可。

第六则 《论语·学而篇》(1.2)

【原文】

有子①曰：“其为人也孝弟②，而好犯上者，鲜矣；不好犯上，而好作乱者，未之有③也。君子务本④，本立而道⑤生。孝弟也者，其为仁之本与!”

【注释】

① 有子：姓有，名若，鲁国人，孔子的弟子。因他的相貌很像孔子，所以在孔子死后，孔子的弟子们“相与共立为师”，就像跟随孔子学习一样跟随有若。在《论语》中，对孔子的弟子一般称字，只对有若、曾参、冉求等几位尊称为“子”。

② 孝弟：孝，孝敬父母。弟，同“悌”(tì)，敬爱兄长。孝、弟是孔子和儒家特别提倡的两个基本道德规范。朱熹说：“善事父母为孝，善事兄长为弟。”

③ 未之有：即“未有之”的倒装，意思是没有这样的人。

④ 务本：务，致力。本，根本，基础。

⑤ 道：事物的基本道理。

【今译】

有子说：“一个人孝敬父母，敬爱兄长，却喜欢触犯在上位的人，这样的人是很少的；不喜欢触犯在上位的人，却喜欢作乱，这样的人是没有的。君子致力于根本，根本确立了，事物的基本道理就产生了。孝敬父母，敬爱兄长，这就是仁的根本吧!”

【对读】

家室的友爱也有多种，但都是从父母同子女的友爱派生的。父母爱子女，是把他们当作自身的一部分。子女爱父母，是因为父母是他们存在的来源。父母更知道孩子是己之所出，孩子则对这点所知较浅。相比之下，生育者更把被生育者看作是属于自己的。被生育者则较少把生育者看作属于自己。因为，总是产品属于其制作者，正如牙齿、头发等属于它们的所有者，而制作者则不属于其产品，至少在程度上小得多。父母对子女的爱在时间上也更长久。父母从孩子一出生就爱他们。孩子则只有经过一段时间并理解了之后才爱父母。由此便可以明白，母亲何以对子女有更强烈的爱。父母爱孩子，是把他们当作自身（因为出于己身的就如同是与自身分离了的另一自身）。孩子爱父母，则是把他们当作自身的来源。兄弟间互爱，则是由于有共同的生命来源。这种共同的生命来源造成了他们的共同点。所以人们说，兄弟间是血脉相通，骨肉相连。所以，兄弟实际上是相互分离了的同一个存在。兄弟的友爱也由于共同的抚育和年龄相近而增长。因为，要是两人一般大，有共同的道德便是伙伴。所以兄弟的友爱与伙伴的友爱相似。叔伯兄弟以及其他亲属的感情都是从兄弟感情派生，因为他们出于同一祖先。而这种感情的强弱，也总是与同始祖相距之远近相应。

——［古希腊］亚里士多德著，《尼各马可伦理学》（第八卷），廖申白译注，北京：商务印书馆，2017 年版，第 274—275 页

【阐释】

有子这段话强调孝敬父母、敬爱兄长是儒家的立身之本。具体表现在三个方面：孝敬父母、敬爱兄长的人，是不会犯上作乱的；君子修身致力于根本的东西；仁爱的根本是孝敬父母、敬爱兄长。儒家的伦理观主要建立在家庭、血缘和家族上，“孝老爱亲”是儒家家庭伦理的核心，是儒家仁学的基础。

而在古希腊哲人的理解中，在东方伦理观念中占有重要地位的孝悌之道并不存在于他们追求的至高的善德中，取而代之的是更为客观的类似于某种契约和必然性的东西，例如父母与孩子可以类比成产品制作者和产品的关系，他们之间的爱也由此推论出来。在这个过程中不乏对血缘的承认，但那绝非认识西方父母、子女和兄弟间关系的关键所在，亚里士多德认为兄弟的友爱与伙伴的友爱相似。很重要的一点是，亚里士多德并不强调子女对父母的孝，子女对父母的爱归根结底是一种善和优越的爱。与儒家相类似的，大概仅存在于承认父

母、子女和兄弟之间的爱是其他情感的基础，其他情感均派生于此。

由此可见，相较西方文化，基于血缘关系的孝德文化在东方文化中更为强烈。究其原因有以下四点：第一，古希腊社会以城邦为主，城邦之间互相孤立，缺少交流。第二，古希腊不以农业为主，还有从事畜牧业、手工业和海外贸易业的。第三，古罗马接受了古希腊文化影响。第四，古希腊、古罗马经过几次社会大动荡之后，宗族关系被切断，强调亲情较少。不像中国幅员辽阔，土地相对肥沃，世代扎根为农，两千多年来中央集权一统天下，宗族关系源远流长，亲情浓厚。在农业社会中，人们之间的信任很大部分是建立在血缘关系上，家庭不仅是生产的基础单位，而且家庭中以父子关系为核心，逐渐形成了“百善孝为先”的孝德至上观念。

【例说】

例一：罗素曾经就孝道发表过自己的看法，他认为，古代罗马人、希腊人也同中国人一样注重孝道，但随着社会不断向现代化发展，家族关系逐渐淡漠。结合你的观察，谈谈你的观点。

思路提示：可以对孝的传统观念进行追根溯源，结合其当代意义进行观点阐释。

例二：当今社会，父母和子女之间的相处显然已经不似古时，但这能够说明孝悌观念的淡化和消失吗，还是说孝悌在当下依然发挥着重要作用只是转换了表现形式？谈谈你的体会。

思路提示：可以结合例一与自己的切身经历，言之成理即可。

第七则 《论语·子张篇》(19.6)

【原文】

子夏曰：“博学而笃①志，切②问而近思，仁在其中矣。”

【注释】

① 笃：忠诚不变。

② 切：切近。与“近思”的“近”同义。

【今译】

子夏说：“学识广博，志向坚定，贴近现实提出问题，并思考近前的事，仁就在其中了。”

【对读】

我发现，“我想，所以我是”这条真理是十分确实、十分可靠的，怀疑派的任何一条最狂妄的假定都不能使它发生动摇，所以我毫不犹豫地予以采纳，作为我所寻求的那种哲学的第一条原理。

然后我仔细研究我是什么，发现我可以设想我没有形体，可以设想没有我所在的世界，也没有我立身的地点，却不能因此设想我不是。恰恰相反，正是根据我想怀疑其他事物的真实性这一点，可以十分明显、十分确定地推出我是。另一方面，只要我停止了思想，尽管我想象过的其他一切事物都是真的，我也没有理由相信我是过。因此我认识了我是一个本体，它的全部本质或本性只是思想。它之所以是，并不需要地点，并不依赖任何物质性的东西。所以这个我，这个使我成其为我的灵魂，是与形体完全不同的，甚至比形体容易认识，即使形体并不是，它还仍然是不折不扣的它。

——［法］勒内·笛卡尔著，《谈谈方法》，王太庆译，北京：商务印书馆，2004 年版，第 27—28 页

【阐释】

子夏这段话中，谈到了要达到仁需要做的几个方面：让自己的学识广博，坚定自己的志向，能够就当下的实际进行发问，并且联系自己的所知所悟去思考。

其中与西方哲学重合的关键点在于“思”。对于思考的强调在西方哲学史上具有重要价值。法国哲学家勒内·笛卡尔提出的“我想，所以我是”（旧译“我思故我在”）便是与思考相关的开创性哲学命题，具有划时代意义。此观点认为，产生思想的主体是“我”，“我在思想”这件事本身是不需要被怀疑的。可以推论，在勒内·笛卡尔看来，思想是主体存在的基础，如果无法思考，主体就不复存在。“我能思考多久，就能存在多久。”

在儒家看来，思考是达到仁的一种不可或缺的方式，其作用是切实的，旨在对人生有益、对他人有益、对社会有益，因此儒家并不提倡漫无目的、汪洋恣肆地思考，“近思”强调的是思考与实际紧密联系的、与自己的所知有关的。而在勒内·笛卡尔看来，思想怀疑的时候，既可以怀疑思想之内的对象，也可以怀疑思想之外的对象，对于思考这个行为本身的强调超越了其他。相较于东方，西方哲学家对于思考的表述更注重理性，虽然此处并没有提到反思，但勒内·笛卡尔的“我想”其实就是一种对于看到的事物的反思，“我想”和“我是”之间是一种必然的、直接的联系。

【例说】

例一：复旦大学的校训为“博学而笃志，切问而近思”，其中蕴含的期待不言而喻。结合本则所学，谈一谈你可以通过什么样的做法完善自身，努力将自己塑造成对社会有益的人。

思路提示：可结合本则详谈。

例二：现代社会，跟风现象屡见不鲜，大量虚假信息涌入人们的日常生活，这就更需要我们具备独立思考和判断的能力。虽然东西方对于“思”的理解有各自的内涵和指向，但对当下的指导意义不可否认。请结合你的经历谈一谈思考的必要性。

思路提示：可以结合东西方关于“思”的经典论述以及自己对现实的观照进行个性化分析。

第八则 《论语·述而篇》(7.30)

【原文】

子曰：“仁远乎哉？我欲仁，斯①仁至矣。”

【注释】

①斯：这。

【今译】

孔子说：“仁离我们很远吗？我想行仁，这仁就来了。”

【对读】

如今常存的有信，有望，有爱；这三样，其中最大的是爱。

——《哥林多前书》13:13

【阐释】

“我欲仁，斯仁至矣”，孔子将仁表述为很容易实现的事情，实际上他是从实践仁的角度告诉人们，能不能成就仁，关键在于愿不愿意去追求仁，只要诚意去做，便能求仁得仁。这个过程强调的不是智商，不是能力，而是态度，是否有心去追求。

《哥林多前书》13:13 言及信、望、爱三种美德之间的关系。信是相信爱，望是盼望爱，这两者都指向爱。这里所说的爱，不是一般意义上的人情之爱，而是神的爱。在西方文化中，人们普遍认为，神是爱的源头，人对神的正确关系和态度便是信、望、爱，相信爱，盼望爱，获得从神而来的爱，继而去爱自己、爱别人。

欲、信、望都是行动，指向的是仁与爱。《哥林多前书》13:13 对于神之爱的追求和孔子主张的对于仁的追求，其热忱的态度是相通的。

【例说】

例一：对于仁、爱这些终极价值的追求，同样可以应用到对日常生活各类目标的态度。“念念不忘，必有回响”，那些你执着、坚定为之努力的方向，都有了怎样的回响呢？

当然更重要的是锻炼自己接受求而不得。努力的过程中所收获的，已经是另一种意义上的回响了。

思路提示：结合自身经历进行分析，言之成理即可。

例二：先哲的语录在今天看来可以从多个角度理解，例如：“你可以成为任何你想成为的人。”只要付诸行动，朝着目标前进，不改心意，就会接近梦想。请尝试分享你想到的其他诠释。

思路提示：结合自身经历进行分析，言之成理即可。

第九则　《论语·子路篇》(13.27)

【原文】

子曰：“刚、毅、木①、讷②，近仁。”

【注释】

① 木：质朴。

② 讷（nè）：说话谨慎。

【今译】

孔子说：“刚强、果敢、质朴、说话谨慎，具备这四者的人接近于仁。”

【对读】

诸般勤劳都有益处，嘴上多言乃致穷乏。

——《箴言》14:23

智慧人积存知识，愚妄人的口速致败坏。

——《箴言》10:14

【阐释】

“刚”是刚强，“毅”是果敢，“木”是不夸饰、不矫饰、质朴，“讷”是说话谨慎。孔子把慎于言而敏于行看作是一种美德。他认为，刚强、果敢的人不怕威逼利诱而办事果断，质朴、谨慎的人能固守正道而身体力行，四者皆与巧言令色相反，所以具有这四种美德的人就差不多是仁者了。

《箴言》的片段文字也教导人不要夸夸其谈，要注重言语与行为的配合。

从我们的现实生活来看，说话快，行动缓，说话易，行动难，真正做到知行合一的人并不多。故而先哲的告诫和主张在现实生活中是非常具有指导和借鉴意义的。

【例说】

例一：“赵括自少时学兵法，言兵事，以天下莫能当。尝与其父奢言兵事，奢不能难，然不谓善。括母问奢其故，奢曰：‘兵，死地也，而括易言之。使赵不将括即已，若必将之，破赵军者必括也！’”(《史记·廉颇蔺相如列传》)战国时期，赵国大将赵奢有子赵括，说起用兵打仗夸夸其谈，但赵奢并不看好他，认为他虽然熟读兵书，但没有实战经验，纸上谈兵恐遭失败。后赵括领兵到前线，以书上所学理论与秦将白起统率的秦军正面交锋，中了埋伏，赵军数十万惨遭坑杀。请你结合此例谈一谈实践的重要性。

思路提示：可将赵括的例子和本则结合进行分析。

例二：在日常生活中，我们往往遇到两种人，一种在你困难时伸出援手，一种只会讲漂亮话。雪中送炭可谓仁义之为，空口白话则不为人所称道。请谈一谈你的体会。

思路提示：根据自身经历，结合本则内容，言之成理即可。

第十则 《论语·卫灵公篇》(15.9)

【原文】

子曰：“志士仁人，无求生以害仁，有杀身以成仁。”

【今译】

孔子说：“志士仁人，不会贪生怕死而损害仁，只会牺牲自己的性命来成全仁。”

【对读】

……在我看来一个真正把一生贡献给哲学的人在临死前感到欢乐是很自然的，他会充满自信地认为当今生结束以后，自己在另一个世界能发现最伟大的幸福。（苏格拉底）

——［古希腊］柏拉图著，《柏拉图读本》，王晓朝编译，北京：新世界出版社，2007 年版，第 52 页

真正的哲学家为他们的信念而死，死亡对他们来说根本不足以引起恐慌。（苏格拉底）

——［古希腊］柏拉图著，《柏拉图读本》，王晓朝编译，北京：新世界出版社，2007 年版，第 57 页

【阐释】

生命是宝贵的。儒家一贯珍视人的生命。作为一个有气节有仁德的人，他活着，就是要弘扬仁德；而一旦生命与仁德形成激烈的冲突，要求你必须做出抉择时，那宁可牺牲生命，也要成就仁德。这就是孔子这句话的要义。

古希腊哲人亦不惧死亡。当需要维护灵魂的完善时，他们全力以赴，哪怕搭上性命也在所不惜。历史上的苏格拉底面对控告，拒绝逃跑，以身载道。色诺芬谈及苏格拉底之死，写道：“当时苏格拉底年事已高，即使那时不死，以后不久，他的生命仍然是要了结的；其次，他所失掉的只是所有的人都感到智力衰退的人生中最累赘的一段时期，而他所获得的则是：他显示了自己的精神力量；而且胜似任何人，他通过对于自己的案件所作的最真诚、最坦率和最正直的申诉赢得了光荣；并且最镇定、最勇敢地忍受了所判处的死刑。人们一致承认，直到目前为止，还想不起有任何比他更好的忍受了死的人……所有和他在一起的人都清楚地看出，苏格拉底生活得和以前的时候没有一点两样，其实，在这以前，人们对于他比任何人都生活得愉快而恬静就已经非常赞叹了。任何人怎么能死得比这更好？有什么样的死比这样最英勇的死更高尚呢？有什么样的死比这样最英勇的死更幸福呢？有什么样的死比最幸福的死更为神所喜爱呢？”（《回忆苏格拉底》）

这组对读正是东西方哲学家达观生死、气度超凡的人格写照。死亡对哲人来说是灵魂摆脱肉体的束缚，是一种解脱，真正的哲人不会贪生怕死，生命的意义在于灵魂的完善，即使肉身死去，得到净化的灵魂也终将不朽。

【例说】

例一：历史上存在许许多多面对死亡举重若轻的仁人志士，请结合《史记·刺客列传》中专诸、豫让、聂政和荆轲的事例，谈一谈你对舍生取义、杀身成仁的理解。

思路提示：需研读《史记·刺客列传》，简述所选事例并进行分析，进而完成对舍生取义、杀身成仁的阐述。

例二：陀思妥耶夫斯基在《卡拉马佐夫兄弟》中说：“人的存在的秘密并不仅仅在于活着，而是在于为什么活着。如果不能认准自己为什么活着，人就不愿意活着，与其留在世上，不如毁灭自己，哪怕他的周围尽是面包。”请你谈一谈对这段话的理解。

思路提示：可选择一些文章进行对照解读，例如《报任安书》等。

第十一则 《论语·卫灵公篇》(15.36)

【原文】

子曰：“当仁，不让于师。”

【今译】

孔子说：“遇到可实行仁德的机会，对老师也不用谦让。”

【对读】

也许，我们最好先考察一下普遍善的概念，研究一下它的含义是什么，尽管这种讨论令人为难，因为它要谈及我们自己的朋友所提出的理论。不过我们最好还是这样选择。的确，为了维护真而牺牲个人的所爱，这似乎是我们，尤其是我们作为爱智慧者的责任。因为，虽然友爱与真两者都是我们的所爱，爱智慧者的责任却首先是追求真。

——［古希腊］亚里士多德著，《尼各马可伦理学》(第一卷)，廖申白译注，北京：商务印书馆，2017年版，第12页

【阐释】

尊师是儒家传统，但在对仁的追求面前，对老师也不用谦让。

同样的态度，在西方哲学史上往往表现为对真理的义无反顾的追寻。在对读选段中“我们自己的朋友”指的是柏拉图及其继任者，亚里士多德在这里开

宗明义，表达“吾爱吾师，吾尤爱真理”的勇气。据亚里士多德的老师柏拉图说，苏格拉底在生命的最后一天曾告诫后人：“至于你们，在采纳我的忠告时，要尽可能地少想苏格拉底，更多地去探索真理。”德国宗教改革家马丁·路德也曾说过：“吾爱柏拉图，吾爱苏格拉底，而尤爱真理。”在这些先哲眼中，师长的教导固然重要，但真理是不可动摇和逾越的。

在这组对读中，孔子和亚里士多德都在强调对于某种至高德性的求索的态度：坚持、真诚、切实、无畏。

【例说】

例一：哈佛大学的校训“与柏拉图为友，与亚里士多德为友，更要与真理为友”，是对“吾爱吾师，吾尤爱真理”这一理念的发挥，足见其影响深远。你觉得这一理念的魅力何在。

思路提示：可以在分析真理理念的历史发展过程中论述其魅力所在。

例二：八岁男孩针对小学二年级《语文》教材里《羿射九日》这篇课文提出了疑问，课文前面说“江河里的水被蒸干了”，后面段落马上又提到“蹚过九十九条大河”，羿是怎么蹚的？男孩对“蹚”字在这里的用法产生了疑问。为了解决男孩的疑问，其母亲多次联系出版社进行询问。终于出版社官方微博回应了男孩的质疑，“蹚”字的确不恰当，会对教材进行适当修改。结合自身实际，说一说你是否有过独立思考、不惧权威、坚持真理的经历。

思路提示：结合自身经历，言之成理即可。

第十二则 《论语·学而篇》(1.3)

【原文】

子曰：“巧言令①色，鲜②矣仁。”

【注释】

① 令：本指美好，这里有讨好的意思。

② 鲜（xiǎn）：少。

【今译】

孔子说：“花言巧语，做出一副讨人喜欢的脸色，这样的人很少有仁德。”

【对读】

他的口如奶油光滑，他的心却怀着争战；他的话比油柔和，其实是拔出来的刀。

——《诗篇》55:21

人心比万物都诡诈，坏到极处，谁能识透呢？我耶和华是鉴察人心、试验人肺腑的，要照各人所行的和他做事的结果报应他。

——《耶利米书》17:9—10

【阐释】

《论语》的这一则表现了孔子对于巧言令色之人的深恶痛绝。他认为，仁不是说出来的，而是要靠行动才能达到的。语言在更多的情况下会成为奸佞小人掩饰过错、欺骗他人的重要媒介，繁杂修饰往往呈现的是与仁相反的心性。孔子亦曾言：“古者言之不出，耻躬之不逮也。”(《论语·里仁篇》)

《诗篇》的这段文字也传达了对于言语的不信任，对于恶言的嗤之以鼻。《耶利米书》的这段文字说耶和华以人的行为作为降下果报的依据。西方文化对于行为的强调，对于机巧言辞的不认同，和孔子对于刚、毅、木、讷的推崇，对于巧言令色的厌恶是一致的，前者能够促进仁的推行，后者则会对其造成阻碍。

【例说】

例一：历史上的佞臣非贤能无才德，全靠谄媚君王、察言观色、逢迎圣意而得到宠幸。籍孺和闳孺并无才干，用谄媚得到了汉高祖和汉孝惠帝的宠爱，甚至和皇帝同起同卧，连公卿大臣都要通过他们和皇帝沟通。邓通为了谄媚皇帝，常为汉文帝吮吸脓血。这些人便是孔子所说的巧言令色之人，为了取宠不惜践踏人格，出卖灵魂。请就这些现象，谈一谈你的看法。

思路提示：可围绕“巧言令色”这个关键词进行分析。

例二：与巧言令色不同，一诺千金的事例在历史的长河里闪烁着粲然光华。东汉时期，范式与张劭少时同在洛阳读书。学成分别时范式承诺两年后的这一天去张劭家拜望老人。约定的时间快到了，张劭让母亲准备酒菜，打算好好招待范式。张劭的母亲认为两地相距太远，又是时隔许久的约定，并不相信范式会来。等到了二人约定的那天，范式果然如期而至，没有忘记当年许下的诺言。当今，古人的这种重诺之风似有减弱。结合你的观察，谈一谈你对范式行为的看法，你是会感动还是会不理解？

思路提示：结合自身体验，言之成理即可。

第十三则《论语·子罕篇》(9.29)

【原文】

子曰："知①者不惑，仁者不忧，勇者不惧。"

【注释】

①知：同"智"。

【今译】

孔子说："明智的人不会迷惑，仁德的人不会忧愁，勇敢的人不会畏惧。"

【对读】

苏格拉底：于是，你愿意让我们来研究如下的问题吗？这种人才如何造就出来？如何把他们带到上面的光明世界，让他们像故事里说的人从冥土升到天上那样？

格劳孔：当然愿意。

苏格拉底：这看来不像游戏中翻贝壳那样容易，这是心灵从朦胧的黎明转到真正的大白天，上升到我们称之为真正哲学的实在。

——［古希腊］柏拉图著，《理想国：权威全译本》(第七卷)，郭斌和、张竹明译，北京：商务印书馆，2019年版，第284—285页

苏格拉底：亲爱的格劳孔，现在我们必须把这个比喻整个儿地应用到前面讲过的事情上去，把地穴囚室比喻可见世界，把火光比喻太阳的能力。如果你把从地穴到上面世界并在上面看见东西的上升过程和灵魂上升到可知世界的上升过程联想起来，你就领会对了我的这一解释了，既然你急于要听我的解释。至于这一解释本身是不是对，这是只有神知道的。但是无论如何，我觉得，在可知世界中最后看见的，而且是要花很大的努力才能最后看见的东西乃是善的理念。我们一旦看见了它，就必定能得出下述结论：它的确就是一切事物中一切正确者和美者的原因，就是可见世界中创造光和光源者，在可理知世界中它本身就是真理和理性的决定性源泉；任何人凡能在私人生活或公共生活中行事

合乎理性的，必定是看见了善的理念的。

格劳孔：就我所能了解的而言，我都同意。

苏格拉底：那么来吧，你也来同意我下述的看法吧，而且在看到下述情形时别感到奇怪吧：那些已达到这一高度的人不愿意做那些琐碎俗事，他们的心灵永远渴望逗留在高处的真实之境。如果我们的比喻是合适的话，这种情形应该是不奇怪的。

格劳孔：是不足为怪的。

——［古希腊］柏拉图著，《理想国：权威全译本》（第七卷），郭斌和、张竹明译，北京：商务印书馆，2019 年版，第 279 页

【阐释】

仁者之所以不忧，是因为仁者爱人，心中有他人，心中有天下，不会计较个人得失，自然也就不会产生忧愁。心里无私，天地宽广。

同样，在追寻真知的过程中，一旦哲学家观照到美本身，便不忧、不惧、不惑，因其灵魂已经触到哲学的真实，享有了极大的精神富足，如同走出黑暗洞穴来到光明世界的幸运囚徒，他们蹚过暗河，将灵魂向真理引渡。

在追寻仁德和真知的过程中，东西方先哲都找到了替代私欲的真正快乐，眼望更高更广的天地、胸怀更深更远的沉思才是他们的内在发展动力，他们已不会陷入眼前的快乐和物质利益引起的灵魂纷扰的泥沼。

【例说】

例一：依照先哲的看法，私欲和真正的快乐是互斥的。可是现实生活中还有一种论调是“自私使人快乐”。对此，你怎么看？

思路提示：可以从不同取向的价值观、不同层次的格局等多个角度切入分析，辅以具体例证。

例二：健康的灵魂和坚定的精神能够撑起不忧不惧的境界，例如斯蒂芬·霍金，他超常的精神一定程度上弥补了身体的缺陷，他将精力投注于真正有价值的事情中，收获了精神乐趣。这对你有什么启发？

思路提示：细读题干，选择一个角度，言之成理即可。

第十四则 《论语·雍也篇》（6.23）

【原文】

子曰：“知①者乐②水，仁者乐山。知者动，仁者静。知者乐，仁者寿。”

【注释】

①知：同“智”。

②乐：喜爱。

【今译】

孔子说：“智慧的人喜爱水，仁德的人喜爱山。智慧的人灵动，仁德的人沉静。智慧的人快乐，仁德的人长寿。”

【对读】

苏格拉底：那么，关于哲学家我们不也可以这么说吗？哲学家是智慧的爱好者，他不是仅爱智慧的一部分，而是爱它的全部。

格劳孔：是的，他爱全部。

苏格拉底：那么，一个不爱学习的人，特别是如果他还年轻，还不能判断什么有益，什么无益，我们就不会说他是一个爱学习的人，或一个爱智的人。正像一个事实上不饿因而不想吃东西的人，我们不会说他有好胃口，说他是一个爱食者一样。

格劳孔：很对。

苏格拉底：如果有人对任何一门学问都想涉猎一下，不知餍足——这种人我们可以正确地称他为爱智者或哲学家吗？

格劳孔：如果好奇能算是爱智的话，那么你会发现许多荒谬的人物都可以叫作哲学家了。所有爱看的人都酷爱学习，因此也必定被包括在内，还有那些永远爱听的人也不在少数，也包括在内。——这种人总是看不到他们参加任何认真的辩论，认真的研究；可是，仿佛他们已把耳朵租出去听合唱了似的，一到酒神节，他们到处跑，不管城里乡下，只要有合唱，他们总是必到。我们要不要称这些人以及有类似爱好的人，还有那些很次要的艺术的爱好者为哲学家呢？

苏格拉底：绝不要。他们只是有点像哲学家罢了。

格劳孔：那么，哪些是真正的哲学家呢？

苏格拉底：那些眼睛盯着真理的人。

——［古希腊］柏拉图著，《理想国：权威全译本》（第五卷），郭斌和、张竹明译，北京：商务印书馆，2019 年版，第 219—220 页

苏格拉底：好了，现在你必须承认，这个给予知识的对象以真理给予知识的主体以认识能力的东西，就是善的理念。它乃是知识和认识中的真理的原因。

真理和知识都是美的，但善的理念比这两者更美——你承认这一点是不会错的。正如我们前面的比喻可以把光和视觉看成好像太阳而不就是太阳一样，在这里我们也可以把真理和知识看成好像善，但是却不能把它们看成就是善。善是更可敬得多的。

格劳孔：如果善是知识和真理的源泉，又在美方面超过这二者，那么你所说的是一种多么美不可言的东西啊！你当然不可能是想说它是快乐吧？

——［古希腊］柏拉图著，《理想国》（第六卷），张竹明译，
南京：译林出版社，2015年版，第202页

如果说人的生活值得过，那么全在于他的灵魂在这种时候能够观照到美本身。一旦你看到美本身，那么你就绝不会再受黄金、衣服、俊男、美童的迷惑。

——［古希腊］柏拉图著，《柏拉图读本》，王晓朝编译，
北京：新世界出版社，2007年版，第196页

苏格拉底：当一个人的欲望被引导流向知识及一切这类事情上去时，我认为，他就会参与自身心灵的快乐，不去注意肉体的快乐，如果他不是一个冒牌的而是一个真正的哲学家的话。

——［古希腊］柏拉图著，《理想国：权威全译本》（第六卷），郭斌和、张竹明译，
北京：商务印书馆，2019年版，第233页

【阐释】

孔子认为，智慧的人之所以喜爱水，是因为水灵动、活泼，以最佳方式前进，以最佳方式与它的对立面（各种险阻）相处。智慧的人从水的身上看到了自己，也从水的身上获得了启示，故而喜爱水。仁德的人之所以喜爱山，是因为山沉静、稳重、坚定。仁者心怀天下，博爱他人，不汲汲于名利，不浮躁不安，外无贪而内清静，正好与山的特征相似，所以喜爱山。

柏拉图借苏格拉底之口，阐述了哲学家之所以追求善、追求美，是因为善和美中存在着事物的根本，这就和孔子所言的“乐山”“乐水”一样，在求善、求美的过程中，不会跟在自然的纷杂现象和无穷尽的原因后面迷失方向，能够达到灵魂的升华。

也就是说，东西方先哲所追求的事物都具备一种特点，即与其志向符合，能够助其修身择善，塑造理想人格。其理想人格往往有如下表现：对真知的求索，对物欲的淡泊，对政治的疏离，对生死的达观。

【例说】

例一：“乐山”“乐水”境界背后是超乎寻常的广阔襟怀，有多宽的胸襟和

眼界就有多广的世界和多远的前路。“千岩万转路不定，迷花倚石忽已暝。”“黄河落天走东海，万里写入胸怀间。”“长风破浪会有时，直挂云帆济沧海。”“巴陵无限酒，醉杀洞庭秋。”这是李白的襟怀。诗仙绝非浪得虚名，气度、风格前无古人后无来者。李白是否既可算仁者又可算智者？谈谈你的观点。

思路提示：可以结合本则内容进一步思考，言之成理即可。

例二：一些满腔热血的人在遭遇现实的打击后，悄然放弃了追求和理想。现实和理想之间的矛盾应该如何调和？

思路提示：可以选择具体例证支撑观点，进行阐释，增强说服力。

第十五则 《论语·乡党篇》(10.17)

【原文】

厩①焚。子退朝，曰：“伤人乎？”“不②。”问马。

【注释】

①厩：马棚。

②不：同“否”。

【今译】

马棚失火。孔子退朝回来，问：“伤人了吗？”家人回答：“没有。”孔子再问马的伤亡情况。

【对读】

亲爱的弟兄啊，我们应当彼此相爱。因为爱是从神来的。凡有爱心的，都是由神而生，并且认识神。没有爱心的，就不认识神。因为神就是爱。神差他独生子到世间来，使我们借着他得生，神爱我们的心在此就显明了。不是我们爱神，乃是神爱我们，差他的儿子为我们的罪作了挽回祭，这就是爱了。

——《约翰一书》4:7—10

【阐释】

《论语》这一则的断句有争议。一般将最后三个字连在一起“不问马”，体现的是孔子“贵人贱畜”的态度。现在将三个字分开“‘不。’问马”，体现的是孔子“先人后畜”的态度。无论是“贵人贱畜”还是“先人后畜”，站在孔子作为仁的倡导者、仁的践行者的角度来看，都体现了等差之关爱。

在西方文化中，人们普遍认为爱由神而来，基于每个人的互爱，平等之关爱，爱人如己，也就是所谓的博爱。此处可以与本单元第十九则一同来看，更能理解在西方文化的伦理观里，世间无人不可爱，世间无人可偏爱，这就与儒家的仁爱产生了巨大差别。战国末期，墨子提出“兼爱”学说，号召“天下兼相爱”(《墨子・兼爱上》)，儒家思想家孟子、荀子等人对其进行了严厉的批判，荀子说：“礼乐灭息，圣人隐伏，墨术行。”(《荀子・成相》）孟子更是排杨辟墨，他曾经大骂墨子：“杨氏为我，是无君也；墨氏兼爱，是无父也。无君无父，是禽兽也。”(《孟子・滕文公下》）被他们严厉指责的这个“兼相爱”与西方文化的伦理观有异曲同工之处。从根本上讲，儒家先哲所苦心孤诣的是“用血缘模式建构整个伦理实体”(樊浩《中国伦理精神的现代建构》)，念兹在兹的是以“孝”填充这个“血缘模式”的内核，“孝弟也者，其为仁之本与”(《论语・学而篇》）说的就是这个道理。而西方文化要打破这种血缘关系，平等互爱正是这一意志的实践。

【例说】

例一：儒家认为爱有等差，西方文化则主张博爱，你认为谁的主张更合理？谈谈理由。

思路提示：可以根据具体情况进行分析，选择恰当事例对自己的观点进行支持和补充。

例二：“子曰：‘弟子入则孝，出则弟，谨而信，泛爱众而亲仁。行有余力，则以学文。’”(《论语・学而篇》）这和等差之爱、血缘之爱矛盾吗？说说你的理解和看法。

思路提示：题干中提到的几种爱的产生环境和牢固程度是不一样的，或可从这个角度进行分析。

第十六则 《论语・雍也篇》(6.29)

【原文】

子曰：“中庸①之为德也，其至矣乎②！民鲜久矣。”

【注释】

①中庸：不偏不倚，恰到好处。中，折中，调和，无过无不及，不偏不倚。庸，平常，普通，常规常理。

②其……乎：大概……吧。

【今译】

孔子说："中庸作为一种德行，大概是最高的了吧！人们缺少它已经很久了。"

【对读】

在一切事情，中庸是最好的。

——［古希腊］毕达哥拉斯著，《金言》，周辅成编，《西方伦理学名著选辑》（上卷），北京：商务印书馆，1964 年版，第 16 页

过度与不及是恶的特点，而适度则是德性的特点：善是一，恶则是多。

——［古希腊］亚里士多德著，《尼各马可伦理学》（第二卷），廖申白译注，北京：商务印书馆，2003 年版，第 47 页

有三种品质：两种恶——其中一种是过度，一种是不及——和一种作为它们的中间的适度的德性。

——［古希腊］亚里士多德著，《尼各马可伦理学》（第二卷），廖申白译注，北京：商务印书馆，2003 年版，第 53 页

即不及与过度都同样会毁灭德性。

——［古希腊］亚里士多德著，《尼各马可伦理学》（第二卷），廖申白译注，北京：商务印书馆，2003 年版，第 38 页

【阐释】

孔子把中庸看作人生的最高道德，是至善、至诚、至仁、至德的体现。朱熹说："中者，无过无不及之名也。庸，平常也。"中庸意味着恰到好处，至善、至美之境界。一个具有中庸境界的人，在行事上对"度"会有准确的把握，能采取最合适的方式，协调好各种关系。

几乎同一时代，在遥远的古希腊也产生了一种与先秦中庸思想相一致的思潮，那便是古希腊的中庸观。由于地理环境和社会背景的影响，古希腊人更注重对世界本身的思考，这也为中庸思想的发展提供了新的领域。以毕达哥拉斯为例，他在数字、乐律方面的造诣颇高，毕达哥拉斯学派对于数字的研究讲求和谐与平衡，只有和谐才能够被称为"美"。承认和谐、追求和谐也是中庸思想的要素之一，由"中"到"和"的本质就是将中庸向更高层次发展的过程。在经历了古希腊神话以及早期古希腊哲学家的阐发之后，古希腊的中庸观在亚里士多德那里得到了最完备、最全面的弘扬。说是中庸，但通常我们将它翻译成"中道"，其中"中"的含义同先秦中庸基本一致，可译为中正，对"道"的解释相比道理更偏向于道德。因为亚里士多德最初是在德性的基础上提出"中道"

的，它是一种对道德的规范，是要求人们务必遵守的道德条例。“中道”的使用一直是在伦理学范畴中。

亚里士多德认为当时社会混乱是人们自身德性的混乱，这种混乱导致人们的情感、理性、欲望和品格缺失，而德性混乱的根本原因是人们忘记了适度的原则。人们的行为不是无度就是达不到，人人如此，社会秩序自然混乱，矛盾难以解决，于是，亚里士多德想利用调和的方法维护社会稳定。他认为，过度和不及两种情况不是德性，只有适度才符合要求。“中道”则是最符合实践和德性的做法，它具备理性的特性使得人们做正确的事，理性和正确是符合德性要求的。

亚里士多德的“中道”立足人所具有的理性，特别是道德理性；而先秦儒家的中庸则是从人所具有的道德情感出发，特别是人所具有的向善的道德情感。

【例说】

例一：古希腊神话中，代达罗斯为了和儿子伊卡洛斯离开克里特岛，制造了两对翅膀，他告诫伊卡洛斯不能飞得太低，以免被海水打湿了双翼；也不能飞得太高，以免被阳光晒掉翅膀上的蜂蜡导致双翼损毁。可是伊卡洛斯并没有听从他的劝告，飞得距离天空过近而被太阳光晒融了蜂蜡毁坏了双翼，掉落海中淹死了。这个故事既是神话也是寓言，用最简单的方式告诫人们做任何事不要过度也不要不及。当今社会，人们意识里对于中庸的认同越来越淡漠，认为中庸即大众，对此你有什么看法？践行中庸和张扬个性矛盾吗？应该怎样认识和平衡？

思路提示：几个问题属递进式，先厘清中庸的概念，以及其在当代呈现出何种面向，进而依次回答即可。

例二：维纳斯失去了双臂却成为了最棒的艺术品。请谈一谈你的理解。

思路提示：可以结合对中庸的理解，思考中庸在艺术领域的呈现方式，形成合乎逻辑的答案。

第十七则 《论语·里仁篇》(4.25)

【原文】

子曰：“德不孤，必有邻①。”

【注释】

① 邻：邻居。这里指伙伴。

【今译】

孔子说："有德行的人不会孤单，一定会有（志同道合的人做）伙伴。"

【对读】

通过拒绝身体的罪恶使自己不受污染，以这种方式，我们有可能获得与我们志同道合的人为伴，得到纯洁无瑕的知识，亦即真理。

——［古希腊］柏拉图著，《柏拉图读本》，王晓朝编译，

北京：新世界出版社，2007 年版，第 55 页

【阐释】

道德自有其价值，这种价值会被时间验证，孔子在这里所阐述的便是这个规律。讲道德、践行仁、守原则的人即便暂时孤单，也不会永久孤单，终究会得到大家的理解、支持与真诚的赞誉，对道德的追求会将有德之人聚在一起。

柏拉图也说，在追寻真理的漫漫长路上，会遇到志同道合的人。先哲节制，从事理性的沉思，内心渴求真知和至善，他们不会贪恋眼前的快乐和物质利益而引起灵魂的纷扰，这样的人们总会走到一起，惺惺相惜，这也是他们理应得到的礼物。

【例说】

例一："舜耕历山，历山之人皆让畔；渔雷泽，雷泽上人皆让居；陶河滨，河滨器皆不苦窳。一年而所居成聚，二年成邑，三年成都。尧乃赐舜絺衣，与琴，为筑仓廪，予牛羊。"（《史记·五帝本纪》）舜所居之地，一年成聚，二年成邑，三年成都。这便是"德不孤，必有邻"的完美示范。结合所能想到的例证，谈谈你对这句话的理解。

思路提示：题干部分已给出一个"德不孤，必有邻"的合理例证，自行寻找其他例子，与此例共同解读即可。

例二：李白曾吟诵"古来圣贤皆寂寞"（《将进酒》），你觉得这和"德不孤，必有邻"矛盾吗？为什么？

思路提示："寂寞"与"有邻"所指涉的时空范围并不是局限的，或可由此切入分析。

第十八则 《论语·宪问篇》(14.4 节选)

【原文】

子曰:“有德者必有言,有言者不必有德。”

【今译】

孔子说:“有道德的人一定有传世名言,有传世名言的人不一定有道德。”

【对读】

说谎言的嘴,为耶和华所憎恶;行事诚实的,为他所喜悦。

——《箴言》12:22

行诡诈的,必不得住在我家里;说谎话的,必不得立在我眼前。

——《诗篇》101:7

【阐释】

节选的这则《论语》语录可以分为两个部分。第一部分讲一个人的道德修养到达一定的境界,就必然要外化为“言”,成为人类的共同财富,传之后世。立言传世正体现了儒家积极用世的观念,具备德行的人需要以其德去启发众人。第二部分是说,若是反过来则不一定成立,有言传世的人,未必是德行很高的人。我们已经读过“刚、毅、木、讷,近仁”(《论语·子路篇》),“巧言令色,鲜矣仁”(《论语·学而篇》),在这里则进一步认识到孔子对于“行”的看重。听其言还要观其行,一切判断要落实到行动上。

《箴言》和《诗篇》的片段文字中对于恶劣行为和谎言的批判,对于踏实的、有道德的行为的推崇与儒家是相通的,虽未提及立言传世,但对于“行”的优先级的表述在东西方经典中是一致的,道德的价值和意义在与“言”的对比中被突出。

【例说】

例一:苏格拉底锲而不舍地在街头对青年循循善诱,柏拉图年过六旬仍在前往叙拉古实践政治梦想的路上……他们都有言留世,为人们代代相传。这也是孔子所说“有德者必有言”的典范。你还能想到什么例子?

思路提示:在本则节选内容以及题干所举事例的提示下寻找其他例子,打开思路,古今中外均可。

例二：另外一种情况是，一个品性有瑕的人书写的作品未必不受人喜爱。这便是孔子说的“有言者不必有德”。身负盛名的文学家、哲学家弗朗西斯·培根虽有才华，但其人品却颇为人诟病。诗人亚历山大·蒲伯说他是“最聪明、最出色、最卑鄙的人”。翻译家蒲隆在他的《培根随笔集》译本序里写道：“弗朗西斯·培根可以说是个有言无德的人。他在文章中宣扬节俭，但他的生活却极为阔绰。他当大法官时，光伦敦私宅里的仆人就数以百计，而且个个自以为是，连弗朗西斯·培根的母亲也对此口出怨言。他主张廉洁，但结果受贿丢官，弄得身败名裂。”这样一个人，其作品却流传下来。作者的人品会影响你对其作品的接受吗？你会怎样处理其中的矛盾？

思路提示：根据自身体会，言之成理即可。

第十九则《论语·宪问篇》(14.34)

【原文】

或①曰：“以德报怨，何如？”子曰：“何以报德？以直②报怨，以德报德。”

【注释】

① 或：有人。

② 直：正直。

【今译】

有人说：“用恩德来报答怨恨，怎么样？”孔子说：“那么用什么来报答恩德呢？应该是用正直来报答怨恨，用恩德来报答恩德。”

【对读】

你们听见有话说：“当爱你的邻舍，恨你的仇敌。”

只是我告诉你们，要爱你们的仇敌，为那逼迫你们的祷告。

这样，就可以做你们天父的儿子。因为他叫日头照好人，也照歹人；降雨给义人，也给不义的人。

你们若单爱那爱你们的人。有什么赏赐呢？就是税吏不也是这样行吗？

你们若单请你弟兄的安，比人有什么长处呢？就是外邦人不也是这样行吗？

所以你们要完全，像你们的天父完全一样。

——《马太福音》5:43—48

【阐释】

孔子所述“以直报怨，以德报德”，实际上是在提倡一种宽容的处世之道。不要纠缠于对对方的不满或恨意，放眼未来，以宽广的胸襟来对待不公正和敌意。

西方文化关于博爱的教导中不乏近似的宽容，比如主张用善战胜邪恶、爱自己的敌人等。

在引导人们心胸开阔、宽宏大量方面，无论东方还是西方的先哲都在做出各自的论述和努力。

【例说】

关于宽容，这组对读的相似性背后有没有什么值得深入思考的东西？

思路提示：留意“以直报怨，以德报德”的深层含义。实际上孔子是不主张以德报怨的，他对宽恕的理解是有底线、有原则的，他认为虽然仁者爱人，但还不至于以德报怨，也不能用宽恕、用爱的名义去纵容恶。

第二十则 《论语·为政篇》(2.1)

【原文】

子曰：“为政以德，譬如北辰①居其所②而众星共③之。”

【注释】

①北辰：北极星。

②所：处所，位置。

③共：同“拱”，拱卫，环绕。

【今译】

孔子说：“用道德来治理政事，这就如同北极星那样处在自己的位置上，群星都会环绕在它的周围。”

【对读】

道德德性则通过习惯养成，因此它的名字“道德的”也是从“习惯”这个词演变而来。由此可见，我们所有的道德德性都不是由自然在我们身上造成的……我们是先有了感觉而后才用感觉，而不是先用感觉而后才有感觉。但是德性却不同：我们先运用它们而后才获得它们。这就像技艺的情形一样。对于要学习才能会做的事情，我们是通过做那些学会后所应当做的事来学的。比如，我们通过造房子而成为建筑师，通过弹奏竖琴而成为竖琴手。同样，我们通过做公正的事成为公正的人，通过节制成为节制的人，通过做事勇敢成为勇敢的人。这一点也为城邦的经验所见证。立法者通过塑造公民的习惯而使他们变好。这是所有立法者心中的目标。如果一个立法者做不到这一点，他也就实现不了他的目标。好政体同坏政体的区别也就在于能否做到这点。

——［古希腊］亚里士多德著，《尼各马可伦理学》（第二卷），廖申白译注，北京：商务印书馆，2011 年版，第 36—37 页

【阐释】

孔子在本则《论语》语录中从统治者的角度出发，强调为政者本身的道德修养，强调德治，将其置于为政的中心位置。

亚里士多德同样认为城邦的建立和治理需要道德的加盟，但更强调在立法者的引导下，公民个体道德的习得和培养。在他看来，德性的实现需积极参与活动，需要共同的法律、习俗、教育等制度的引导，需要从小接受良好的训练，培养好习惯，约束自己非理性的过度行为，做到这些，才能成为富有道德的公民。

无论是孔子还是亚里士多德，都关注了道德在共同体建立过程中的重要作用。只不过孔子主张的是德治，而亚里士多德本质上提倡法治。

【例说】

例一：正如著名的伦理学家、哲学家阿拉斯代尔·麦金太尔在其名著《德性之后》中所论述的那样，从荷马时期到中世纪，西方还是比较重视德性的培养，然而，启蒙运动以后，由于功利主义和官僚主义在社会文化中占支配地位，人们中断了对传统德性的思考，不再把德性当作对至善的追求；相反，把德性当作实现外在利益的工具，当作一种“获得性人类品质，这种德性的拥有和践行，使我们能够获得实践的内在利益，缺乏这种德性，就无从获得这些利益”。传统德性的中断，使道德的有效约束力大大降低，使得社会秩序的维护主要依靠强制性法律。

道德约束力下降，依靠法律强制维护社会秩序，会造成什么样的后果？对此你有什么看法？

思路提示：可以采用对实际例证进行分析和与假设相结合的方式阐述观点。

例二：《万历十五年》第二章中说：“技术上的争端，一经发展，就可以升

级扩大而成道德问题，胜利者及失败者也就相应地被认为至善或极恶。”如果只重德治而不重法治，唯道德论，难免发生道德绑架，人身攻击。如王安石变法中守旧派与改革派之间的互相道德攻击，对于对方的合理意见亦不予采纳；张居正改革时亦被人攻击其不为父守孝。对此谈谈你的观点。

思路提示：同本则例一思路一致，可采用实际例证辅助，合理假设。

第二十一则 《论语·阳货篇》(17.14)

【原文】

子曰：“道听而涂①说，德之弃也。”

【注释】

①涂：同“途”。

【今译】

孔子说：“在路上听到没有根据的传闻，又在路上随意地传播出去，这是有道德的人所摒弃的。”

【对读】

所以你们要弃绝谎言，各人与邻舍说实话。

——《以弗所书》4:25

你们的话，“是”就说“是”，“不是”就说“不是”；若再多说，就是出于那恶者。

——《马太福音》5:37

【阐释】

《论语》此则是成语“道听途说”的来源。孔子告诉我们，对于不可靠的话，既不能轻信，也不应乱说。他告诫我们：“多闻阙疑，慎言其余，则寡尤。”(《论语·为政篇》)道听途说是为巧言乱德，是“巧言令色，鲜矣仁”(《论语·学而篇》)，是不实、不诚、不信。故而当消息没有确定，无论出于什么考虑，都应保持缄默。“是故君子宁使言不足而德有余也，毋使言有余而德不足也。”(宋·刘炎《迩言·践行》)

《以弗所书》和《马太福音》的片段文字告诫人们弃绝谎言远离谲诈。当没有定论的时候不妨保持缄默，谨慎言语。利玛窦也说过：“夫口也，又心之藩篱焉，故经曰：‘守言即守心也。’园无藩篱，外患即侵而毁之；心无口之禁，不止受外入之累，自亦逃而失己矣。舌毋先心，可也。吾未尝不言而悔，只多有言之悔耳。”

东西方经典中对于道听途说，散布谣言均是持鄙夷态度的，其不符合德性，也是不智慧的。

【例说】

例一：道听途说常常是没有根据的传闻，如古人所言“必有谬妄”，但在现在一些互联网网站的消息传播中，不实报道层出不穷，甚至是假消息套假消息，连辟谣都是假的。这显然有违媒体伦理，对此你有什么看法？

思路提示：角度多元，可从谣言产生的原因、引发的结果、整改策略等方面进行阐述。

例二：道听途说造成严重问题的很大一部分原因在于，一件事，在场的人听到之后依照自己的理解添油加醋散布出去，这个过程不断重复，造成裂变式的传播，事情的原本面貌就会被各种各样的版本覆盖。人们对于许多历史人物的印象也多来自道听途说，而没有想要去了解真实的他们。对此，请谈谈你的观点。另外，你是否经历过因为听信谣言而造成严重后果的事件？

思路提示：结合自身经历，言之成理即可。

第二单元　朝闻道，夕死可矣

——关于道义的对读

王　旭

第一则《论语·子张篇》（19.22）

【原文】

卫公孙朝①问于子贡曰："仲尼②焉学？"

子贡曰："文武之道③，未坠于地，在人。贤者识其大者，不贤者识其小者。莫④不有文武之道焉⑤。夫子焉不学？而亦何常师之有⑥？"

【注释】

① 卫公孙朝：卫国大夫，姓公孙，名朝。

② 仲尼：孔子的字。

③ 文武之道：周文王、周武王治理天下之道。

④ 莫：没有哪里。

⑤ 焉：兼词，"于之"，在那里。

⑥ 常师之有：即"有常师"，"之"是助词。

【今译】

卫国大夫公孙朝问子贡说："仲尼的学问是从哪里学来的？"

子贡说："周文王、周武王治理天下的大道，并没有失传，还留在人们中间。贤能的人可以了解它的根本，不贤的人了解它的末节。没有什么地方没有周文王、周武王的大道。我的老师哪里不能学道？又何必要有固定的老师呢？"

【对读】

只要我还有生命和能力，我将永不停止实践哲学，对你们进行规劝，向我遇到的每一个人阐明真理……我将对我遇到的每个人这样做，年轻人或老人，外地人或公民，尤其是对你们，我的同胞，因为你们和我的亲属关系最密切。

——［古希腊］柏拉图著，《柏拉图全集》（第一卷），王晓朝译，北京：人民出版社，2002 年版，第 18 页

【阐释】

子贡说了一个非常重要的问题，即孔子的学问来自哪里。孔子承袭了周文王、周武王之道。这实际是说，孔子上承尧、舜、禹、汤、文、武、周公之道，并且肩负着发扬光大的责任。

子贡真是孔子的好弟子，非常懂得老师啊。公元前 496 年，孔子从卫国到陈国去，经过匡地。匡人曾受到鲁国阳虎的掠夺和残杀。孔子的相貌与阳虎相像，匡人误认为孔子是阳虎，所以将他围困住。但孔子有自己坚定的信念，认为自己是周文化的继承者和传播者，匡人不可能把他怎么样。所以他说："文王既没，文不在兹乎？天之将丧斯文也，后死者不得与于斯文也；天之未丧斯文也，匡人其如予何？"（《论语·子罕篇》）意思是说："周文王死了以后，周朝的礼乐文化不都体现在我的身上吗？上天如果想要灭绝这些文化，那我就不可能掌握这些文化了；上天如果不灭绝这些文化，那么匡人又能把我怎么样呢？"

孔子继承先王之道，并发扬光大，创立仁爱之道，泽被后世。所以柳诒徵在《中国文化史》（上卷）之《孔子》开篇即说："孔子者，中国文化之中心也。无孔子则无中国文化。自孔子以前数千年之文化，赖孔子而传；自孔子以后数千年之文化，赖孔子而开。"

苏格拉底面对腐蚀青年人的心灵、渎神的控告，出席雅典公民大会并为自己辩护。在《申辩篇》中，他告诉世人他不仅没有腐蚀青年人的心灵，没有亵渎当时雅典人所信奉的神，而且还始终自觉承担、践行着他的哲学，虔诚地信仰他所信奉的神，遵守法律，追求真理，甚至不惜以生命为代价，向所有人传承他所认为的大道。虽然苏格拉底本人没有留下文字，但是在他之后，他的学生柏拉图，柏拉图的学生亚里士多德都创立学园，著书立说，始终坚持追求真理，对西方影响深远。

【例说】

例一：1992 年安徽省亳州市鹿邑太清宫镇东北方向 5 千米处的安溜镇出土了孔子"问礼宫石刻"，画像上孔子所指之处即为老子的故里鹿邑。除此之外，出土汉画像石中，还有很多关于记录孔子见老子的雕刻图像。据记载，孔子不仅曾先后四次向老子请教，还学于孟苏、夔靖叔。圣人无常师，以天下为己任，传承、发扬大道，说的就是他这样的人。

例二：让-雅克·卢梭出身于瑞士一个贫苦的牧师家庭，一生颠沛流离，做过学徒、秘书、乐谱抄写员。他与不同的人共同学习古典文学、绘图、数学、音乐、化学等。1753 年，他在圣日耳曼短期旅行时，为应征第戎学院征文写下《论人类不平等的起源和基础》，声名鹊起。后又选取《政治制度论》中的一部分出版，即《社会契约论》。1762 年，他的《爱弥尔》出版，法国大主教毕蒙、巴黎高等法院先后发出禁令，并追捕他。古今中外，像让-雅克·卢梭这样的启蒙者、先驱者有很多，他们之所以无所畏惧地追求真理，将公平、正义散播到社会各个角落，为人类生活带来更大的幸福，想必也是为了自己心中的“道”。

第二则 《论语·里仁篇》(4.8)

【原文】

子曰：“朝闻道，夕死可矣。”

【今译】

孔子说：“早晨明白了道，即使晚上死了也值得。”

【对读】

已经有许多无辜者遭到诬陷，我想这种情况还会继续下去，他们也不像要停止对我的诬陷。但是，有人也许会说，苏格拉底，你做了一系列事情使你面临死刑的危险，你不感到懊悔吗?

对此我会公正地回答说，我的朋友，如果你认为一个人要在掂量了生存与死亡之后才决定是否值得在某件事上花时间，那么你错了。他在采取任何行动时只考虑一件事，这就是他的行为是否正确，无论善人还是恶人都一样。

——［古希腊］柏拉图著，《柏拉图读本》，王晓朝编译，北京：新世界出版社，2007 年版，第 14 页

【阐释】

朝、夕，指时间之短。这里孔子表达了自己对“道”的强烈追求。这种强烈性，不是一般的执着，而是以“死”为代价。由此可见，在孔子的世界中，精神追求何其重要！由此也可看到，“道”是仁德之人的最高存在形式。

面对死亡，苏格拉底依然坚定地选择自己认为正确的道路，不愿自己的亲友通过行贿来换取生的机会，彻底践行自己的哲学。由此可见，在苏格拉底眼

中，正义与法律远重于生命，他宁愿以死让世人明白正义与法律的重要性。死亡对他而言，无非是另一种生的形式。他是在用自己的生命告诫世人，行为的正确、正义以及法律高于一切。这种精神在西方很多哲人、政治家身上都能看到，让-雅克·卢梭那句“为真理献身”就是其中之一。

【例说】

例一：公元前72年，汉宣帝要求群臣商议汉武帝的“尊号”与“庙乐”，当时很多官员都赞成他的决定。只有长信少府夏侯胜极力反对，认为汉武帝没有恩泽百姓，不能另立庙乐。丞相长史黄霸支持夏侯胜，拒绝在弹劾他的联名书上签字。

于是，丞相蔡义和御史大夫田广明声讨夏侯胜大逆不道。之后，又检举黄霸包庇怂恿夏侯胜，将他们抓捕入狱，判处死刑。但是汉宣帝没有按“大逆不道”的罪名将他们处死并“夷三族”，而是长期关押在狱中。

黄霸和夏侯胜被关在狱中，很久也没有行刑，黄霸就提议要跟夏侯胜学习经术，夏侯胜以获死罪为由推辞。黄霸引用《论语·里仁篇》说：“朝闻道，夕死可矣。”夏侯胜听到之后，便决定教他学习《尚书》。

例二：有人说，精神追求很重要，实现自己信仰的“道”也很重要。但追求“道”，没有必要过于执着，以生命为代价。在某些特殊的时期里，甚至可能还需卧薪尝胆，忍辱负重。对此，你怎么看？

思路提示：追求自己信仰的“道”并实现它，是否要以生命为代价？这个问题的实质，是我们追求的是什么“道”，追求这样的“道”是为了什么，最终如何践行它，生与死是在践行“道”的过程中所做出的取舍。当一个人在追求“道”的过程中，面临生死抉择，可能有的人选择了气节与骨气，付出生命，比如文天祥、康有为等；可能有的人选择以屈辱的方式活下来，但以另一种方式践行自己所信仰的“道”，比如司马迁等。

窃以为无论生与死，都应当是对自己信仰的一种践行。正如孔子所说的“朝闻道，夕死可矣”，并不是说我们早上明白了“道”，晚上就心甘情愿赴死，而是我们要有精神追求，有自己信仰的“道”，并为此做出极大的努力。

例三：诗人臧克家曾写下这样的诗句：

“有的人活着，
他已经死了；
有的人死了，
他还活着。”

很多时候，精神层面的追求对于一个人而言，其实意味着是否真正活着。

第三则 《论语·卫灵公篇》(15.29)

【原文】

子曰：“人能弘①道，非道弘人。”

【注释】

①弘：弘扬，使……光大。

【今译】

孔子说：“人能够使道光大，不是道使人光大。”

【对读】

如果在我们活动的目的中有的是因其自身之故而被当作目的的，我们以别的事物为目的都是为了它，如果我们并非选择所有的事物都为着某一别的事物（这显然将陷入无限，因而对目的欲求也就成了空洞的），那么显然就存在着善或最高善。那么，关于这种善的知识岂不对生活有重大的影响？它岂不是，像射手有一个标记帮助他一样，更能帮助我们命中正确的东西？

——［古希腊］亚里士多德著，《尼各马可伦理学》（第一卷），廖申白译注，北京：商务印书馆，2017年版，第3页

【阐释】

《论语》这一则历来有多种解释，这里介绍两种：

（1）人应当弘道，人不应借道弘己。以道弘人，用道来装点门面，哗众取宠，那不是真正的君子所为。

（2）人能够弘道，但弘道之人往往得不到道的保护，所以说“非道弘人”。

从孔子对道的追求看，他的核心还是在讲人应当弘道，不要想着借道弘人。

“最高善”——幸福（eudaimonia），是亚里士多德伦理学的最高目标。“eudaimonia”在传统上被译为“幸福”，与“昌盛”“好运”联系在一起。自苏格拉底开始，它有了“做得好”“过得好”的含义。亚里士多德认为我们应该学习最高善的知识，充分发展并且实践自己灵魂中的各种德性。无论是在道德活动中，还是在哲学思辨活动中，都应靠近正义、勇敢、慷慨、节制等美德，从而使人过上一种善的或最高善的——幸福的生活。实际上，亚里士多德弘扬

对最高善的追求，最终也是希望人们能够拥有做得好、过得好的幸福生活。在指向人类最高善这一层面上，他与孔子“人能弘道”的思想不谋而合。

【例说】

例一：2020 年 8 月 15 日的腾讯新闻，在谈及 2006 年国庆期间连续七天播出的专题讲座“百家讲坛——于丹《论语》心得”以及之后的“《庄子》心得”“游园惊梦 · 昆曲之美”时说，这些讲座在当时受到观众的热烈欢迎，然而于丹讲述的东西大多是迎合大众口味，脱离了传统文化的“土壤”。她按照自己的主观理解生产“工业品”，比如对待雾霾要用“心”体会，打开窗户像享受阳光一样享受雾霾；就算你无法享受，可以关上窗户，拿一本书深入其中，忘记雾霾。对于她的解读，网友说：毒性比雾霾还大！对此，谈谈你的理解与感悟。

例二：钱穆在《论语新解》中讲道：“若道能弘人，则人人尽成君子，世世尽是治平，学不必讲，德不必修，坐待道弘矣。”你认同这一观点吗？

思路提示：认同。人应当弘道，要勤学苦练，主动靠近高尚的德行，追求可以使自己和更多人获得幸福的“道”。如果人自身不积极，被动等待道弘人，那么修身几乎就不可能实现，更不要提齐家、治天下了。

第四则 《论语 · 卫灵公篇》(15.24)

【原文】

子贡问曰：“有一言而可以终身行之者乎？”子曰：“其恕乎①！己所不欲，勿施于人。”

【注释】

① 其……乎：大概……吧。

【今译】

子贡请教孔子说：“有一个字可以用来终身奉行的吗？”孔子回答：“大概就是恕吧！自己不愿意的事情，不要施加给别人。”

【对读】

你们听见有话说：“以眼还眼，以牙还牙。”只是我告诉你们，不要与恶人作对。有人打你的右脸，连左脸也转过来由他打；有人想要告你，要拿你的里衣，连外衣也由他拿去；有人强逼你走一里路，你就同他走二里；有求你的，就给他；有向你借贷的，不可推辞。你们听见有话说：“当爱你的邻舍，恨你的仇敌。”只是我告诉你们，要爱你们的仇敌，为那逼迫你们的祷告。

——《马太福音》5:38—44

无论何事，你们愿意人怎样待你们，你们也要怎样待人。

——《马太福音》7:12

【阐释】

“恕”就是不把自己不愿意的东西强加给别人。孔子认为这个“恕”字可以终身奉行。为什么？似乎它很容易做到。人都有自己不愿意做的事、不愿意要的东西，那就推己及人，想到别人也会不愿意做、不愿意要，就不会强加于人了。但事实上要做到这个“恕”字并不容易。

《马太福音》的片段文字中对“恕”的阐释是：不仅要“己所不欲，勿施于人”，而且要无条件地爱所有人、饶恕所有人。

无论是东西方，还是古今，爱人容易，始终饶恕别人的错误却不易。人类爱和平很常见，饶恕挑衅与欺辱却不多见。否则，也不会有那么多的纷争，以及人类最高的冲突——战争了。

【例说】

例一：春秋时期，晋国有一名叫作李离的狱官，在审理案件时听信下属的一面之词导致一个犯人冤死。得知真相后，即使晋文公劝他“官有贵贱，罚有轻重，况且这件案子主要错在下面的办事人员，又不是你的罪过”，他仍然坚持以死赎罪。他说：“我平常没有跟下面的人说我们一起来当这个官，拿的俸禄也没有与下面的人一起分享。现在犯了错误，如果将责任推到下面的办事人员身上，我又怎么做得出来。”宽恕别人，有时候其实是宽恕自己，放过自己，让自己心安。

例二：请你与父母、同学交流各自不喜欢的处事方式或行为，以及你们期待别人以何种态度、方式处理这些事情。据此写一篇随笔，题目自拟，谈谈你对“恕”的深切感受。

例三：西方先哲泰勒斯，言谈幽默并非常有哲理。曾有人问他：“怎样才能过着有哲理和正直的生活？”他回答：“不要做你讨厌别人做的事情。”有时候，讲再多的道理，可能还不如能让对方深切体会的情感更具有教育的力量。

第五则 《论语·里仁篇》(4.15)

【原文】

子曰：“参[①]乎！吾道一以贯之。”曾子曰：“唯。”

子出，门人问曰：“何谓也？”曾子曰：“夫子之道，忠恕而已矣。”

【注释】

①参（shēn）：曾参，字子舆，也称曾子，孔子的弟子，为人极孝。在《论语》中，对孔子的弟子一般称字，只对曾参、有若、冉有等几位尊称为“子”。

【今译】

孔子说：“参啊！我的学说是由一个基本思想贯彻始终的。”曾子说：“是的。”

孔子出去之后，其他学生便问曾子：“老师说的是什么意思？”曾子说：“老师的学说，就是忠、恕二字罢了。”

【对读】

爱是恒久忍耐，又有恩慈；爱是不嫉妒，爱是不自夸，不张狂，不做害羞的事，不求自己的益处，不轻易发怒，不计算人的恶，不喜欢不义，只喜欢真理；凡事包容，凡事相信，凡事盼望，凡事忍耐。爱是永不止息。

——《哥林多前书》13:4—8

【阐释】

恕，不容易；忠，更不容易。因为恕只要推己及人，忠则要尽己之力去帮助人，所谓“己欲立而立人，己欲达而达人”(《论语·雍也篇》)。能做到忠、恕二字者，就是一个大仁大德者，就是一个有道者。

饶恕一个人很难，恒久地爱人如己，忠于爱人如己这条基本准则更难。身体的私有性决定了我们情感的私有，很多时候大多数人都会首先为自己考虑。能够真正推己及人、爱人如己、忠于爱人如己的人，往往是无论自己身处何位，都为他人、为社会底层、为人类发展进程考虑的博爱之人，他们是人类星空最伟大、最闪耀的星辰。

【例说】

例一：东汉末年的淳于恭家中有山田。闹饥荒的时候，经常有人去他家的田地里偷摘果子、偷割庄稼。对于这些偷盗之人，淳于恭不仅没有严厉指责，反而宽容对待。当他看到有人偷摘果子时，他就去帮助他们采摘，并让他们把果子带走；当他看到有人偷割庄稼时，担心偷割庄稼的人遇见他会羞愧，就趴伏在草丛中，等他们偷割好了再站起来。像淳于恭这样尽自己的全力去帮助别人，为他人考虑的博爱之人真是太让人敬佩了。

例二：左宗棠曾在书信中写道：“圣贤从无不认真之说。惟处事不能离忠、恕二字。不认真，不得谓之忠；人患其太认真，则亦不得谓之恕也。”在他看来，不认真，就称不上忠，太认真，就称不上恕。请你将他的观点与《论语》本则所讲的忠、恕做对比，并谈谈你对忠、恕二字的理解。

思路提示：左宗棠认为，做人做事尽心尽力，认真对待，才能称得上忠。孔子认为，忠就要尽己之力去帮助人。两者的共同点在于，“忠人之事”就要认真地对待。孔子的忠，还要去帮助他人，得天下之大道。我认为，忠应当忠于自己所信仰的道义和准则，认真对待每一件与此相关的事，坚守自己的原则并使更多人拥有、遵守忠。

恕，是很难做到的，忠比恕更难。在左宗棠看来，太认真称不上恕。有些时候，在不违反道义的前提下，就不要过于认真甚至较真、苛刻地要求自己或他人。孔子说，恕就要推己及人，爱人如己，“己欲立而立人，己欲达而达人”（《论语·雍也篇》），不把自己不愿意的东西强加给别人。两者都是包含了对他人的宽容、不计较，很多时候过于认真，就有可能让他人尴尬、受伤。我认为恕，不仅是宽恕、饶恕自己或他人，还要学会如何爱己、爱人。懂得爱，懂得慈悲，拥有仁德，才有可能达到忠、恕的境界。

第六则 《论语·公冶长篇》(5.7)

【原文】

子曰：“道不行，乘桴①浮于海。从②我者，其由与？”子路闻之喜。子曰：“由也好勇过我，无所取材。”

【注释】

① 桴（fú）：用来过河的竹木小筏子。

② 从：跟随，随从。

【今译】

孔子说：“如果我的学说行不通，我就乘上竹木小筏子到海上去。能跟随我的，大概只有仲由吧？”子路听到这话很高兴。孔子说：“仲由啊，好勇超过了我，其他没有什么可取的才能。”

【对读】

所有现存的城邦无一例外都治理得不好，它们的法律制度除非有惊人的计划并伴随好运气，否则是难以治理的。因此我被迫宣布，只有正确的哲学才能为我们分辨什么东西对社会和个人是正义的。除非真正的哲学家获得政治权力，或者出于某种神迹，政治家成了真正的哲学家，否则人类就不会有好日子过。

——［古希腊］柏拉图著，《柏拉图全集》（第四卷），王晓朝译，北京：人民出版社，2003 年版，第 80 页

【阐释】

孔子“志于道”主要表现在两个方面：求（索）道与践（行）道。他求得了道，凝结于一个仁字，然后践行它。于是周游列国，于是著书立说。“道不行，乘桴浮于海”，这表明孔子践行仁道的决心与意志。当陆地上不能践行仁道，就到海上去！总会有那么一个地方可以推行！

柏拉图的哲学不仅在于探究，比如通过对话研究理念（idea）、正义（justice）、理想国（republic），而且在于践行。他认为“哲学王”才是一个国家最好的统治者，即使在访问其他城邦的过程中他遇到了危险、经历了困窘，但他依然去推行自己认为正确的城邦统治方式，推行不了就著书立说，培养能够统治城邦的哲学家。

【例说】

例一：孟子为了实现自己的政治理想，在年近半百的时候开始出游各国，先后到达齐国、宋国、邹国、滕国、魏国、鲁国等地推行自己的政治主张。然而，在那个战火纷飞的时代，孟子的政治主张很难实行。他认识到这一点后，用最后的时间写下了《孟子》，将他的政治理想流传后世。

例二：请思考，当你的理想行不通时，该怎么办？你将以什么样的态度去面对？

第七则 《论语·卫灵公篇》（15.40）

【原文】

子曰：“道不同，不相为谋。”

【今译】

孔子说：“信仰不同，不互相商议。”

【对读】

耶稣大声说：“信我的，不是信我，乃是信那差我来的。人看见我，就是看见那差我来的。我到世上来，乃是光，叫凡信我的，不住在黑暗里。若有人听见我的话不遵守，我不审判他。我来本不是要审判世界，乃是要拯救世界。弃绝我、不领受我话的人，有审判他的，就是我所讲的道在末日要审判他。”

——《约翰福音》12:44—48

【阐释】

这里的“道”不是指一般意义上的打算、方法等，而是指一个人的根本信仰。一个人与另一个人的根本信仰不同，是不能强求与对方去谋划同一件事的，否则就会互相伤害。生活中确实是这样，人的信仰不同，主张不同，便很难说到一起。孔子主张“道不同，不相为谋”，就是保持距离，不发生直接、正面的冲突。

《论语》中孔子阐述自己的观点，他很少批判、攻击别人的观点。如《论语·宪问篇》：“或曰：‘以德报怨，何如？’子曰：‘何以报德？以直报怨，以德报德。’”这里他并没有说老子“以德报怨”的不是，只是讲自己应该怎么做。这表明孔子是一个具有博大心胸的人。

《约翰福音》的片段文字中，耶稣说的话表明无论别人信不信他，他都不会审判，而是要拯救，并指出真正审判他们的是他所讲的道。

【例说】

例一：《史记·伯夷列传》中记载：“伯夷、叔齐，孤竹君之二子也。父欲立叔齐。及父卒，叔齐让伯夷。伯夷曰：‘父命也。’遂逃去。叔齐亦不肯立而逃之。国人立其中子。于是伯夷、叔齐闻西伯昌善养老，‘盍往归焉！’及至，西伯卒，武王载木主，号为文王，东伐纣。伯夷、叔齐叩马而谏曰：‘父死不葬，爰及干戈，可谓孝乎？以臣弑君，可谓仁乎？’左右欲兵之。太公曰：‘此义人也。’扶而去之。武王已平殷乱，天下宗周，而伯夷、叔齐耻之，义不食周粟，隐于首阳山，采薇而食之。及饿且死，作歌，其辞曰：‘登彼西山兮，采其薇矣。以暴易暴兮，不知其非矣。神农、虞、夏忽焉没兮，我安适归矣？于嗟徂兮，命之衰矣！’遂饿死于首阳山。”

例二：请思考，当你和别人信仰的“道”不同，你会如何处理？

第八则《论语·述而篇》(7.6)

【原文】

子曰：“志于道，据①于德，依②于仁，游于艺③。”

【注释】

①据：执守。

②依：依而不违。

③游于艺：游，在游戏中陶冶。艺，六艺，指礼（礼节）、乐（音乐）、射（射箭）、御（骑马）、书（写字）、数（算术）。

【今译】

孔子说：“立志求道，执守德，不违仁，在六艺的游戏中陶冶。”

【对读】

苏格拉底：综上所述，一个人如果不是天赋具有良好的记性，敏于理解，豁达大度，温文尔雅，爱好和亲近真理、正义、勇敢和节制，他是不能很好地从事哲学学习的……

——［古希腊］柏拉图著，《理想国：权威全译本》（第六卷），郭斌和、张竹明译，北京：商务印书馆，2019年版，第235页

【阐释】

立志求道的人，就要执守德，不违仁，在六艺的游戏中陶冶。这是非常不容易的事。不仅执守德难，不违仁难，游于六艺也很难。无论做哪一点，都要全身心投入，都要摒除杂念。若汲汲于名利，都不可能实现。

柏拉图在《理想国》中谈到什么样的人能成为真正的哲学家的时候，提出他需要有天赋中良好的记性，敏于理解，豁达大度，温文尔雅，还要热爱、追求真理、正义、勇敢和节制。不仅要有超强的学习能力，还要有德性，有自己愿意为之付出一切努力的宏大志向。

可见，有追求的人都是在不断学习、历练中成长，磨砺品性，从而实现自己的志向与“道”的。

【例说】

例一：很多名校的校训都是针对有志向、有理想的学生提出德性、学业等方面的要求，值得我们深思和践行。比如：自强不息，厚德载物（清华大学）、博学而笃志，切问而近思（复旦大学）、真理（哈佛大学）、为国家服务，为世界服务（普林斯顿大学），请你参考以上校训，为自己的学校拟定一条校训。

例二：有文章写林徽因的一生就是对“志于道，据于德，依于仁，游于艺”的践行，你还知道谁是这样的人。

第九则 《论语·卫灵公篇》(15.32)

【原文】

子曰：“君子谋道不谋食。耕也，馁①在其中矣；学也，禄②在其中矣。君子忧道不忧贫。”

【注释】

① 馁（něi）：饥饿。

② 禄：做官的俸禄。

【今译】

孔子说：“君子只谋求道而不谋求衣食。耕田，可能挨饿；学习，可能得到俸禄。君子只担心不能行道，不担心贫穷。”

【对读】

苏格拉底：但是一定大家都清楚：我们用以学习的那个部分总是全力要想认识事物真理的，心灵的三个部分中它是最不关心钱财和荣誉的。

——[古希腊]柏拉图著,《理想国：权威全译本》(第九卷)，郭斌和、张竹明译，北京：商务印书馆，2019年版，第370页

苏格拉底：因此我们可以有把握地作出结论：如果爱利和爱胜的欲望遵循知识和推理的引导，只选择和追求智慧所指向的快乐，那么它们所得到的快乐就会是它们所能得到的快乐中最真的快乐；并且，由于受到真所引导，因而也是它们自己固有的快乐，如果任何事物的最善都可以被说成最是自己的话……

——[古希腊]柏拉图著,《理想国：权威全译本》(第九卷)，郭斌和、张竹明译，北京：商务印书馆，2019年版，第380页

【阐释】

《论语》这一则要与“志于道”联系起来理解。仁德之人思虑的是学道、行道，不是谋取衣食。仁德之人修身与学习的目的在于学习道、践行道，即使能获取俸禄那也不是目的。如果只是谋取私利，哪怕去耕田，也可能挨饿。

哲学家（爱智者）是要认识真理，追求真理，用自己的所学实践哲学的，而不是关心钱财和荣誉。他们与爱利、爱胜的人不同，需要将自己这部分的欲望、激情放置于理性之下，从而达到灵魂的和谐，追求智慧、正义、勇敢、节制。

【例说】

例一：居里夫人用一生的信念和科学实践，赢得众多荣誉：10 项奖金、16 种奖章、107 个名誉头衔和 2 次诺贝尔奖。她原本可以尽情享受这些荣誉带来的名利。然而，她却将奖金馈赠给当时处于战争中的法国，资助科研事业发展，依然坚守在自己的科研阵地上。

例二：春秋时期，郑国的丞相子阳听别人说列子是一位贤士，但生活十分清贫，就派人送给列子数十车的谷子，列子再三拜谢但拒绝了。之后，列子的妻子捶胸顿足地埋怨他说：“听说有道之人的家室，生活都能安乐幸福，可现在我饿得面黄肌瘦。丞相让人给你送粮食，你却不接受，这岂不是命中注定要穷困一辈子吗？”列子笑着对妻子解释说：“我之所以拒收丞相的粮食，是因为丞相并不是自己真正了解我，而是听信了别人的话才给我送谷子。他也会因听信别人的话而怪罪于我，这就是我不接受的原因。况且，接受别人的供养，不为别人排忧解难，是不义；为丞相效命，可替他这种无道的人去牺牲，又哪里算是义呢？”列子追求自己所认为的道义，不为利动。贪婪之人则利字当头。

第十则 《论语·子罕篇》（9.30）

【原文】

子曰：“可与共学，未可与适①道；可与适道，未可与立②；可与立，未可与权③。”

【注释】

① 适：到达。

② 立：坚定不移。

③ 权：变通，权衡利弊轻重，灵活运用。

【今译】

孔子说：“能够与他一起学习的人，未必能与他一同抵达道；能够与他一同抵达道的人，未必能够与他一同坚守道；能够与他一同坚守道的人，未必能够与他一同灵活运用。”

【对读】

苏格拉底：……关于统治者的问题可以说要再从头讨论起。如果你还记得的话，我们曾经说过：当他们被放在苦和乐中考验的时候，他们必须证明自己是爱国的，必须证明无论是遭到困难还是恐怖或是其他任何变故时都不改变自己的爱国心；不能坚持这一点的必须排斥，经受得住任何考验而不变的，像真金不怕烈火那样的人，必须任命为统治者，让他生时得到尊荣，死后得到褒奖……

……

苏格拉底：我的朋友，我们当时没有敢像现在这样大胆地说出这些话。现在让我们勇敢地主张：必须确定哲学家为最完善的护卫者。

……

苏格拉底：敏于学习、强于记忆、机智、灵敏，以及其他诸如此类的品质，还有进取心、豁达大度……

……

苏格拉底：因此，他们必须被放在我们前面说过的劳苦、恐怖、快乐中考验，我们现在还需加上一点从前没有说过的：我们必须把他们放在许多学习中“操练”，注意观察他们的灵魂有没有能力胜任最大的学习，或者，看他们是否不敢承担它，正如有的人不敢进行体力方面的竞赛一样。

……

苏格拉底：因此护卫者必须走一条曲折的更长的路程，还必须劳其心努力学习，像劳其力锻炼身体一样；否则，像我们方才说的，他们将永远不能把作为他们特有使命的最大学习进行到完成。

……

苏格拉底：因此，只有一个具有这些方面知识的护卫者监督着城邦的政治制度，这个国家才能完全地走上轨道。

——［古希腊］柏拉图著，《理想国：权威全译本》（第六卷），郭斌和、张竹明译，北京：商务印书馆，2019年版，第259—264页

【阐释】

学道、适道、立道、权道四个层次，每个层次都在道中；学道、适道、立道、权道四个层次，越到后面人数越少。特别是最后一个层次，将死守而不会权变的人分离出去了。能达到最后一个层次的人，即能活用道的人，那才是真正得道之人。

在柏拉图笔下，最适合统治和管理国家的人是哲学家。因此，统治者、护卫者的筛选和培养是按照哲学家的要求进行的。哲学家在追求真理、追求善的过程中，必须爱国、敏于学习、有进取心、豁达大度，但是有这些还不够，学习的成果还要在劳苦、恐怖、快乐中经受考验，进行操练。

与孔子所讲的得道之人相比，古希腊能够成为真正哲学家的人也需要历经学习、到达、坚定不移践行哲学的三个层次。在这个过程中，筛选出最优秀、最有智慧的人成为国家的统治者，灵活地解决各种问题。

【例说】

例一：《战国策》中记载了围魏救赵的故事："邯郸之难，赵求救于齐。田侯召大臣而谋，曰：'救赵，孰与勿救？'邹子曰：'不如勿救。'段干纶曰：'弗救，则我不利。'田侯曰：'何哉？'对曰：'夫魏氏兼邯郸，其于齐何利哉？'田侯曰：'善。'乃起兵，曰：'军于邯郸之郊。'段干纶曰：'臣之求利且不利者，非此也。夫救邯郸，军于其郊，是赵不拔而魏全也，故不如南攻襄陵以弊魏。邯郸拔而承魏之弊，是赵破而魏弱也。'田侯曰：'善。'乃起兵南攻襄陵。七月，邯郸拔。齐因承魏之弊，大破之桂陵。"

庞涓虽然与同门师兄孙膑在学道、适道层面差距不是很大，但是在立道、权道方面差得很远，这与他心术不正、急功近利有很大关系。

例二：针对主观主义特别是教条主义和媚外思想，毛泽东指出："无论何人要认识什么事物，除了同那个事物接触，即生活于（实践于）那个事物的环境中，是没有法子解决的。"我们在做任何结论之前都必须深入实践，掌握第一手材料。如此看来，我们要想学道、适道、立道、权道，就应当"实践、认识、再实践、再认识"，不断活学活用，切近自己所求之道。

第十一则　《论语·公冶长篇》(5.16)

【原文】

子谓子产[①]："有君子之道四焉：其行己也恭，其事上也敬，其养民也惠，其使民也义②。”

【注释】

①子产：姓公孙，名侨，子产是他的字，郑国大夫，做过正卿，是郑穆公的孙子，为春秋时郑国的贤相。

②义：行事正当，符合礼仪、法度。

【今译】

孔子评价子产，说：“他具有君子的四项处事原则：自身行为庄重，侍奉君主恭敬，对待百姓有恩惠，使用百姓符合礼仪、法度。”

【对读】

人们能够有所造诣于优良生活者一定具有三项善因：外物诸善，躯体诸善，灵魂（性灵）诸善……一个人要是没有丝毫勇气、丝毫节制、丝毫正义、丝毫明哲（智慧），世人决不称他为有福（快乐）的人。

——［古希腊］亚里士多德著，《政治学》（第七卷），吴寿彭译，北京：商务印书馆，2017 年版，第 345 页

一个城邦必须有相同于人们所由称为义士、为达者、为哲人的诸品德，惟有勇毅、正义和明哲诸善性，才能达成善业［而导致幸福］。

——［古希腊］亚里士多德著，《政治学》（第七卷），吴寿彭译，北京：商务印书馆，2017 年版，第 347 页

【阐释】

孔子这里讲的是君子的为政之道。子产在郑简公、郑定公之时执政二十二年。此时晋楚两国正争强、战乱不息。郑国是小国，夹在两个大国之间，但地处要冲，为晋楚两国所睥睨。子产却不低声下气，也不妄自尊大，能确保郑国安全，使郑国受到尊重，的确是中国古代一位杰出的政治家和外交家。孔子对子产的评价很高，认为治国安邦就应当具有这四种“君子之道”。

在古希腊，为政之道的关键在于追求个人与国家最高的善，即幸福。柏拉图认为，无论是个人，还是国家，都应以他多次提到的四主德——智慧、正义、勇敢、节制为核心。到了亚里士多德，则要以善为目的，实现幸福，做一个快乐的人，就要具备善因与德性（包括道德德性、理智德性），比如勇敢、节制、大度、温和、友善、明智、努斯、体谅等。

不管是君子之四道：恭、敬、惠、义，还是古希腊的四主德，最终都是为

了国家的长治久安和人民的幸福生活，殊途同归。

【例说】

例一：周恩来总理曾多次说过，“我不是帅才”，他认为毛泽东主席的能力比他强。于是数十年来，他严于律己，全心全意维护毛泽东主席的核心领导地位，始终坚持“遇事讲大局，全国一盘棋”，无时无刻不把国家利益放在首位。为了更好地开展工作，他学习各方面的知识，用人得宜，关注民生，做了许多惠及百姓的事情。君子为政，当如他一般。

例二：《党政领导干部选拔任用工作条例》于 2002 年 7 月 9 日颁布实施，几经修订，2019 年印发的版本在第二章选拔任用条件中提出党政领导干部必须信念坚定、为民服务、勤政务实、敢于担当、清正廉洁，具备下列基本条件：

（1）自觉坚持以马克思列宁主义、毛泽东思想、邓小平理论、“三个代表”重要思想、科学发展观、习近平新时代中国特色社会主义思想为指导，努力用马克思主义立场、观点、方法分析和解决实际问题，坚持讲学习、讲政治、讲正气，牢固树立政治意识、大局意识、核心意识、看齐意识，坚决维护习近平总书记核心地位，坚决维护党中央权威和集中统一领导，自觉在思想上政治上行动上同党中央保持高度一致，经得起各种风浪考验；

（2）具有共产主义远大理想和中国特色社会主义坚定信念，坚定道路自信、理论自信、制度自信、文化自信，坚决贯彻执行党的理论和路线方针政策，立志改革开放，献身现代化事业，在社会主义建设中艰苦创业，树立正确政绩观，做出经得起实践、人民、历史检验的实绩；

（3）坚持解放思想，实事求是，与时俱进，求真务实，认真调查研究，能够把党的方针政策同本地区本部门实际相结合，卓有成效地开展工作，落实“三严三实”要求，主动担当作为，真抓实干，讲实话，办实事，求实效；

（4）有强烈的革命事业心、政治责任感和历史使命感，有斗争精神和斗争本领，有实践经验，有胜任领导工作的组织能力、文化水平和专业素养；

（5）正确行使人民赋予的权力，坚持原则，敢抓敢管，依法办事，以身作则，艰苦朴素，勤俭节约，坚持党的群众路线，密切联系群众，自觉接受党和群众的批评、监督，加强道德修养，讲党性、重品行、作表率，带头践行社会主义核心价值观，廉洁从政、廉洁用权、廉洁修身、廉洁齐家，做到自重自省自警自励，反对形式主义、官僚主义、享乐主义和奢靡之风，反对任何滥用职权、谋求私利的行为；

（6）坚持和维护党的民主集中制，有民主作风，有全局观念，善于团结同志，包括团结同自己有不同意见的同志一道工作。

思考：在当下社会，治国安邦的为政之人应当具备哪些素质？

第十二则 《论语·泰伯篇》(8.13)

【原文】

子曰：“笃信好学，守死善道。危邦不入，乱邦不居。天下有道则见①，无道则隐。邦有道，贫且贱焉，耻也；邦无道，富且贵焉，耻也。”

【注释】

①见（xiàn）：同“现”。

【今译】

孔子说：“坚定信念并刻苦学习，誓死守卫并完善大道。不进入政局不稳的国家，不居住在动荡混乱的国家。政治清明就出来做官，政治黑暗就隐居起来。国家政治清明，自己却贫困、卑贱，是耻辱；国家政治黑暗，自己却富有、显贵，也是耻辱。”

【对读】

苏格拉底：好，请考虑一下，如果要他们做优秀的护卫者，像我们所希望的那样，下述这种生活方式，这种住处能行吗？第一，除了绝对的必需品以外，他们任何人不得有任何私产。第二，任何人不应该有不是大家所公有的房屋或仓库。至于他们的食粮则由其他公民供应……至于金银我们一定要告诉他们，他们已经从神明处得到了金银，藏于心灵深处，他们更不需要人世间的金银了。他们不应该让它同世俗的金银混杂在一起而受到玷污；因为世俗的金银是罪恶之源，心灵深处的金银是纯洁无瑕的至宝。

——［古希腊］柏拉图著，《理想国：权威全译本》（第三卷），郭斌和、张竹明译，北京：商务印书馆，2019年版，第132—133页

我们建立这个国家的目标并不是为了某一个阶级的单独突出的幸福，而是为了全体公民的最大幸福……

——［古希腊］柏拉图著，《理想国：权威全译本》（第四卷），郭斌和、张竹明译，北京：商务印书馆，2019年版，第135页

【阐释】

《论语》这一则孔子先强调的是坚定信念，就是“志于道”不动摇。怎样

才能不动摇？刻苦学习，誓死守卫，并且不断地完善自己。遇到特殊情况怎么办？比如政局动荡混乱，那就拒绝与那些无道之人（昏君、贼臣）合作。这对一个从政者来说尤其重要。

与君子相比，对《理想国》中的治国者和护卫者而言，心灵深处正确、合宜的选择具有重大意义。无论何时何地，他们都需恪守对最高善的追求，不被外物所影响，爱智求真，以实现全体公民的最大幸福为己任。

【例说】

例一：《中庸》第二十七章中讲道：“国有道，其言足以兴；国无道，其默足以容。”意思是：国家政治清明时，发表自己的高见，足以振兴国家；国家政治黑暗时，沉默足以保全自己。坚守道义，也要看清世风，不要做无谓的牺牲。

例二：1919 年 1 月，第一次世界大战的战胜国在法国巴黎召开“和平会议”。作为战胜国，中国代表在会上提出废除外国在中国的势力范围、撤退外国在中国的军队和取消“二十一条”不平等条约等正当要求，竟然被拒绝。更令人气愤的是，还将战前德国在中国山东的权益转让给战败国日本。这个消息传到北京后，1919 年 5 月 4 日，北京大学等学校的 3 000 多名学生代表示威游行，发出振聋发聩的呼喊，“誓死力争，还我青岛”“收回山东权利”“拒绝在巴黎和约上签字”“废除二十一条”“抵制日货”“宁肯玉碎，勿为瓦全”“外争主权，内除国贼”等。国家混乱、危难之际，有人卖国求荣，有人坚守道义，请谈谈你的看法。

第十三则　《论语·季氏篇》（16.1）

【原文】

季氏①将伐颛臾②。冉有、季路③见于孔子曰：“季氏将有事于颛臾。”

孔子曰：“求！无乃尔是过与④？夫颛臾，昔者先王以为东蒙主⑤，且在邦域之中矣，是社稷之臣也。何以伐为？”

冉有曰：“夫子⑥欲之，吾二臣者皆不欲也。”

孔子曰：“求！周任⑦有言曰：‘陈力就列⑧，不能者止。’危而不持，颠而不扶，则将焉用彼相矣？且尔言过矣，虎兕出于柙⑨，龟玉毁于椟中，是谁之过与？”

冉有曰：“今夫颛臾，固而近于费⑩。今不取，后世必为子孙忧。”

孔子曰：“求！君子疾夫舍曰欲之而必为之辞⑪。丘也闻有国有家者，不患寡而患不均，不患贫而患不安。盖均无贫，和无寡，安无倾。夫如是，故远人不服，则修文德以来⑫之。既来之，则安⑬之。今由与求也，相夫子，远人不服，而不能来也；邦分崩离析，而不能守也；而谋动干戈于邦内。吾恐季孙之忧，不在颛臾，而在萧墙⑭之内也。”

【注释】

① 季氏：又称季孙氏，指季康子，鲁国大夫。

② 颛臾（zhuān yú）：鲁国的附属国，在今山东省费县西北。

③ 冉有、季路：冉有，名求，字子有，鲁国人；孔子的弟子，有才艺，以政事闻名。季路，姓仲名由，字子路，孔子的弟子。冉有、季路此时都任季氏家臣。

④ 无乃尔是过与：恐怕应当责怪你吧。无乃……与，恐怕……吧。过，责备，责怪。尔是过，“过尔”的倒装，“是”是助词。

⑤ 东蒙主：东蒙，蒙山。主，主持祭祀的人。

⑥ 夫子：这里指季氏。

⑦ 周任：周朝史官。

⑧ 陈力就列：陈力，发挥能力。就列，走进行列，这里指担任官职。

⑨ 虎兕出于柙：兕（sì），雌性犀牛。柙（xiá），关押野兽的木笼。

⑩ 近于费：费（bì），季氏的采邑。颛臾与费相距仅七十里，所以说“近于费”。

⑪ 君子疾夫舍曰欲之而必为之辞：君子痛恨那种不肯实说自己想要那样做而又一定要找出借口来为自己辩解的做法。疾，痛恨。辞，借口。

⑫ 来，使……来，招徕。

⑬ 安：使……安心。

⑭ 萧墙：宫殿当门的小墙，称“屏”。古代臣子进见国君，至“屏”而肃然起敬，所以“屏”又称“肃墙”。“肃”“萧”相通，所以“肃墙”又称“萧墙”。“萧墙之内”即指宫廷之内。

【今译】

季氏将要攻打颛臾。冉有、子路拜见孔子说：“季氏快要攻打颛臾了。”

孔子说：“冉求，这恐怕要责怪你吧？颛臾从前是周天子让它主持东蒙的祭祀的，而且是在鲁国的疆域之内，这是国家的臣属啊。为什么要攻打它呢？”

冉有说：“季孙大夫想去攻打，我们两个人都不愿意。”

孔子说：“冉求！周任有句话说：‘发挥自己的力量去承担职务，实在做不好就辞职。’如果一个盲人有了危险不去扶助，跌倒了不去搀扶，那将在哪里用得着那个辅助的人呢？而且你的说法是错的。老虎、犀牛从笼子里跑出来，龟甲、美玉在匣子里毁坏了，这是谁的过错呢？”

冉有说：“现在那颛臾城墙坚固，而且离费邑很近。现在不把它夺取过来，将来一定会成为子孙的忧患。”

孔子说：“冉求！君子痛恨那种不肯实说自己想要那样做而又一定要找出借口来为自己辩解的做法。我听说，拥有封国、拥有家族的人，不担忧贫穷而担忧财富不均，不担忧人口少而担忧不安定。财富均了也就没有所谓贫穷，大家和睦就不会感到人少，安定了也就没有倾覆的危险了。做到这样，如果远方的人还不归服，就修文德招徕他们。已经来了，就使他们安心住下去。现在仲由和冉求你们两个人辅助季氏，远方的人不归服，却不能招徕他们；国家民心离散，却不能保全；反而策划在国内使用武力。我只怕季孙氏的忧患不是来自颛臾，而是来自宫廷之内。”

【对读】

苏格拉底：……当一个人的欲望在力量上超过了他的理智，他会骂自己，对自身内的这种力量生气。这时在这种像两个政治派别间的斗争中，人的激情是理智的盟友……

……

苏格拉底：……国家的正义在于三种人在国家里各做各的事。

……

苏格拉底：……我们每一个人如果自身内的各种品质在自身内各起各的作用，那他就也是正义的，即也是做他本分的事情的。

——［古希腊］柏拉图著，《理想国：权威全译本》（第四卷），郭斌和、张竹明译，北京：商务印书馆，2019 年版，第 168—171 页

苏格拉底：……一个安排得非常理想的国家，必须妇女公有，儿童公有，全部教育公有……

——［古希腊］柏拉图著，《理想国：权威全译本》（第八卷），郭斌和、张竹明译，北京：商务印书馆，2019 年版，第 315 页

只有当平等的人占有或分得不平等的份额，或不平等的人占有或分得平等的份额时，才会发生争吵和抱怨。从按配得分配的原则来看这道理也很明白。人们都同意，分配的公正要基于某种配得，尽管他们所要（摆在第一位）的并不是同一种东西。民主制依据的是自由身份，寡头制依据的是财富，有时也依据高贵的出身，贵族制则依据德性。所以，公正在于成比例。

——［古希腊］亚里士多德著，《尼各马可伦理学》（第五卷），廖申白译注，北京：商务印书馆，2003 年版，第 135 页

【阐释】

季氏要攻打的是鲁国的附属国颛臾，作为孔子的弟子、季氏的家臣，冉求与子路竟然没有去阻止季氏的不义行为；更严重的是，冉求还为季氏辩护。孔子当然很气愤了。所以，孔子一连用几个问句来责备两位弟子。

从孔子对弟子的责备中，可以看出孔子的几个重要观点：

季氏不应当攻打颛臾。季氏是大夫，没有权力动武；颛臾是鲁国的附属国，鲁国攻打颛臾于情于理都不符。

冉求与子路没有承担起家臣的责任。在孔子看来，任职时就要看自己是否有能力胜任这个职务，如果不能胜任，就不应当担任；冉求与子路有此之嫌。既然担任了这个职务，就不能推卸这个职务应尽的责任，现在冉求与子路不去阻止季氏，只说是季氏自己要这样做，就是在推卸臣谏主的责任。明知错了还要为自己的错误行为辩护就令人痛恨。

治理国家应当建立合理的分配制度，让每个成员都能得其所得（均），社会才会和谐、才会安定。

与之相似的是，在苏格拉底看来，一个人、一个国家都应该协调好灵魂的三部分：欲望、激情、理性，在理性的引领下，灵魂的各部分各司其职，个人、国家都做自己的分内之事，最大限度地尽自己的责任。

虽然苏格拉底认为一个理想的国家中，所有财产应当全部公有，但是他的学生亚里士多德却在其论著《政治学》和《尼各马可伦理学》中提出疑问，认为分配应当公正，公正在于比例，分配应尽量使全体公民获得幸福（快乐），国家才会拥有公共幸福。

【例说】

例一：西汉时期，晁错认为“攘夷必先安内”，力主削藩。当时许多人都反对，认为应该首先攻打匈奴，解决外部问题。但是晁错说服汉景帝，先与匈奴和亲，韬光养晦，使国家内部安定，鼓励百姓农耕，加强边塞守备，削弱地方势力。通过这一系列操作，去除了内忧，使国家安定和谐，为汉武帝加强中央集权，解决边患创造了有利条件。为政者治理国家，解决国家忧患，首先想的不应当是战争，更多的政治考量应当是如何给人民稳定、幸福的生活。

例二：你认为历史上哪些分配制度比较合理，为什么？请你为大家讲讲。

第十四则《论语·宪问篇》(14.12)

【原文】

子路问成人①。子曰："若臧武仲②之知，公绰③之不欲，卞庄子④之勇，冉求之艺，文之以礼乐，亦可以为成人矣。"曰："今之成人者何必然？见利思义，见危授命，久要⑤不忘平生之言，亦可以为成人矣。"

【注释】

① 成人：完善的人。

② 臧武仲：鲁国大夫，姓臧孙，名纥，"武"是他的谥号，他有智慧，有远见，善取舍。

③ 公绰：即孟公绰，鲁国大夫，属于孟孙氏家族。

④ 卞庄子：鲁国大夫，封地卞邑，以勇武闻名。

⑤ 久要：长久处在贫困中。要，约，贫困。

【今译】

子路请教怎样的人才是一个完善的人。孔子说："如果有臧武仲那样的智慧，孟公绰那样的克制，卞庄子那样的勇敢，冉求那样的多才多艺，再用礼乐加以修饰，这样也可以说是一个完善的人了。"孔子又说："现在完善的人何必一定要这样呢？见到利益能想到是否符合义（是否用正当的手段获得），遇到危险能献出生命，长久处在贫困中还不忘平日许下的诺言，这样也可以说是一个完善的人了。"

【对读】

苏格拉底：例如假设要我们回答一个关于正义的国家和一个与正义国家有同样先天同样教养的个人的问题，即，我们是否相信这种人——如果把金银财宝交给他管的话——会鲸吞盗用它们，你以为有谁会相信这种人会比不正义的人更像干这种事的呢？

格劳孔：没有人会这样相信的。

苏格拉底：这样的人也不是绝不会渎神、偷窃，在私人关系中出卖朋友在政治生活中背叛祖国的吧？

格劳孔：绝不会的。

苏格拉底：他也是无论如何也不会不信守誓言或别的协约的。

——［古希腊］柏拉图著，《理想国：权威全译本》(第四卷)，郭斌和、张竹明译，北京：商务印书馆，2019 年版，第 173 页

【阐释】

何为“成人”(完善的人或者说“完人”)？有哪些标准？儒家描述的先王(尧、舜、禹、汤、文、武、周公)是“成人”。孔子特别向往这样的人。但当子路问“成人”时，孔子没有举先王之例，因为太远，所以他举了子路熟悉的人来说明，冉求是子路的同学，还一起做过季氏的家臣。孔子想了想后，觉得这些人的优点加在一起还是太难了，所以又给出三个要点：“见利思义，见危授命，久要不忘平生之言”。孔子把“见利思义”放在最前面，是因为他所处的社会是一个礼崩乐坏、物欲横流的社会，一个完善的人首先要把持住，不为物所役，懂得用正当行为(合乎义、礼)去获得，不该取的一分不取，然后才能谈其他。

柏拉图笔下的苏格拉底探讨了何为“正义的人”。正义的人应具备哪些品质？当苏格拉底回答格劳孔一个人因什么品质或该怎样才算是一个正义的人时，他没有列举个人的正义形象，而是将之放在城邦的大背景中。通过举例说出正义的人应该不为利所动，不渎神、不偷窃，不出卖朋友、不背叛城邦，信守誓言或协约。柏拉图将不贪利放在最前面，与他经历了伯罗奔尼撒战争和瘟疫，亲证了苏格拉底之死有很大关系。当时的希腊秩序混乱，传统的道德普遍堕落，猜疑、诡计、暴虐、背信弃义充斥着整个社会，但苏格拉底却为了他坚持的正义献出生命。因此，柏拉图借苏格拉底之口说：“一个真正的治国者追求的不是他自己的利益，而是老百姓的利益。”[《理想国》(第一卷)] 治国者如此，一个正义的人即使做不到追求所有人的利益，也至少要不为利动、不以利先。能够用智慧、勇敢、节制、正义去要求自己，能够协调好自己的灵魂，用理智来领导激情和欲望，在城邦里做好自己分内的事。这样，在千万个正义的人当中，才有可能出现部分真正的治国者，努力使城邦获得正义，重建秩序。

【例说】

例一：“九・一八事变”以后，日本用尽一切办法收买汉奸，吴佩孚作为北洋军阀的核心人物成为日本特务攻破的目标。即使在他流亡四川时，日本特务愿奉送步枪十万支、机枪两千挺、大炮五百门、子弹若干，此外并助款百万，他也不为利所动。

例二：耶鲁大学 1773 级学生内森・黑尔被美国人誉为民族英雄。在美国

独立战争中，他临危受命，深入英军防线搜集情报，被发现后处以绞刑。在生命的最后一刻，他说："我唯一的憾事就是只能为祖国奉献一次生命。"

第十五则 《论语·颜渊篇》(12.10)

【原文】

子张问崇①德辨惑。子曰："主忠信，徙义②，崇德也。爱之欲其生，恶之欲其死。既欲其生，又欲其死，是惑也。'诚不以富，亦祇以异'③。"

【注释】

① 崇：高，提高。

② 徙义：顺从大义。徙，迁移。

③ 诚不以富，亦祇以异：《诗经·小雅·我行其野》篇的最后两句，意思是说，你这样做，即使不是嫌贫爱富，也恰是喜新厌旧，表达了一个被遗弃的女子对其丈夫喜新厌旧的不满情绪。这两句诗放在这里不好理解，与上下文关联不大。一般都认为是编排时错置。

【今译】

子张请教怎样提高道德修养和辨析迷惑。孔子说："以忠诚守信为本，行为顺从大义，这就能提高道德修养了。爱一个人，希望他活着；厌恶一个人，恨不得他立刻死去。既要他活，又要他死，这就是迷惑。《诗经》里说：'即使不是嫌贫爱富，也恰是喜新厌旧。'"

【对读】

……德性的种（即它们是适度，是品质），表明了德性使我们倾向于去做，并且按照逻各斯的要求去做，产生着德性的那些行为（以及德性是在我们能力以内的和出于意愿的）。

——［古希腊］亚里士多德著，《尼各马可伦理学》(第三卷)，廖申白译注，北京：商务印书馆，2017年版，第81—82页

【阐释】

同样一个人，同样一件事，你对他的情感不同，你对他的认识、理解、评判就会有很大的不同。孔子告诉子张，坚守基本原则，就不会被自己的情感左右，就能正确地认识、理解、评判人与事。基本原则是什么？是忠诚、守信、行义。

亚里士多德主张人应该按照逻各斯的要求，理性、智慧地思考，并顺应勇敢、节制、放纵、慷慨、大方、大度、温和、友善、诚实、机智、羞耻等具体德性，适度地认识、理解世界和他人。

【例说】

威廉·莎士比亚的《奥赛罗》讲述了威尼斯城邦雇用的将军奥赛罗，与贵族元老勃罗班修的女儿苔丝狄蒙娜相爱。但由于种族限制、奥赛罗地位卑下，婚事无法征得同意，于是他们秘密结婚。

奥赛罗手下的旗官伊阿古，一方面不满卡西奥被奥赛罗提拔为副将，一方面觊觎苔丝狄蒙娜的美貌，决心除掉奥赛罗。他除了向元老告密，还想方设法挑拨奥赛罗与苔丝狄蒙娜的关系，并制造卡西奥与苔丝狄蒙娜私通的假象和伪证。奥赛罗信以为真，在怀疑和愤怒中亲手掐死了自己单纯、忠贞的妻子。当伊阿古的妻子揭穿谎言和骗局，奥赛罗得知真相后，悔恨莫及，拔剑自刎。

思考：如果奥赛罗保持客观、理智，坚持忠诚、守信、行义的原则，结局会是怎样的呢？

思路提示：如果奥赛罗选择相信妻子苔丝狄蒙娜，并客观分析伊阿古提供的伪证，就不会因为伊阿古的挑拨，失去理智。随着时间的推移，伪证在奥赛罗的探察下会不攻自破。结局可能是，奥赛罗对伊阿古的认知逐渐清晰，从而能保护好自己和家人，与妻子的感情更进一步。

如果奥赛罗在失去理智时，不被情感左右，还有守信、仁爱、行义之心，还忠诚于自己所信仰的德与善，就不会因为自己的怀疑和愤怒，亲手掐死自己单纯、忠贞的妻子。如果他心存爱意和善意，正确认识妻子“有私情”这件事，结局可能是他和妻子分开，可能他会远走他乡，甚至可能是发现自己的问题，并选择原谅，但绝不会犯下不可挽回的错误——结束妻子的生命，然后在得知真相后，拔剑自刎。

第十六则 《论语·里仁篇》(4.10)

【原文】

子曰：“君子之于天下也，无适①也，无莫②也，义③之与比④。”

【注释】

①适：适当，好。

②莫：不当，不好。

③ 义：适宜，正确。

④ 比：比照，依照。

【今译】

孔子说："君子对于天下的人和事，没有一定好的成见，也没有一定不好的成见，而是比照义来看它是否对。"

【对读】

如果每一种科学都要寻求适度，并以这种适度为尺度来衡量其产品才完成得好（所以对于一件好作品的一种普遍评论说，增一分则太长，减一分则太短。这意思是，过度与不及都破坏完美，唯有适度才保存完美）；如果每个好技匠都在其作品中寻求这种适度；如果德性也同自然一样，比任何技艺都更准确、更好，那么德性就必定是以求取适度为目的的。我所说的是道德德性……而在适当的时间、适当的场合、对于适当的人、出于适当的原因、以适当的方式感受这些感情，就既是适度的又是最好的。这也就是德性的品质。

——［古希腊］亚里士多德著，《尼各马可伦理学》（第二卷），廖申白译注，
北京：商务印书馆，2017 年版，第 48—49 页

【阐释】

《论语》这一则孔子提出"义之与比"的行事原则。人不能用成见来看待人和事，而要根据此时此地此情此境是否符合情理来认识、理解、评价。这样的行为才是符合义的行为。

亚里士多德认为"离开了明智就没有严格意义的善，离开了道德德性也不可能有明智"[《尼各马可伦理学》（第六卷）]，"明智"就是要实践智慧，能正确处理对人自身有益处的事物的能力与品质。在这些品质中，最重要的原则就是保持适度。只有保持适度，才有可能让人获得更好的德性，让人达到最高的善，通往幸福。

【例说】

例一：2018 年 10 月 28 日重庆公交车坠江事件引起社会各界的广泛关注。一辆公交车与一辆小轿车在重庆市万州区长江二桥相撞后，公交车坠入江中。当重庆公交车坠江事件被报道出来后，网上流传"小轿车女司机邝某已被警方控制"，更有人称小轿车女司机穿高跟鞋开车，暗示是小轿车女司机的责任。不明真相的网友立刻将矛头指向小轿车女司机。一时之间，对其谩骂之声铺天盖

地。邝女士的丈夫在接受采访时表示：“理解网友，但不能接受。”

之后，重庆市万州区公安局发布的警情通报称：经事故现场初步调查，系公交车在行驶中突然穿过中心实线，撞上对面正常行驶的小轿车后，越过路沿，撞断护栏坠入江中。

10 月 31 日 0 点 50 分，潜水人员将车载行车记录仪及 SD 卡打捞出水后，公安机关将 SD 卡数据成功恢复，提取到事发前车辆内部监控视频，还原事实真相：系乘客与司机激烈争执互殴导致车辆失控。车辆内部监控视频显示：乘客刘某在公交车行驶过程中，与司机冉某发生争吵，刘某两次持手机攻击正在驾驶公交车的冉某，严重危害车辆行驶安全。冉某作为公交车驾驶员，在驾驶公交车时与乘客刘某发生争吵，遭遇刘某攻击后，应当认识到还击及抓扯行为会严重危害车辆行驶安全，但未采取有效措施确保行车安全，还将右手放开方向盘还击刘某，后又用右手阻挡刘某的攻击，并与刘某抓扯，最终导致悲剧发生。

这个新闻事件提醒我们，先入为主的评判伴随着偏见和失控，很容易对别人造成极大的困扰与伤害。在这个信息爆炸的时代，我们更需要在考察实际情况之后，做出符合情理的分析与评判，不要站在道德制高点随意评价他人。

例二：

“花为什么谢了呢？
我的热恋的爱把它紧压在我的心上，
因此花谢了。
……
琴弦为什么断了呢？
我强弹一个它力不能胜的音节，
因此琴弦断了。”

（[印度] 泰戈尔著，《泰戈尔作品集》，冰心译，北京：人民文学出版社，1961 年版）

第十七则 《论语·里仁篇》（4.16）

【原文】

子曰：“君子喻于义，小人喻于利。”

【今译】

孔子说：“君子懂得义，小人懂得利。”

【对读】

我试图逐个劝说你们不要把实际利益看得高于精神和道德的良好状态，或者更广义地说，把国家或其他任何事物的实际利益看得高于保持它们的良好状态。

——［古希腊］柏拉图著，《柏拉图读本》，王晓朝编译，
北京：新世界出版社，2007 年版，第 23 页

我们的护卫者不应该有私人的房屋、土地以及其他私人财产。他们从别的公民那里，得到每日的工资，作为他们服务的报酬，大家一起消费。

——［古希腊］柏拉图著，《理想国》（第五卷），张竹明译，
南京：译林出版社，2009 年版，第 180 页

【阐释】

当利益的取得不符合义、礼时，义与利是对立的。

君子坚守义，放弃利；小人舍弃义，获取利。这本来是一句再正常不过的话，但后人慢慢念歪了，认为君子只要义，不要利。其实，孔子并不是说君子不要利，而是说取得利的方法要合理，也就是所谓的“君子爱财，取之有道”。

《论语·宪问篇》开篇说：“宪问耻。子曰：‘邦有道，谷；邦无道，谷，耻也。’”意思是：原宪问什么是耻。孔子说：“国家政治清明，做官拿俸禄；国家政治黑暗，还做官拿俸禄，这就是耻。”

《论语·述而篇》（7.12）中：“子曰：‘富而可求也，虽执鞭之士，吾亦为之。如不可求，从吾所好。’”意思是：孔子说：“如果富贵合乎义、礼，就可以去追求，虽然是做给人执鞭的下等差事，我也愿意去做。如果富贵不合义、礼，就不必去追求，还是按我的爱好去做事。”

这两段话，孔子说得非常明白，利可得，但要符合义。义是君子无可推卸的责任与使命，代表着一种普世性的价值、原则。君子如此，作为一个国家的统治者，更应坚守义的底线。

柏拉图针对治国者、护卫者，不止一次要求将哲学、精神和道德追求放在首位，不为利所动。甚至，提出在理想的城邦内应财富公有，从而使护卫者不为利所动。

【例说】

例一：东汉时期的杨震，去东莱上任的时候，路过昌邑。昌邑县令王密是他在做荆州刺史时荐举的官员。王密听说杨震路过，晚上便带着十斤金子去感

谢杨震的提拔，顺便贿赂他多关照自己。没想到，杨震当场拒绝了这份礼物。杨震说：“故人知君，君不知故人，何也？”王密以为杨震只是客气，便说：“暮夜无知者。”杨震生气地说：“天知、神知、我知、子知。何谓无知？”王密十分羞愧，只得带着礼物，狼狈离开。“君子爱财，取之有道”，不符合义、礼的利益，须果断拒绝。

例二：阅读《冯谖客孟尝君》，说说冯谖为什么要为孟尝君买义。你认为义真的能购买吗？

思路提示：义是精神、道德层面的追求，是君子无可推卸的责任与使命，代表着一种普世性的价值、原则：“君子爱财，取之有道”。

所谓买义，一方面是冯谖认为对他有知遇之恩的孟尝君，作为君子应该拥有义，所以他要帮孟尝君尽可能地坚守义的底线，去实现义；另一方面，冯谖认为帮孟尝君买义，才有可能获得薛地（孟尝君的封地）百姓的义，才有可能在百姓心中为孟尝君树立有仁有义的君子形象，从而获得民心，赢得百姓的拥戴。其中，更大的好处是，如果大家都争相效仿这样的仁义之举，那么整个国家的政治环境、百姓的生活水平都可能变得更好。

第十八则 《论语·述而篇》（7.16）

【原文】

子曰：“饭①疏食饮水，曲肱②而枕之，乐亦在其中矣。不义③而富且贵，于我如浮云。”

【注释】

① 饭：吃饭。

② 曲肱：弯着胳膊。肱（gōng），胳膊。

③ 不义：用不正当的方法。

【今译】

孔子说：“吃粗粮喝冷水，弯着胳膊当枕头，乐趣也就在这中间了。用不正当的方法得来的富贵，对于我来讲就像是天上的浮云一样。”

【对读】

苏格拉底：因为，事实上，亲爱的朋友，只有当你能为你们未来的统治者找到一种比统治国家更善的生活时，你才可能有一个管理得好的国家。因为，只有在这种国家里才能有真正富有的人来统治。当然他们不是富有黄金，而是富有幸福所必需的那种善的和智慧的生活。如果未来的统治者是一些个人福利匮乏的穷人，那么，当他们投身公务时，他们想到的就是要从中攫取自己的好处，如果国家由这种人统治，就不会有好的管理。因为，当统治权成了争夺对象时，这种自相残杀的争夺往往同时既毁了国家也毁了统治者自己。

……

苏格拉底：但是我们就是要不爱权力的人掌权。否则就会出现对手之间的争斗。

——［古希腊］柏拉图著，《理想国：权威全译本》(第七卷)，郭斌和、张竹明译，北京：商务印书馆，2019 年版，第 284 页

【阐释】

“饭疏食饮水，曲肱而枕之”，对于有理想、有追求的人来讲，是可以乐在其中的。确实，自古以来，有理想、有志向的君子从来不会为物质享受而奔波。

在这里，孔子提出了一个非常重要的观点：应像看待天上的浮云那样看待不合义、礼的富与贵。普通人从这句话中读出了孔子“安贫乐道”的高洁。作为君子，更可以获得启示：要做大事，要实现高远的理想，就不能把富与贵作为切近的事情来追求；如果放弃高远的理想去追求富与贵，那是不义的行为。

君子不为利动，普通人不为利争，这样的社会才是义的。

在《理想国》中，柏拉图指出一个国家的统治者应该找到一种比统治国家更善、更好的生活。在这种情况下，他们不能把金钱、权力作为追求的对象和目标，而应将实现善的、智慧的生活作为他们的目标，用正确、合宜、适当的方式去治理国家。统治者如此，普通百姓如此，国家才有可能更善、更智慧、更幸福！

【例说】

例一：不为五斗米折腰的陶渊明将安贫乐道作为自己的准则，他曾在《咏贫士》(其五)中写道：“贫富常交战，道胜无戚颜。”这与“不义而富且贵，于我如浮云”的孔子是何其相似。

例二：2018 年，中国青年曹原以“第一作者”的身份将他和他所在科研团队的成果成功发表在全球科学界都享有盛名的《自然》(*Nature*)期刊上，时年二十二岁的曹原也因此登上了《自然》公布的科学人物榜榜首。

文章中是这样介绍曹原的：他是一个开创了全新研究领域的杰出科学家。甚至，后续其他国家的媒体对曹原进行了高度赞誉，称曹原也许将成为最年轻

的诺贝尔奖获得者。

但是，已经荣誉满身的曹原并没有因此停下追逐科学真理的脚步，反而继续在自己的研究领域深耕。在他的身上丝毫没有年轻人的浮躁之气，他依然初心未改，始终是谨慎的、谦虚的。科研成果成功发表后，曹原这样的天才少年自然备受瞩目，美国的科研机构就曾拿出年薪百万和美国绿卡为条件来挽留曹原，让他为美国效力，可曹原当即拒绝，他说：“我就是一个土生土长的中国人，我学成以后是要回中国的，我的祖国需要我！”

如今，曹原将理想付诸了现实——2020 年 5 月，曹原回到中国科学技术大学任职，而且二十四岁的他又四次在《自然》期刊上发表论文，再次创造了属于自己的惊人奇迹。

有人说科学无国界，这句话的确没错，而科学家则不同，他们不但有追逐科学的顶尖智慧，还有对“为国忠诚”的不同解读。

第十九则 《论语·为政篇》(2.24)

【原文】

子曰：“非其鬼而祭①之，谄②也。见义③不为，无勇也。”

【注释】

① 非其鬼而祭：鬼，这里指死去的祖先。祭，祭祀。古人称人刚死时的祭奠为凶礼，此后的祭礼为吉礼。前者是寄托哀思，后者是祈求祖先保佑。

② 谄：谄媚，阿谀。

③ 义：人应该做的事。

【今译】

孔子说：“不是你应该祭的鬼神，你却去祭它，这是谄媚。见到应该挺身而出的事情，却不去做，这是没有勇气。”

【对读】

勇敢的人是出于适当的原因、以适当的方式以及在适当的时间，经受得住所该经受的，也怕所该怕的事物的人。(因为，勇敢的人总是以境况所允许的最好的方式，并按照逻各斯的要求，去感觉和行动。每个人的每个实现活动的目的都是同他的那种品质相合的。勇敢的人也是这样。他的勇敢是高尚［高贵］的，因而勇敢的目的也是高尚［高贵］的。因为每种事物的品质就决定于其目的。所以，勇敢的人是因一个高尚［高贵］的目的之故而承受着勇敢所要求承受的那些事物，而做出勇敢所要求做出的那些行动的。）

——［古希腊］亚里士多德著，《尼各马可伦理学》（第三卷），廖申白译注，北京：商务印书馆，2017 年版，第 86 页

【阐释】

该做的不做，是不义。只有勇于做该做的，才是义。所以，施行仁德的人总是既勇又义的。

勇敢的人并不是不分析原因、不考虑后果，盲目逞强，而是以适当为准则，以高尚、高贵为目的，运用理智精准分析、判断，再行动。

【例说】

例一：2017 年 4 月 24 日，新华社报道了第十三届全国见义勇为英雄和英雄群体事迹。先后被授予“河北省道德模范”“河北省见义勇为英雄”“2014CCTV 年度法治人物”“第五届全国道德模范提名奖”等荣誉称号的卢伟，其勇敢和大义令人感佩。

2014 年 7 月 15 日下午，京原铁路沿线由于冰雹暴雨而突发山洪，大量泥石冲上铁路，阻断了涞源县塔崖驿乡二道河村南山 1 号与 2 号隧道段。正在附近放羊的卢伟，看到不远处有一列火车疾驰而来，跑到隧道口的高架桥头，连续打出紧急停车的手势。列车驾驶员见此情景，马上紧急制动，列车终于在离泥石流发生地不到 10 米的地方停了下来，避免了一起重大事故。为了拦停列车，卢伟的羊群被泥石流冲散丢失，造成直接经济损失 4 万多元。

例二：2020 年新型冠状病毒肺炎疫情期间，有许多平凡的中国人挺身而出。请你采访这些平凡的人，并写一篇采访稿。

例三：我们国家的国歌名为《义勇军进行曲》，请说说你心目中的义和勇是什么样子？

第三单元　知者不惑，勇者不惧

——关于知勇的对读

陈晓蕾

第一则　《论语·学而篇》(1.1)

【原文】

子曰："学而时习之，不亦说①乎？有朋②自远方来，不亦乐③乎？人不知④而不愠⑤，不亦君子⑥乎？"

【注释】

① 说：通"悦"，愉快，高兴。

② 朋：志同道合的人。

③ 乐：与"说"(悦)有所区别。"悦"在内心，"乐"现于外。

④ 知：了解，理解。

⑤ 愠：恼怒，怨恨。

⑥ 君子：此处指有道德、有修养、有高尚人格的人。

【今译】

孔子说："学习中时时加以温习，不也很愉快吗？有志同道合的人从远方来，不也很令人高兴吗？别人不了解我，我却不怨恨，不也是君子吗？"

【对读】

苏格拉底：好的谋划这东西本身显然是一种知识。因为，其所以有好的谋划，乃是由于有知识而不是由于无知。

——[古希腊]柏拉图著，《理想国：权威全译本》(第四卷)，郭斌和、张竹明译，北京：商务印书馆，2019年版，第147页

明智是灵魂的推理部分的品质，是考虑总体上对于自身是善的和有益的事

情的品质。

明智与智慧即使不产生结果，其自身也值得欲求。它们事实上产生一种结果，即幸福。

——［古希腊］亚里士多德著，《尼各马可伦理学》（第六卷），廖申白译注，北京：商务印书馆，2009 年版，第 356 页

【阐释】

《论语》中的“知”既是今天“知识”的“知”，又是“知道”的“知”，还是“智慧”的“智”。三者有时可以分开来，有时又可以统一起来。“人不知而不愠”中的“知”，就是可以将三者统一起来看的。《论语》开篇的这一个“知”字，即体现了孔子极高的人生智慧。

西方哲学家一般认为，“知识”在苏格拉底这里可以分为技能知识和命题知识。技能知识指的是一种能力，比如“我知道怎样骑自行车”，是指“我”能使自行车平衡不倒并向前运动；命题知识则指对事物的判断，如“我知道关于平衡的物理知识”，这是一种确定性的知识。

亚里士多德将灵魂的德性分为道德德性和理智德性，道德德性和快乐、痛苦的感情相关，是“灵魂进行选择的品质”，在实践过程中存在着过度、不及与适度三种情况。理智德性则指理论智慧（必然性知识）和实践智慧（偶然性知识）的结合。理智德性主要来自教育，道德德性主要来自习惯。

【例说】

例一：西方的“哲学”（philosophy）概念，其实就是“爱智慧”的意思，philosophy 在古希腊文中是由 philia 和 sophia 两个词组成，sophia 的意思是“智慧”，philia 的意思是“友爱”，相比于宗教的博爱和男女情爱，友爱更显温和与理性，也就是说，哲学家对待智慧，是一种彼此尊重且欣赏、温和且理性的热爱。

例二：英文中与“智慧”对应的词有三个：“smart”“intelligent”和“wisdom”。这三个词都具有心理学层面的含义：“smart”通常指一个人具有较高的心理准备度，能够在语言和行动层面迅速做出对自己有利的反应；“intelligent”通常指人具有较高的智力水平以及正确的决断力和理性，能够有效地使用推理和决断能力解决新的问题；“wisdom”是一种综合利用知识、经验、理解、常识以及见识进行思考和行动的能力或由此能力而产生的结果。美国教育家约翰·杜威认为，知识是已经获得并存储下来的学问，智慧则是运用学问去指导生活、改善生活的各种能力。现在我们的教育应如何从“知识”走

向“智慧”，对此你有何看法？

思路提示：西塞罗在《论友谊》中说：“友谊的基础是美德……美德之所以能创造友谊、保持友谊，是因为美德里有和谐、有坚贞、有忠诚、有无私、有明智、有善、有美、有爱。一个人的美德一旦表现出来，便会光芒四射，并且借助这种光芒，照见别人的美德。美德与美德互相吸引，光芒与光芒交相辉映，结果便燃出友谊的光焰。”每个人交友的标准不同，但都应建立在共同的美德基础上，在了解、欣赏、信任、容忍、牺牲中欣赏彼此的不同特点，方能永以为好，金石同坚。

第二则 《论语·述而篇》(7.20)

【原文】

子曰：“我非生而知之者，好古，敏①以求之者也。”

【注释】

①敏：勤勉。

【今译】

孔子说：“我不是生来就有知识的人，而是爱好古代文化，勤勉地去求得知识的人。”

【对读】

苏格拉底：接下来让我们把受过教育的人与没受过教育的人的本质比作下述情形。让我们想象一个洞穴式的地下室，它有一长长通道通向外面，可让和洞穴一样宽的一路亮光照进来。有一些人从小就住在这洞穴里，头颈和腿脚都绑着，不能走动也不能转头，只能向前看着洞穴后壁。让我们再想象在他们背后远处高些的地方有东西燃烧着发出火光。在火光和这些被囚禁者之间，在洞外上面有一条路。沿着路边已筑有一带矮墙。矮墙的作用像傀儡戏演员在自己和观众之间设的一道屏障，他们把木偶举到屏障上头去表演。

……

苏格拉底：接下来让我们想象有一些人拿着各种器物举过墙头，从墙后面走过，有的还举着用木料、石料或其他材料制作的假人和假兽。而这些过路人，你可以料到有的在说话，有的不在说话。

……

苏格拉底：再说，如果有人硬拉他走上一条陡峭崎岖的坡道，直到把他拉出洞穴见到了外面的阳光，不让他中途退回去，他会觉得这样被强迫着走很痛苦，并且感到恼火；当他来到阳光下时，他会觉得眼前金星乱蹦金蛇乱窜，以致无法看见任何一个现在被称为真实的事物的……

苏格拉底：……把地穴囚室比喻可见世界，把火光比喻太阳的能力……在可知世界中最后看见的，而且是要花很大的努力才能最后看见的东西乃是善的理念。我们一旦看见了它，就必定能得出下述结论：它的确就是一切事物中一切正确者和美者的原因，就是可见世界中创造光和光源者，在可理知世界中它本身就是真理和理性的决定性源泉；任何人凡能在私人生活或公共生活中行事合乎理性的，必定是看见了善的理念的。

——［古希腊］柏拉图著，《理想国：权威全译本》（第七卷），郭斌和、张竹明译，北京：商务印书馆，2019 年版，第 275—279 页

【阐释】

孔子否认自己是“生而知之”，但肯定自己爱好古代文化，并有勤奋刻苦的求索精神。这样的精神，使一个人由不知到知，由知之不多到知之甚多。孔子以此鼓励学生刻苦学习，勇于求知。

苏格拉底则强调：学习知识的能力是我们灵魂天生所具有的。但要使这种能力成为有用，就必须使我们的灵魂朝向正确的方向，就好比人要看见太阳，不得不移动全部身躯朝着太阳望去。知识也一样，只有当我们的灵魂转个方向离开变化的世界，朝向真实的实在物的时候，我们的灵魂才从黑暗的世界来到光明的世界，再经过不断的学习和磨炼，而后看到天地万物间最明亮的那个东西，即善的理念。

【例说】

例一：希腊悲剧《俄狄浦斯王》讲述了命运对俄狄浦斯的愚弄，其中无知正是推动全剧发展的根本因素：俄狄浦斯自以为有知，实为最大的无知者。他因为破解了斯芬克斯之谜（“什么行走时先用四只脚，后来用两只脚，再后来用三只脚？”）才赢得了王位，这个过程的隐含之意是，理性赋予人荣耀，知识赋予人权力。事实上，俄狄浦斯从未参透“人是什么”，在真相大白之前，他不知道“我是谁”，在真相大白之后，他仍旧不知道“我是谁”。启蒙运动的核心观念就是“敢于运用你的理性”，但是俄狄浦斯的遭遇告诉我们，“人类的理性和知识是有限的和易朽的”。

例二：克里斯托弗·诺兰导演的电影总是不断给予我们惊喜，如《星际穿

越》中关于虫洞和四维空间的形象表述,《盗梦空间》中关于梦境与意识的想象探索,你曾被哪部科幻电影或作品阐释的科学理念所震撼,感觉到自己知识的局限,请举例说明。

思路提示:如《2001太空漫游》中的克隆人、《银翼杀手》中的“瓶中脑”假想问题(假设一具大脑存活在一个有营养液的瓶中,大脑的神经末梢与一台计算机连接,在计算机输入的信号作用下,大脑仍然有着一切“正常”的感觉,那么这个大脑怎么能分辨自己究竟是一个“瓶中脑”还是一个正常人的大脑?),“黑客帝国”系列更是将“瓶中脑”问题以前所未有的震撼形式表现出来。

第三则 《论语·述而篇》(7.28)

【原文】

子曰:“盖有不知而作①之者,我无是也。多闻,择其善者而从②之;多见而识③之,知之次④也。”

【注释】

① 作:做作,这里指不懂装懂。

② 从:遵从。

③ 识(zhì):记。

④ 知之次:孔子认为“生而知之者,上也;学而知之者,次也”(《论语·季氏篇》)。

【今译】

孔子说:“大概有不懂什么却在那里不懂装懂的人吧,我没有这样的毛病。多听,选择其中好的来遵从;多看,然后记在心里,这是次一等的‘知’。”

【对读】

“我确实比这个人聪明。很可能我们谁都没有任何值得自夸的知识,但他对不知之物自认为有知,而我则非常自觉地意识到自己的无知。无论如何,在这点上我比他聪明,起码我不以我所不知为知。”

——[古希腊]柏拉图著,《苏格拉底最后的日子——柏拉图对话集》,余灵灵、罗林平译,上海:上海三联书店,1988年版,第45页

在我看来,神并不是认为苏格拉底最聪明,而只是以我的名字为例告诫

我们，“你们当中像苏格拉底那样最聪明的人，他也意识到自己的智慧是微不足道的。”

——［古希腊］柏拉图著，《苏格拉底最后的日子——柏拉图对话集》，余灵灵、罗林平译，上海：上海三联书店，1988 年版，第 48 页

【阐释】

孔子强调对自己不懂的东西，千万不能不懂装懂，而应该多听、多看，努力学习，刻苦记忆。学习的内容也应该有所选择，全面掌握其中的善恶并加以辨别，这种求知尽管是次一等的知，但对绝大多数并非“生而知之者”(《论语·季氏篇》）来说，就是最好的求知。这是孔子对自己的要求，同时也是对学生的期待。

苏格拉底提出了“自知己无知”这一命题。他发现“智慧声誉最高的人几乎完全无知，智慧声誉低于他们的人却颇有实际知识”。苏格拉底这一命题的价值是：他提示人们，应当把承认“无知”作为“知”的起点；应当认识到，人们的所谓知识，乃至智慧，都只是局限于某一特定的事物或领域，在如此纷繁复杂的社会和知识海洋中，人们所能知道的毕竟极少，必须警觉自己的无知，自觉地承认自己的无知。

【例说】

例一：科学的每一次进步总是不断地在我们的面前展现一个更加陌生、更加无知的领域，而在此之前，我们并不知道自己在某一个领域的无知，甚至不知道还会有这样一个领域存在。例如，尽管量子理论的诞生已经过了一个世纪，其辉煌鼎盛与繁荣也过了半个世纪。以“薛定谔的猫”为代表的对量子理论的困惑直到 21 世纪仍困扰着人们。正如玻尔的名言：“谁要是第一次听到量子理论时没有感到困惑，那他一定没听懂。”你对此有何看法？

思路提示：我们的无知即我们知识的局限，很多时候不是科学和理性所能克服的。科学的每一次进步都会带来一个更加陌生、更加无知的领域。如果认为人类文明是建立在对无知的彻底征服上，是一种不符合实际的想法。承认人的无知，是谦虚、谨慎和宽容地认识世界的前提。

例二：“解析几何之父”勒内·笛卡尔认为自己在数学上是无知的。他曾经说：“哲学家芝诺不是解释过吗？他曾画了一个圆圈，圆圈内是已掌握的知识，圆圈外是浩瀚无边的未知世界。知识越多，圆圈越大，圆周自然也越长，这样它的边沿与外界空白的接触面也越大，因此未知部分当然显得就更多了。”

第四则 《论语·里仁篇》(4.14)

【原文】

子曰:“不患无位,患所以立①;不患莫己知,求为可②知也。”

【注释】

① 所以立:用来立脚的才学。所以,用来……

② 可:值得。

【今译】

孔子说:“不担心没有职位,担心自己没有用来立得住脚的才学;不担心没有人知道自己,只求自己成为有真才实学值得被人们知道的人。”

【对读】

因为那些认识自己的人,知道什么事对于自己合适,并且能够分辨,自己能做什么,不能做什么……而且由于有这种自知之明,他们还能够鉴别别人,通过和别人交往,获得幸福,避免祸患。但那些不认识自己,对于自己的才能有错误估计的人……他们既不知道自己所需要的是什么,也不知道自己所做的是什么,也不知道他们所与之交往的人是怎样的人,由于他们对于这一切都没有正确的认识,他们就不但得不到幸福,反而要陷于祸患。

——[古希腊]色诺芬著,《回忆苏格拉底》,吴永泉译,北京:商务印书馆,2017 年版,第 151 页

【阐释】

君子有被人尊重的能力,但不必使别人一定尊重自己;有被人信任的能力,但不必使别人一定信任自己;有能在职位上发挥作用的能力,但不必使居上位的人一定给自己职位。君子以没有修养为羞耻,不以被侮辱为羞耻;以没有信用为羞耻,不以不被信任为羞耻;以没有与职位匹配的能力为羞耻,不以不被任用为羞耻。孔子强调“知人”,如果每个人都担心自己不了解自己,特别是居上位的人总是担心自己没有给下属发挥才华的最佳舞台,那么人与人的相处就更加和谐融洽了,社会上屈才叫冤的人就会很少了。孔子也强调“知己”,即知道自己有没有才学,有没有值得被别人知道的才学。孔子希望他的学生应立足于对自身学问、才能的培养,具备胜任未来所任职务的全面素质。在这里,私

德和公德是一体的。

苏格拉底的“知己”则是“观照自己的灵魂”，也就是镌刻在古希腊德尔菲城阿波罗神庙石碑上的箴言“认识你自己”，苏格拉底在年近四十岁时立言：“照顾自己的灵魂，使臻于至善至美。”苏格拉底在这里所说的“照顾”，就是指培养理性的思考及理性的行为，从而剖析自己、认识自己。

无论是孔子还是苏格拉底，都强调对自己需要有全面的认识，不仅针对自身，更要把眼光放到社会上，认清自己在社会中的位置和角色，明白自己的责任与义务，在认识自己的同时也认识他人。

【例说】

中国知识分子历来有“求名”的困扰，孔子说：“君子疾没世而名不称焉”（《论语·卫灵公篇》），屈原也曾感慨“老冉冉其将至兮，恐修名之不立”（《楚辞·离骚》），孔子屡次提到“不患人之不己知”（《论语·学而篇》《论语·宪问篇》），也经常安慰自己“德不孤，必有邻”（《论语·里仁篇》）。中国文人中不乏年少成名者，苏轼和苏辙两兄弟同年中进士，苏轼二十岁，苏辙十八岁；欧阳修二十四岁中进士。当然更多的是像蒲松龄这样的失意者，他十九岁考中秀才，此后连续四次参加举人考试，全部落榜，直到七十二岁，仍只是个贡生。人生中的得失与成败，需要用智慧去调节与消化，还需看到人生的其他可能性，不断锻造自己的能力，努力契合社会角色带来的责任与义务。正如《孟子·离娄下》所言：“声闻过情，君子耻之。”

西方名家对“名声”亦有众多讨论，大多强调名实相符，如约翰·弥尔顿在《列西达斯》中说：“名声是兴奋剂，它玷污了高尚的心，使纯洁的灵魂蔑视快乐，过着辛劳的日子。”亚瑟·叔本华在《名声》中说：“虚名正是这样，即他得到了名声，但他不配这名声；享受名声的人把名声当作他的生命，但他并不具有赢得名声的坚实基础，名声只是这种基础的外在可见的标志。”

第五则　《论语·阳货篇》（17.23）

【原文】

子路曰：“君子尚勇乎？”子曰：“君子义以为上。君子有勇而无义为乱，小人有勇而无义为盗。”

【今译】

子路说：“君子崇尚勇敢吗？”孔子说：“君子认为义最可贵。君子有勇敢无道义就会犯上作乱，小人有勇敢无道义就会做强盗。”

【对读】

这里有三种人，怯懦的、鲁莽的和勇敢的，三者都与同一对象相关，但品质却各不相同。有的是过度的，有的是不及的，有的则恰得中间，做了所应该做的事情。鲁莽的人猛冲向前，渴望去冒险，但真正处于危险之中时，就遁逃了。一个勇敢的人在工作中是精明的，处事是冷静的。

如上所说，勇敢就是中间性，是中庸，在所设定的情况中，他与那些促使人坚定和引起人恐惧的东西相关联。自信和坚持是高尚的，否则是可耻的。为了逃避贫困、爱情和痛苦而去死，并不是勇敢，而是怯懦。因为在困难中逃避更容易些。这种人之所以忍受死亡，并不是要坚持善良，而是摆脱邪恶。

——［古希腊］亚里士多德著,《亚里士多德全集》(第八卷), 苗力田主编,
北京: 中国人民大学出版社, 1994 年版, 第 60 页

【阐释】

春秋末期，社会动荡，秩序崩解。正因如此，孔子才认为勇要受到义的约束，如果没有义的约束，勇可能就会成为“乱”的根源。同样，如果没有礼和知的约束，勇也会成为“乱”的根源，即“勇而无礼则乱”(《论语・泰伯篇》)。这里谈话的对象是子路，因为子路总是逞勇，所以孔子屡次告诫他。孔子认为，好勇的前提是好仁、好义，只有这样，人才会智勇双全。所以，在孔子看来，勇敢是需要节制的。

亚里士多德则认为一个城邦应当拥有节制的品德，并且还得具备勇敢和坚韧的品德。古谚说“奴隶无闲暇”，人们若不能凭勇毅对抗危难，就会沦为侵入者的奴隶，于是他们就再也没有闲暇了。以此推出四大德：勇敢、智慧、节制和正义。可见，东西方先哲都认为勇敢需要节制。

【例说】

《伊利亚特》中的阿喀琉斯是海洋女神忒提斯和凡人英雄珀琉斯之子。在阿喀琉斯出生后，母亲忒提斯从命运女神处得知他将会战死，于是用天火烧去阿喀琉斯凡人部分的躯体并用神膏恢复，在即将完成时被父亲珀琉斯发现而中断(一说忒提斯握住阿喀琉斯的脚踵将他浸入冥河)。所以阿喀琉斯除了脚踵的致命死穴，全身刀枪不入，诸神难侵。阿喀琉斯不畏死亡走上战场，是因为他把勇敢视为最高荣誉，怯弱者是“人间无价值的赘物”。

孔子的弟子子路以正直、勇敢著称，他也是卫国大夫孔悝的家臣。卫出公

即位十二年以后，他父亲蒯聩又来夺取王位，孔悝不赞成。蒯聩强迫孔悝参加政变，胁迫他登上立盟约的土台子。子路听闻消息，不顾劝阻，赶回卫国救援。子路在台下放火，逼蒯聩放出孔悝。蒯聩派出两员猛将和子路战斗起来。子路受了重伤，帽缨也断了。子路说："好汉临死的时候，帽子还是要戴正的。"他把帽缨结好后，就断了气。孔子听说卫国政变，就感到不安，他判断以子路的正直、勇猛，他一定牺牲了。不久噩耗果然传来，孔子悲痛万分。

请你搜集并阅读《论语》中关于子路或《伊利亚特》中关于阿喀琉斯的章节，写一篇《子路小传》或《阿喀琉斯小传》，需要包含你对"子路之勇"或"阿喀琉斯之勇"的看法，也可以将这两个人物进行比较。

思路提示：孔子说："子路好勇，闻过则喜"，"好勇过我，无所取材"(《论语·公冶长篇》)。子路的志向是率领一支军队与敌军作战，占领敌人的土地，将敌人的旗帜拔下。孔子见卫灵公的宠妃南子的时候，子路面露不悦，让孔子很尴尬，孔子发誓说："我如果做了对不起人的逾矩之事，上天也会惩罚我。"子路是卫国大夫孔悝的家臣，公元前 480 年（卫庄公元年），孔悝的母亲伯姬与人谋立蒯聩（伯姬之弟）为君，胁迫孔悝弑卫出公，卫出公闻讯出逃。子路在外闻讯后，回卫国营救孔悝。蒯聩命石乞击落子路的冠，子路目眦尽裂，严厉呵斥道："君子死，而冠不免。"毅然系好冠缨，从容就义。子路以"好勇"著称，可以说是勇而有义，但孔子认为，子路勇于为善，但不能通过学习来明白如何为善。

阿喀琉斯参加特洛伊战争后，仅用两次战役就使原本胶着的战况向希腊军队大幅度倾斜，并且杀死了特洛伊的首将赫克托尔。但因与太阳神阿波罗交恶，阿喀琉斯被阿波罗的暗箭射中脚踵而死。阿喀琉斯骁勇善战但也直率任性，重视友情，爱憎分明。

第六则 《论语·阳货篇》(17.8)

【原文】

子曰："由也！女闻六言六蔽①矣乎？"

对曰："未也。"

"居②！吾语女。好仁不好学，其蔽也愚；好知不好学，其蔽也荡；好信不好学，其蔽也贼③；好直不好学，其蔽也绞④；好勇不好学，其蔽也乱；好刚不好学，其蔽也狂。"

【注释】

①六言六蔽：六言，即仁、知、信、直、勇、刚。蔽，通"弊"，弊病。

② 居：坐。

③ 贼：伤害。

④ 绞：偏激尖刻。

【今译】

孔子说：“仲由呀！你听说过六种品德和六种弊病相伴吗？”

子路回答：“没有。”

孔子说：“坐下！我告诉你。爱好仁德而不爱好学习，它的弊病是愚昧；爱好智慧而不爱好学习，它的弊病是放荡；爱好诚信而不爱好学习，它的弊病是抱守小信而败坏事情；爱好直率却不爱好学习，它的弊病是偏激尖刻；爱好勇敢却不爱好学习，它的弊病是犯上作乱；爱好刚强却不爱好学习，它的弊病是狂妄自大。”

【对读】

一切美德只可以用一件东西来交易。这是一切交易的标准货币。这就是智慧。不论是勇敢或节制或公正，反正一切真正的美德都是由智慧得到的。享乐、怕惧或其他各种都无足轻重。没有智慧，这种那种交易的美德只是假冒的，底子里是奴性，不健全，也不真实。真实是清除了这种虚假而得到的净化。自制呀，公正呀，勇敢呀，包括智慧本身都是一种净化。

——［古希腊］柏拉图著，《斐多：柏拉图对话录之一》，杨绛译注，北京：生活·读书·新知三联书店，2011 年版，第 22 页

【阐释】

孔子认为仁、知、信、直、勇、刚，这六个字本身并没有问题。问题是如果不能坚持学习，辨别生活中的假、丑、恶，只是一味追求这六个字，就会产生孔子所说的相伴而生的弊病，只仁爱可以成为愚蠢，逞聪明可以随意放荡，讲信任反而坏事……因此，要克服这些弊病，就要如孔子所言，不断地学习，不断地去“知”，把握好“度”，以学习来获取智慧，从世俗中获得净化，去认识更广更深的人生和社会，那样才能真正成为仁德的人、智慧的人、诚信的人、勇敢的人、刚强的人。

《斐多：柏拉图对话录之一》记录的是苏格拉底在行刑当天的对话，描述了他从容赴死的情形。苏格拉底同样认为，智慧是自制、公正、勇敢的基础，是有净化作用的，能将人类从现实的泥淖中超拔出来。柏拉图则将灵魂分割成理智、激情、欲望三个部分。他认为，个人正义的实现，离不开灵魂所拥有的德

性的和谐统一。那就是人的欲望与激情服从理智的约束，用理智思考和探索人之所以为人的德性的知识来指导人的行为，从而达到人的智慧、勇敢与节制的协调与统一，成为一个正义的人。

【例说】

例一：孔子认为“乡愿，德之贼也”(《论语·阳货篇》)。所谓“乡愿”，是一类虚伪地利用儒家道德原则的人，看似温良，实则圆滑世故、见风使舵、明哲保身，以有德者自居，但不仅不践行美德，还会淆乱美德，看似君子，实则是欺世盗名之人。

孟子曾力图对“乡愿”做出透彻的解释，说孔子最不希望见到这些人，并将其与特立独行的狂狷者相对照，说“乡愿”之人“生斯世也，为斯世也，善斯可矣。阉然媚于世也者……居之似忠信，行之似廉洁，众皆悦之，自以为是，而不可与入尧舜之道”(《孟子·尽心上》)。

西方也有与之类似的概念——“犬儒”，源自古希腊的犬儒主义学派，从最初的愤世嫉俗到之后的玩世不恭，与现实和解，最终变为“一种不拒绝的理解，一种不反抗的清醒和一种不认同的接受”。犬儒主义支配下的当代青年文化低眉顺眼，或少年老成，或虚假励志，以一种自欺欺人、逆来顺受的姿态抚慰也麻痹着青年的心。

例二：钱锺书在《围城》里塑造了韩学愈这个现代“乡愿”的形象，他天生口吃，为了掩盖自己的口吃，他讲话少、慢，仿佛每个字都以他的人格做担保。不轻易开口的人总使人误解其满腹智慧，其实“谨厚”也需要“学”来节制。

第七则 《论语·学而篇》(1.15)

【原文】

子贡曰：“贫而无谄，富而无骄，何如？”

子曰：“可也。未若贫而乐，富而好礼者也。”

子贡曰：“《诗》云：‘如切如磋，如琢如磨。’① 其② 斯之谓与？”

子曰：“赐③ 也，始可与言《诗》已矣，告诸往而知来者④。”

【注释】

① 如切如磋，如琢如磨：出自《诗经·卫风·淇奥》。意思是：好比加工骨、角、象牙，切断了还得锉平，使其更加光滑；好比加工玉石，雕刻了还要磨光，使其更加细腻。这里指精益求精。

② 其：表测度语气，可译为“大概”。

③ 赐：子贡的名。

④ 来者：未来的事，这里指未知的事。

【今译】

子贡说：“贫穷却不巴结奉承，富贵却不骄傲自大，怎么样？”

孔子说：“这也算可以了。但还是不如虽贫穷却乐道，虽富裕却谦虚好礼的人。”

子贡说：“《诗经》上说：‘要像加工骨、角、象牙、玉石等一样，切料，锉平，雕刻，磨光。’大概就是讲的这个意思吧？”

孔子说：“赐呀，现在可以同你讨论《诗经》了。告诉你以往的事，你就能推知未来的事了。”

【对读】

德性不是来自物质财富，相反，财产以及其他一切物质财富都是来自德性。财富的价值依存于所有者之德性和是否能贤明地使用。

——漆光瑛、蔡中兴，《外国经济学说史新编》，
上海：上海财经大学出版社，2002 年版，第 10—11 页

【阐释】

“富而好礼”，只有道德修养很高的人才能做到。孔子用《诗经》来类比子贡会“知”，由“往”知“来”，举一反三，触类旁通，在“知”中前进。子贡，可以说是儒商始祖。颜回安贫乐道，子贡则善积累，对市场行情看得很准，却始终奉行道德原则，对他们两位，孔子都十分欣赏。

柏拉图同样强调，财富不是目的，而是手段，是实现高尚目的的手段，人们追求财富应当受到道德准则的节制，注意“和谐与秩序的原则”。

【例说】

例一：孟德斯鸠在《论法的精神》中将“商业的精神”定义为“简朴、经济、中庸、工作、智慧、静谧、秩序和规则的精神”。如今我们却在商业世界中看到了贪婪、狡诈的人性组成的乱象，事实上都是为追求财富而失去信仰与坚守的表现。富兰克林坚信“一个人一旦累积到足以确保自己和他的家人能拥有舒适的钱财时，就应该转而去服务公众”，并献身于“改善一般人的境遇”，富兰克林激励了无数和他同时代的人，与他一同实践这种伦理。

例二：2010 年 1 月 22 日，在中国工商银行江苏分行会议厅里，被称为“中国首善”的某企业家将 10 万元捆为一块“墙砖”，330 块“墙砖”垒成一面墙，共计人民币 3 300 万元。这些钱和一些没有亮相的支票，加起来一共是 4 316 万元，由全国 513 名企业家和爱心人士共同捐赠。如何评价这种开展慈善事业的方式？

思路提示：这种高调慈善的行为，从结果看，既将财富回馈社会，也用善行引导善心，可以起到对群体的示范和号召作用；从过程看，要警惕借商业效果从中非法渔利，同时要杜绝诈捐等突破道德和法律底线的行为发生。

第八则 《论语·先进篇》(11.12)

【原文】

季路问事鬼神。子曰：“未能事人，焉能事鬼？”

曰：“敢①问死。”曰：“未知生，焉知死？”

【注释】

①敢：下对上、卑对尊所用之敬词，表示对对方的尊敬。

【今译】

季路请教侍奉鬼神的事。孔子说：“人还不能服侍，怎么能去服侍鬼神呢？”

季路又说：“我冒昧地问一下死是怎么回事。”孔子说：“对生都知道得不清楚，哪里能明白死呢？”

【对读】

一辈子真正追求哲学的人，临死自然是轻松愉快的，而且深信死后会在另一个世界上得到最大的幸福……真正的追求哲学，无非是学习死，学习处于死的状态。

——［古希腊］柏拉图著，《斐多：柏拉图对话录之一》，杨绛译注，北京：生活·读书·新知三联书店，2011 年版，第 14—15 页

【阐释】

孔子对鬼神的态度是“存而不论”，即保留它而不置可否，不论其有无。因为他强调“多闻阙疑”(《论语·为政篇》)、“学而不思则罔，思而不学则殆”(《论语·为政篇》)，即多闻、多见和多思的结合。孔子对鬼神和死后的世界持

保留态度，正是因为重视人间世、当前世，奋力于当世。

苏格拉底从容赴死，他说，真正困难的不是逃避死亡，而是避免做不义之事；不义之事比死亡更难逃避。苏格拉底对于自己的命运心知肚明，他曾经说过：“我如果很久以前就从政，那就早已被处死，不能给你们或者给我自己做什么好事了。请不要因为我说实话而不高兴。”

无论是孔子“未知生，焉知死”的“悬置判断”的实用理性态度；还是苏格拉底的直面死亡、研究死亡，甚至认为哲学家的使命就是学习死亡，当最后时刻到来的时候，他会镇定自若，毫不慌张，其实都是源于对人生意义的透彻认知。

【例说】

例一：事实上，生命的有限和对死亡的恐惧是人生的一大痛苦，对于有朽的人来说，死亡是人生唯一确定的事，所以是无须着急的。不少先哲以智慧来化解这种痛苦，如庄子的“鼓盆而歌”，因为他认定死亡是从一种形式转变为另一种形式，故而能不忧亦不惧。再如斯宾诺莎的以理化情，他认为“心灵理解到万物的必然性，理解的范围有多大，它就在多大的范围内有更大的力量控制后果，而不为它们受苦”(《伦理学》第五部分，命题Ⅵ)。

例二：史铁生也将死看作是“一个必将到来的盛大节日，也是最不急去完成的一件事”。他认为死亡并不是救赎之道，生与死不过是时间给人类上演的节目。因此，他从全新视角观照生命残缺，残缺者要思考如何应对命运、承担苦难，而不是抱怨生命不公；残缺和完美是相辅相成的，残缺有可能成为残缺者人生中的一笔财富；人生的关键在于过程，能否达到目的不重要；死亡是个体生命的必由之路，但生命是永恒的，对于人类整体而言，任何生命都是“我”的再生。对此你有哪些思考？

思路提示：联系自身，将个体生命纳入人类存在的历史中，重视过程中的自我完成。“只有在‘我们’(群体)的共同发展中才会有‘我’的真正的个人发展……对整个国家、民族、社会、人类(‘我们’)的生命也都有自觉的承担。”(钱理群《二十六篇——与青年朋友谈心》)

第九则 《论语·季氏篇》(16.8)

【原文】

孔子曰：“君子有三畏：畏天命，畏大人①，畏圣人之言。小人不知天命而不畏也，狎②大人，侮圣人之言。”

【注释】

① 大人：指在高位的人。

② 狎：轻慢，不尊重。

【今译】

孔子说："君子有三种敬畏：敬畏天命，敬畏在高位的人，敬畏圣人的言语。小人不懂得天命，所以不加敬畏，对在高位的人轻慢，轻侮圣人的言语。"

【对读】

常用词句的含义不得不加以改变，而采用现在所赋予它们的意义。过去被认为是不顾一切的鲁莽之举，现在被认为是一个忠诚的同盟者所必备的勇气；谨慎周到地等待时机，被看作懦弱的代名词；中庸之道被视为缺乏男儿气概的表现；一个人能够从各方面考虑问题，就表示他是一个在行动上拙劣无能的人。疯狂的暴虐变成了男儿气概的标志；耍阴谋搞诡计变成了合法自卫的手段；夸夸其谈的人总是被信任，而反对他们的人总是受到猜疑。耍阴谋成功表明一个人头脑精明，而识破阴谋则表明他更加精明。

——［古希腊］修昔里德著，《伯罗奔尼撒战争史》，徐松岩译注，上海：上海人民出版社，2012年版，第246页

【阐释】

孔子所讲的"天命"，指的是整个客观世界的规律，它既包括自然界的规律，也包括人类社会历史的规律。孔子认为社会兴衰、人生境遇都是由"天命"决定，人们只能敬畏。君子"知天命"，就懂得有许多事情不是人力可为的，即使是人力可为，也不是每个人都可为，因为人与人是有区别的，包括高尚的道德境界，也不是人人都可以随便达到的；而那些至理名言，也并非脱口而出。所以，"知天命"就是懂得敬畏，敬畏客观规律的不可抗拒性而对它产生审慎戒惧的态度。若"不知天命"，就会随心所欲，无所顾忌，毫无敬畏。其中有一个很重要的表现就是轻视圣人之言，即对经典的语言体系缺乏敬畏。

修昔里德忠实地记录了以雅典为首的提洛同盟和以斯巴达为首的伯罗奔尼撒联盟长达二十七年的战争——伯罗奔尼撒战争，这场战争的破坏力极大，大到整个语言系统也被颠覆，正是在这样的时代背景下，苏格拉底开始了他的后半生，他的使命，正是要通过探讨伦理问题来重建道德秩序和人心秩序，从而使社会重拾敬畏。

【例说】

例一：语言的败坏象征着人心的败坏，语言秩序的颠覆意味着道德秩序和政治秩序的颠覆，如乔治・奥威尔的政治寓言小说《1984》，在乔治・奥威尔笔下，虚拟的大洋国里有四个政府部门，“真理部”负责撒谎，“和平部”负责战争，“仁爱部”负责刑讯，“富足部”制造短缺。大洋国和战争期间的古希腊的共同特征是，所有的词义都出现了黑白颠倒的现象。

例二：同学A认为，说脏话的行为背后是男子气概和血性的体现，一些不登大雅之堂的网络词汇表达起来既精练又时髦。请你以朋友的身份给他写一封信，就这一问题与他交流，谈谈你的看法。

思路提示：粗鄙的语言背后是人文内涵的缺失，粗鄙的网络词汇背后是弱者对弱者的攻击，粗鄙的语言会影响我们的思想，让思想流于平庸和低俗。

第十则 《论语・宪问篇》(14.28)

【原文】

子曰：“君子道者三，我无能焉①：仁者不忧，知者不惑，勇者不惧。”子贡曰：“夫子自道也。”

【注释】

① 焉：于之，在这些方面。

【今译】

孔子说：“君子所行之道有三个方面，我在这些方面都未能做到：仁德的人不忧愁，智慧的人不迷惑，勇敢的人不畏惧。”子贡说：“这是老师在说自己呢。”

【对读】

我所缺的不是辞令，缺的是厚颜无耻和不肯说你们最爱听的话。你们或许喜欢我哭哭啼啼，说许多可怜话，做许多可怜状，我所认为不值得我说我做、而在他人却是你们所惯闻、习见的。我当初在危险中绝不想做出卑躬屈膝的奴才相，现在也不追悔方才申辩的措辞，我宁愿因那样措辞而死，不愿以失节的言行而苟活。无论在法庭或战场，我或任何人都不应当不择手段以求免死。在战场上，往往弃甲曳兵而走，或向追者哀求，每当危险时，若肯无所不说、无所不为，其他逃死的方法还多着呢。诸位，逃死不难，逃罪恶却难得多，因为罪恶追人比死快。

——［古希腊］柏拉图著，《游叙弗伦　苏格拉底的申辩　克力同》，严群译，北京：商务印书馆，1983 年版，第 76—77 页

苏格拉底：……我们的原则是：一个好人断不以为死对于他的朋友——另一个好人，是一件可怕的事情。

……

苏格拉底：我们还可以说这种人最为乐天知足。最少要求于人乃是他们的特点。

……

苏格拉底：因此，失掉一个儿子，或者一个兄弟，或者钱财，或者其他种种，对他说来，丝毫不觉得可怕。

……

苏格拉底：因此他绝不忧伤憔悴，不论什么不幸临到他身上，他都处之泰然。

——［古希腊］柏拉图著，《理想国：权威全译本》（第三卷），郭斌和、张竹明译，北京：商务印书馆，2019 年版，第 86—87 页

【阐释】

孔子认为一个完善的人，集仁、智、勇于一体，这是孔子的自勉。孔子的仁不是空洞的假慈悲，而是一种忠毅坚贞的积极精神；他凡事冷静分析，是仁者和智者的结合；他喜欢水奔涌向前、永不停歇的精神；在他的积极勤奋中，自有一种不计成败的“知其不可而为之”的大勇。

苏格拉底罪不至死，却勇于赴死。他对死亡毫不畏惧，是因为他身上有一种求真的勇气，他认定政治是末，道德是本，所以他更愿意从道德和伦理入手解决雅典的危机。他既没有屈服于汹涌的民意，也没有屈服于暴力。他说学习哲学就是在练习死亡，在“活得好”与“活得正当”之间，他选择勇猛精进，舍生取义。

【例说】

例一：张岱年先生概括中国文化的基本精神，将“天行健，君子以自强不息”作为总的纲领。这里的“健”，是主动性、能动性，即刚强不屈，努力向上，绝不停止；是独立不惧，“君子以立不易方”（出自《易经·恒卦》，“方”即找到人生根本的道，找到人生根本的信念和目标），也是孟子“富贵不能淫，

贫贱不能移，威武不能屈”的大丈夫品格。鲁迅先生在《中国人失掉自信力了吗》中写道：“我们从古以来，就有埋头苦干的人，有拼命硬干的人，有为民请命的人，有舍身求法的人……虽是等于为帝王将相作家谱的所谓‘正史’，也往往掩不住他们的光耀，这就是中国的脊梁。”

例二：孔子说自己在弟子中未见过可以称作“刚”的人，有人提了申枨。孔子说，他有欲望，怎么称得上是“刚”？申枨喜欢和人争辩，毫不隐藏，摆出强硬的姿态，大家似乎都要让他三分。这里的“欲望”不是指物质的欲望，而是指没有仔细思考事情的原委，只是想要胜过别人，逞强争胜的欲望。质疑是好的，但是夹杂了太多这样的欲望，往往会感情用事，哪里称得上是刚强不屈呢？刚强不屈其实有时候是一种克制，不轻易转移，始终如一。对此，你有什么看法？

思路提示：逞强争胜不是真正的“刚”。“刚”作为一种德行，不是用于制胜他人，而是用于制胜自己的私欲。做事顺乎天理，不避利害祸福，始终保持安宁如一的心，这才算是真正的“刚”。

第十一则 《论语·阳货篇》(17.1)

【原文】

阳货①欲见孔子，孔子不见，归孔子豚②。

孔子时其亡③也，而往拜之。

遇诸涂④。

谓孔子曰：“来！予与尔言。”曰：“怀其宝而迷其邦⑤，可谓仁乎？”

曰：“不可。好从事而亟⑥失时，可谓知⑦乎？”

曰：“不可。日月逝矣，岁不我与⑧。”

孔子曰：“诺，吾将仕矣⑨。”

【注释】

①阳货：一说是阳虎，季氏家臣。也有人认为不是，应当是当时鲁国有权势的大夫。

②归孔子豚：归，通“馈”，赠送。豚，小猪。

③时其亡：时，通“伺”，暗中打听。亡，通“无”，这里指外出不在家。

④涂：同“途”。

⑤怀其宝而迷其邦：怀，怀揣，卷在怀中藏起来。迷，听凭迷乱。

⑥亟：屡次。

⑦ 知：同“智”。

⑧ 与：等待。

⑨ 吾将仕矣：孔子此处是虚应阳货，阳货当权时他并未出仕。

【今译】

阳货想让孔子来拜见自己，但孔子不去，于是他赠送给孔子一只（做熟了的）小猪。

孔子探听到他不在家的时候，前去拜谢。

两人在路上遇到了。

阳货对孔子说：“过来！我有话对你说。”（阳货）又说：“有才能却卷在怀中藏起来不用，听任国家迷乱，这能说是仁吗？”

（孔子不说话）

阳货说：“不可以。喜欢参与政事却屡次错过机会，这能说是聪明吗？”

（孔子仍不说话）

阳货说：“不可以。时光一去不复返，岁月是不等待我们的。”

孔子说：“好吧，我打算出来做官了。”

【对读】

一切皆流，无物常驻……

——《古希腊罗马哲学》，北京大学哲学系、外国哲学史教研室编译，北京：商务印书馆，1961 年版，第 17 页

走下同一条河的人，经常遇到新的水流。

——《古希腊罗马哲学》，北京大学哲学系、外国哲学史教研室编译，北京：商务印书馆，1961 年版，第 20 页

人不能两次踏进同一条河流……

——《古希腊罗马哲学》，北京大学哲学系、外国哲学史教研室编译，北京：商务印书馆，1961 年版，第 27 页

赫拉克利特说，一切皆变；这个“变”就是原则。

——［德］黑格尔著，《哲学史讲演录》（第一卷），贺麟、王太庆等译，北京：商务印书馆，2017 年版，第 331 页

【阐释】

阳货用孔子的学说和方式来逼孔子就范，循序渐进、环环相扣，孔子只能答应。其中阳货提到“日月逝矣，岁不我与”，这句话事实上孔子是认可的。孔

子也说："逝者如斯夫！不舍昼夜"(《论语·子罕篇》)。事实上，孔子对时间流逝一直有一种伤痛与焦灼感，这与他的勤奋不已是紧密联系的。他也用一种动力学的观点去观察天与自然，把自我生命也看作这个动态宇宙的一部分。天不言而万物各得其所，天不言而万物自有其跃进，万物自有其发育与长养。孔子也希望他的事业能够如此。

赫拉克利特认为，世界万物都不是静止的、固定的；它们的存在，表现为一个过程，过程中的每个部分，无时不变。"一切皆流，无物常驻。"云起云灭，斗转星移，人事聚散……太阳每天都是新的，永远不断地更新。

事实上，"变"是常态，"变"中的"不变"才是真正需要关注的东西，赫拉克利特提出的逻各斯的概念，其实就是现代人所熟知的原则、规律、理性，有些类似于老子的道。赫拉克利特说"变化是根据一种不变的逻各斯发生的"，大多数人对逻各斯是视而不见的、听而不闻的，赫拉克利特把这样的人比喻成睡梦中的人，哲学家的任务就是要叫醒这些睡梦中的人。

【例说】

例一：李白在《春夜宴从弟桃李园序》中写道："夫天地者，万物之逆旅也；光阴者，百代之过客也。而浮生若梦，为欢几何？古人秉烛夜游，良有以也。"歌德则说，"时间是我的财产，我的田亩是时间。"海德格尔在其名著《存在与时间》中提出"向死而生"的概念，他认为，人只要还没有亡故，就是向死的方向活着。这个存在者的一生贯穿着走向死的整个过程。在这个向死的过程中，人能真实地感受到自我的强烈存在感，因而自己在这个向死的过程中"在场"。海德格尔以此来让人明白个体生命的时间是可以延长的，即通过内在精神成长的方法，看淡各种功名利禄对我们精神上的诱惑，珍惜生命中的每分每秒，焕发出生命积极进取的意识和内在活力。通过提高生命中每分每秒的质量和长度，来提高生命的效度和目标的密度。

例二：西晋时期的石崇在《金谷诗序》中说："感性命之不永，惧凋落之无期，故具列时人官号、姓名、年纪，又写诗著后。"因为对生命速朽的感慨、恐惧，所以要将自己的姓名、功绩一一镌刻进作品中，你如何评价这种行为？

思路提示：西晋巨富石崇和参与盛宴的30位名士用《金谷诗序》这样的记录方式并不能达成真正的不朽。《左传·襄公二十四年》中记载了所谓的"三不朽"："太上有立德，其次有立功，其次有立言。虽久不废，此之谓不朽。"唐朝孔颖达在《春秋左传正义》中对德、功、言三者分别做了界定："立德谓创制垂法，博施济众"；"立功谓拯厄除难，功济于时"；"立言谓言得其要，理足可传"。

第十二则《论语·为政篇》(2.4)

【原文】

子曰：“吾十有[1]五而志于学，三十而立[2]，四十而不惑[3]，五十而知天命[4]，六十而耳顺[5]，七十而从心所欲，不逾矩[6]。”

【注释】

① 有：通“又”。

② 立：自立，能够（在社会上）站得住脚。

③ 不惑：不被外界事物迷惑。

④ 天命：指不能为人力所支配的事情，自然规律。

⑤ 耳顺：明白话中的深意。

⑥ 从心所欲，不逾矩：随心所欲，而不越出规矩。

【今译】

孔子说：“我十五岁立志学习，三十岁立足于社会，四十岁掌握了知识而不会迷惑，五十岁了解并顺应了自然规律，六十岁听到别人说话就能明白其中的深意，七十岁可以随心所欲，而不越出规矩。”

【对读】

一个人遵循理性，即服从自然的永恒的规律而行动，这时他是自由的。因此，一个聪明人愿意做的事情和自然命令他做的事情之间，没有冲突。哲学家掌握了全部真理以后，同神一样自由。

——[美]弗兰克·梯利著，伍德增补，《西方哲学史》(增补修订版)，葛力译，北京：商务印书馆，1995年版，第118页

随着理性的发展，人开始把他的有理性的本性看作是他的真正的自我，并且在到处使理性完善并推进合理的目的中得到满足。他在本人身上所爱的东西，在别人身上也不能不加以爱护。

——[美]弗兰克·梯利著，伍德增补，《西方哲学史》(增补修订版)，葛力译，北京：商务印书馆，1995年版，第120页

一个人是否服从道德规律，要由他自己来决定；意志是自由的。

——[美]弗兰克·梯利著，伍德增补，《西方哲学史》(增补修订版)，葛力译，北京：商务印书馆，1995年版，第121页

【阐释】

“从心所欲，不逾矩”是孔子晚年对自己一生所达到的成就的评述，自觉于规矩，即便从心所欲，依然行礼为仁，立德顺天，真正达到礼与仁的合一，达到人与天的合一，在天人合一中，人实现真正的自由，即无论人做什么，都符合天地的根本原则——德。

古希腊哲学中的斯多葛学派推崇理性所指出的那种人类的职责，强调主体性的意义，他们表达的“推己爱人”的道德金律，也与孔子的“己欲立而立人，己欲达而达人”(《论语·雍也篇》)如出一辙。当规范融入人的欲求时，自我便享受到了充分的自由，这也就是一种“从心所欲，不逾矩”的状态。

【例说】

“古今大艺术家大半都从格律入手。艺术须寓整齐于变化。一味齐整，如钟摆摇动声，固然是单调；一味变化，如市场嘈杂声，也还是单调。由整齐到变化易，由变化到整齐难。从整齐入手，创造的本能和特别情境的需要会使作者在整齐之中求变化以避免单调。从变化入手，则变化之上不能再有变化，本来是求新奇而结果却仍还于单调。

古今大艺术家大半后来都做到脱化格律的境界。他们都从束缚中挣扎得自由，从整齐中酝酿出变化。格律是死方法，全赖人能活用。善用格律者好比打网球，打到娴熟时虽无心于球规而自合于球规，在不识球规者看，球手好像纵横如意，略无迁就规范的痕迹；在识球规者看，他却处处循规蹈矩。姜白石说得好：‘文以文而工，不以文而妙。’工在格律而妙则在神髓风骨。”(朱光潜著，《从心所欲，不逾矩——创造与格律》，《谈美书简》，武汉：长江文艺出版社，2016年版，第145页)

第十三则 《论语·子罕篇》(9.8)

【原文】

子曰：“吾有知乎哉？无知也。有鄙夫①问于我，空空如②也。我叩其两端而竭③焉。”

【注释】

① 鄙夫：乡野之人。鄙，边鄙、偏远地区。

② 空空如：诚恳的样子。

③ 叩其两端而竭：叩，问，探究。两端，两头，指正反、始终、上下、精粗等。竭，尽力探究。

【今译】

孔子说："我有知识吗？没有知识啊。有一个乡下人来向我提问，很诚恳的样子。我从问题的两端去探究，尽力去回答。"

【对读】

智慧声誉最高的人几乎完全无知，智慧声誉低于他们的人却颇有实际知识。

——［古希腊］柏拉图著，《苏格拉底最后的日子——柏拉图对话集》，余灵灵、罗林平译，上海：上海三联书店，1988 年版，第 46 页

一个人要想成为真正的人，就必须是一个特定的存在，为达此目的，他必须限制自己。

——［德］黑格尔著，《小逻辑》，贺麟译，北京：商务印书馆，1962 年版，第 205 页

【阐释】

孔子所谓的"吾有知乎哉？无知也"是想告诉我们，人的精力是有限的，不可能了解世间万事万物，"叩其两端而竭焉"是分析问题、解决问题的方法。

苏格拉底得知神谕说没有人比他更有智慧了，所以他就到处寻找有智慧的人谈话，但是他在交谈的过程中发现他们只是了解自己所处的领域，对其他的领域毫不知情，也不愿意承认自己无知，比如政治家只关心政治，诗人只会写诗，能工巧匠只会修砌房屋。他们都不能算作有智慧的人，慢慢地他发现神谕说的是正确的，自己才是那个最有智慧的人。因为自己能正确地认清自己，能够承认自己的无知，再通过反思，不断地去学习、交流新的知识，无知即智慧。我们千万不要把苏格拉底的论断等同于反智主义，恰恰相反，他对智慧抱有谦卑甚至是敬畏的心态，认定真正的智慧只属于神。

可以说，孔子和苏格拉底都意识到了自己知识的局限性，同时，正因为自己无知，所以必须努力扩展知识，不断吸取，扩展美德。正如黑格尔所言："一个人要想成为真正的人，就必须是一个特定的存在，为达此目的，他必须限制自己。"人必须认识自身的这种有限性，才能成为一个真正的自由人。

【例说】

例一：英国著名思想家罗素在《如何避免愚蠢的见识》中说，使人能够避

免愚昧观念的办法有两个：一是要亲自观察、亲自体验，不能够听信传闻或主观臆断；二是要听不同的意见，甚至要主动地去听取不同意见，要扩大视野，减少偏见，要防止因维护个人的自尊而固执己见。如自尊心常常使一个男人自认为比女人优越，也常常使大多数人认为自己民族比其他民族优越，因此必须多一些理智，少一点情感上的自负。他说，“就我所知，处理这个普遍存在的人类自高自大问题的唯一方法，就是要经常提醒自己：在茫茫宇宙中一个小小角落的一颗小小星球的生命史上，人类仅仅是一个短短的插曲，而且说不定宇宙中其他地方还有一些生物，他们优越于我们的程度，不亚于我们优越于水母的程度。”

例二：霍伊在《自由主义政治哲学：哈耶克的政治思想》中说：“现代人已变得十分不愿意承认其在知识上的总体局限性，这已妨碍到本着理性的态度去建设社会，其主要原因是来自对科学能力的盲目自信。知识的局限似乎随着科学的进化在不断地消失。这种信念是来自对科学的任务和能力的错误看法，即认为科学是确定具体事实的方法，而且科学技术的进步将使得我们能够确定和把握我们所需要的全部事实。”

第十四则 《论语·卫灵公篇》(15.8)

【原文】

子曰：“可与言，而不与之言，失人；不可与言，而与之言，失言。知者不失人，亦不失言。”

【今译】

孔子说：“可以同他说，却不同他说，就会错失人才；不可以同他说，却同他说，就会说错话。明智的人既不错失人才，也不说错话。”

【对读】

而在适当的时间、适当的场合、对于适当的人、出于适当的原因、以适当的方式感受这些感情，就既是适度的又是最好的。这也就是德性的品质。

——［古希腊］亚里士多德著，《尼各马可伦理学》(第二卷)，廖申白译注，北京：商务印书馆，2017年版，第49页

同什么人谈或听什么人谈这方面也有恰当不恰当的问题。显然，在这些方面，一个人既可能做得过度，也可能做得不及。那些在开玩笑上过度的人被看作是滑稽的或品味低级的人……那些从来不开玩笑、也忍受不了别人开他玩笑的人被看作是呆板的和固执的。诙谐地开玩笑的人被称作机智的，意思就是善

于灵活地转向的。

——［古希腊］亚里士多德著，《尼各马可伦理学》（第四卷），廖申白译注，北京：商务印书馆，2017 年版，第 133—134 页

【阐释】

孔子认为该不该与谁说话可以考察人的智慧。事实上，这还是在谈节制与适度的问题，孔子和苏格拉底都有关于中庸的解读，孔子说“过犹不及”（《论语·先进篇》），亚里士多德则认为“德性是两种恶即过度与不及的中间”［《尼各马可伦理学》（第二卷）］。

《中庸》中说：“君子中庸，小人反中庸。君子之中庸也，君子而时中；小人之［反］中庸也，小人而无忌惮也。”意思是君子言行能符合中庸之道，小人却背道而行。君子言行能符合中庸之道，就是因为君子会按照所处的环境做到合理适度；小人会违背中庸之道，就是因为小人无所忌惮，肆意妄为。也就是人要根据外界环境调整自己的行为，以符合中庸的标准。

体现在语言的使用上，既要关注对象，又要关注环境和场合，在坚持自我立场的前提下，做到圆融地沟通，使对方易于接受自己的意见，又不会感觉到被冒犯。语言交际的得体是一门学问。

【例说】

“由于大家都知道的原因，两国人民的往来中断了二十多年。现在经过双方的共同努力，友好往来的大门终于打开了。”这是周恩来总理在 1972 年欢迎尼克松总统访华宴会上祝酒词中的话语，十分成功地运用模糊语言回避了敏感话题。这个“大家都知道的原因”是什么，有意不去点破，既避免了尴尬局面的发生，又坚持了我国的严正立场，有礼有节地维护了国家的尊严。如果改用精确的语言来表达，将是难堪的局面，甚至可能导致双方关系恶化。

第十五则 《论语·公冶长篇》（5.21）

【原文】

子曰：“宁武子①，邦有道，则知；邦无道，则愚②。其知可及也，其愚不可及也。”

【注释】

① 宁武子：姓宁，名俞，卫国大夫，“武”是他的谥号。

② 愚：装糊涂。

【今译】

孔子说：“宁武子这个人，国家政治清明的时候，就特别聪明；国家政治昏乱的时候，就装糊涂。他的聪明别人可以赶得上，他的装糊涂别人就赶不上了。”

【对读】

古希腊人与他们称之为“张狂”的东西有某种关系。这种关系并不仅仅是一种谴责关系……

自中世纪初以来，欧洲人与他们不加区分地称之为疯癫、痴呆或精神错乱的东西有某种关系。也许，正是由于这种模糊不清的存在，西方的理性才达到了一定的深度……

——［法］米歇尔·福柯著，《疯癫与文明》，刘北成、杨远婴译，北京：生活·读书·新知三联书店，2012 年版，前言第 3 页

【阐释】

卫国大夫宁武子出使鲁国，鲁国国君演奏了只有周天子招待诸侯才能演奏的音乐，这是一种僭越的“邦无道”，宁武子装愚，说以为是乐工在调试音乐。孔子赞许这种在“邦无道”而不可改变的局面下装愚来保全自己的行为。西方也有类似现象：如古希腊以第欧根尼为代表的犬儒主义学派，以愤世嫉俗来对抗权力。再如俄罗斯的圣愚文化，这是一种建制内的苦修形式，即修道者佯装疯癫，以引起别人的厌恶，由此来砥砺自己的信仰的意志，从而达到一种身在俗世而能保持纯洁灵魂的苦修效果。在俄罗斯，圣愚被视为一种有福的生命状态，他们将圣愚之人视为神灵附体之人，他们的疯癫之语被视作神谕。圣愚中的一部分，穿破旧的衣服，甚至赤身裸体；吃简单的食物，甚至只吃面包和水；他们或流浪，或僻居，假装疯癫，甚至故作下流，招致民众责骂，以此作为责罚自己的一种苦修形式，如列夫·托尔斯泰在他的小说《童年》中记述的云游修士格里沙，便属此类。

【例说】

“夫水，智者乐也。今是溪独见辱于愚，何哉？盖其流甚下，不可以灌溉；又峻急，多坻石，大舟不可入也；幽邃浅狭，蛟龙不屑，不能兴云雨。无以利世，而适类于余。然则虽辱而愚之，可也。宁武子‘邦无道则愚’，智而为愚者

也；颜子‘终日不违如愚’，睿而为愚者也。皆不得为真愚。今余遭有道，而违于理，悖于事，故凡为愚者莫我若也。夫然，则天下莫能争是溪，余得专而名焉。”（［唐］柳宗元，《愚溪诗序》，《唐宋八大家文钞》，上海：上海古籍出版社，2019 年版，第 97 页）

贤者南容“邦有道，不废；邦无道，免于刑戮”（《论语・公冶长篇》）。孔子赞许南容，“以其兄之子妻之”（《论语・公冶长篇》）。卫国大夫蘧伯玉“邦有道，则仕；邦无道，则可卷而怀之”（《论语・卫灵公篇》）把才华卷起来，不展示出来。孔子认为这样的人是有德之人，是君子。孔子的生存法则是：原则性和灵活性相统一，维护社会正义与良心和保全个体生命相统一。没有原则，只有自己，就是无耻；没有原则，放弃正义与良心，心中只有个体生命，就是滑头、无道德。孔子强调社会与自我的统一。

第四单元　立于礼，成于乐

——关于礼乐的对读

朱浩真

第一则　《论语·卫灵公篇》(15.11)

【原文】

颜渊问为邦。子曰："行夏之时①，乘殷之辂②，服周之冕③，乐则《韶》《舞》。放郑声④，远佞人。郑声淫，佞人殆。"

【注释】

① 夏之时：夏朝的历法。

② 殷之辂：商朝天子所乘的车。商朝的车是木头制成的，比较朴实。

③ 周之冕：周朝的礼帽。

④ 放郑声：放，禁绝、排斥、抛弃。郑声，郑国的乐曲，孔子认为郑国的乐曲浮靡不正派。

【今译】

颜渊请教怎样治理国家。孔子说："用夏朝的历法，坐商朝的车子，戴周朝的礼帽，音乐就用《韶》《舞》。禁绝郑国的乐曲，疏远奸佞小人。郑国的乐曲浮靡不正派，奸佞小人危险。"

【对读】

苏格拉底：那么有哪些调子是这种软绵绵的靡靡之音呢？

格劳孔：伊奥尼亚调，还有些吕底亚调都可说是靡靡之音。

苏格拉底：好，我的朋友，这种靡靡之音对战士有什么用处？

格劳孔：毫无用处。看来你只剩下多利亚调或佛里其亚调了。

苏格拉底：我不懂这些曲调，我但愿有一种曲调可以适当地模仿勇敢的人，模仿他们沉着应战，奋不顾身，经风雨，冒万难，履险如夷，视死如归。我还愿再有一种曲调，模仿在平时工作的人，模仿他们出乎自愿，不受强迫或者正在尽力劝说、祈求别人，——对方要是神的话，则是通过祈祷，要是人的话，则是通过劝说或教导——或者正在听取别人的祈求、劝告或批评，只要是好话，就从善如流，毫不骄傲，谦虚谨慎，顺受其正。就让我们有这两种曲调吧。它们一刚一柔，能恰当地模仿人们成功与失败、节制与勇敢的声音。

……

苏格拉底：哎呀！我们无意之间已经在净化这个城邦了，我们刚才说过这个城邦太奢侈了。

——［古希腊］柏拉图著，《理想国：权威全译本》（第三卷），郭斌和、张竹明译，北京：商务印书馆，2019 年版，第 105—107 页

【阐释】

孔子表面在谈治理国家的方法，其实表达的是他心中的理想社会。在孔子心中，理想社会的模范就是夏、商、周，其标志就是完善的礼乐。

礼乐在这里表现为夏的历法、商的辂、周的冕。

而柏拉图所谓“净化”城邦，也是出于构建他心中的理想国，挽救日渐堕落的贵族政治。这里的“净化”，是通过良好的音乐与诗歌，培养人良好的精神状态，并且产生对有秩序的事物的爱，从而有助于创建一个更和谐、理性的城邦。像吕底亚调这样的靡靡之音，让人放纵、疲弱，必须要排斥。

从世界范围来看，无论是古代还是现在，无论是东方还是西方，无论哪个民族，礼乐都是社会秩序化的重要方式。

“时”——历法（周历、农历、儒略历、公历等）。

“辂”——行为（三拜九叩、廷臣礼仪等）。

“冕”——服饰（衮冕、深衣、纹章等）。

“乐”——乐舞（《韶》《武》《丹陛大乐》《格里高利圣咏》等）。

【例说】

例一：中国大典：《唐律疏议》是唐朝长孙无忌等奉敕编纂的法律典籍，也是东亚最早的成文法之一，共十二篇，涉及刑罚、户籍登记、婚姻、经济法、军事法、监狱管理、审讯方式等多个方面，以此为代表的“唐律”，成为古代中国法律体系的代表，也是后世法律制度的楷模。

2020 年 5 月 28 日，十三届全国人大三次会议表决通过了《中华人民共和国民法典》。该法典包含总则、物权、合同、人格权、婚姻家庭、继承、侵权责

任以及附则多个方面，为我国公民社会生活的方方面面提供法律依据，也起到维护社会秩序的作用。

西方大典：拜占庭帝国查士丁尼大帝主持修纂的《查士丁尼法典》，由四部法律文献构成，是罗马法的集大成者。法典内容有皇帝敕令、权威法学解释、判例等。法律成就是罗马人对世界文明最大的贡献之一，罗马法的最杰出代表，就是这部法典。

例二：2020 年疫情期间，复旦大学迎来了 115 周年校庆，5 月 27 日晚，115 名复旦师生“云”聚一堂，以网络在线直播虚拟合唱团的形式共唱校歌，共同演绎了校歌的又一全新版本，表达对复旦大学的深厚情感和美好祝愿。

思考：有人说，国歌、校歌是新时代礼乐文明的体现。国歌对一个国家、一所学校而言，其作用不可替代。结合上述对读篇章，谈谈你的理解。

第二则 《论语·述而篇》(7.14)

【原文】

子在齐闻《韶》①，三月不知肉味。曰：“不图为乐之至于斯也。”

【注释】

①《韶》：相传舜时的乐曲名。

【今译】

孔子在齐国听到《韶》乐，很长时间尝不出肉的滋味。他说：“想不到欣赏音乐到了这样的境界。”

【对读】

我们首先通过听演唱、吹笛和弹琴得到愉悦。“理性希望从这里直接转向对神圣事物最幸福的沉思。但是为了避免从高处坠落，它寻求上升的阶梯……于是，它先从耳朵开始……而声音有三种：生命物发出的声音；吹奏乐器发出的声音；以及敲击发出的声音。它认为悲剧和喜剧演员或者类似的演唱表演者属于第一类……第二类包括笛子以及类似的乐器；属于第三类的有竖琴、里拉、铙钹以及所有敲击、弹奏发出音调的东西。”

——［古罗马］奥古斯丁著，《论秩序》，石敏敏译，北京：中国社会科学出版社，2017 年版，第 124 页

【阐释】

《韶》乐到底为何让孔子这样痴迷，因为其寄托的仁德思想。美与善的统一，才是圣人所追求的。同样，西方也有一位圣人奥古斯丁，他认为通过音乐鉴赏，人们能够发现世间、自然、造物和谐的秩序，感受“善”的美好，这是最高级的愉悦。

从世界范围来看，无论是古代还是现在，无论是东方还是西方，无论哪个民族，对音乐之美的最高评价都聚焦于其背后的德性、仁善、理性、和谐。

民间乐——《高山流水》《梅花三弄》《十面埋伏》《波尔卡舞曲》……

宫廷乐——《秦王破阵乐》《霓裳羽衣曲》《焰火音乐》《勃兰登堡协奏曲》……

典礼乐——《桑林》《大濩》《万舞》《牧师扎多克》……

【例说】

例一:《韶》乐，是上古时期中国宫廷乐曲。集诗、乐、曲、舞为一体，据《吕氏春秋》记载，舜帝命修《韶》乐，目的是垂范帝德。后世长期将其作为国家大典用乐。

《格里高利圣咏》，是以罗马教皇格里高利一世命名的音乐，用于节日庆典礼仪，在西方音乐史上具有不可撼动的权威性。歌词内容采用散文体结构，单声部旋律，纯用人声，无明显节拍。

例二: 2004 年中央广播电视总台春节联欢晚会，一曲《龙拳》传唱海内。其歌词气势恢宏，中国式嘻哈风格令人耳目一新。时隔十六年，有歌手再度翻唱《龙拳》，极大地提升了这首歌的人气和关注度。当流行具有延续性，经典就此诞生。

思考：结合本则对读篇章，分析为何《龙拳》的传唱历久弥新。

第三则 《论语·学而篇》(1.12)

【原文】

有子曰：“礼之用，和①为贵。先王②之道，斯③为美，小大由之。有所不行，知和而和，不以礼节之，亦不可行也。”

【注释】

① 和：和谐、得当。

② 先王：前代圣明君王。

③ 斯：此，这。

【今译】

有子说：“礼的运用，以和谐为可贵。过去圣明君王的治国之道，美好的地方就在这里，不论大事小事都这样去做。有的时候也行不通，为了和谐而和谐，却不用礼来节制，也是不可行的。”

【对读】

你从此将如何表现于神灵、你的父母、兄弟、孩子、教师、那些从小照顾你的人、你的朋友、同胞以及你的奴隶呢？要考虑是否你从此要以这样的一种方式表现于所有人，使人可以这样说你：一个在行为或语言中不犯错误的人。

你要回忆一下你经历过多少事情，你一直能忍受多少困苦，你的生命史现在告终，你的服务现在终止；你又见过多少美丽的事物，你蔑视过多少快乐和痛苦，你拒斥了多少所谓光荣的事情，你对多少心肠不好的庸人表示过和善。

——［古罗马］马可·奥勒留著，《马上沉思录》，何怀宏译，天津：天津人民出版社，2007 年版，第 75 页

【阐释】

孔子认为礼的目的是和，先王用最美的礼来营造和谐的社会。马可·奥勒留虽然没有明确提到礼，但是他谈到要用正确的行为和语言来待人，这种行为准则也类似于礼，而其也有利于善待他人。无论是好人还是坏人，无论对方带给你的是快乐还是痛苦，都要以善待之，这一思想反映出这位古罗马皇帝对社会和谐稳定的愿景。

纵观古今，无论东方、西方，和善待人、以和为礼都是为人处世的重要品质。

周太史伯阳父提出：“和实生物，同则不继。”（《国语·郑语》）

《论语·颜渊篇》云：“君子敬而无失，与人恭而有礼，四海之内，皆兄弟也。”

张载《西铭》云：“民吾同胞，物吾与也。”

罗伯特·彭斯所录的苏格兰民歌《友谊地久天长》脍炙人口，传唱甚广。

意大利游击队歌曲《啊，朋友再见》被翻译成多国语言，影响千家万户。

【例说】

例一：中国古代民间有对“和合二仙”的崇拜。相传其原型是唐朝僧人寒山、拾得，两人以诗文往来唱和。老百姓以年画、祭祀的形式来传递对和谐幸福生活的期许。

《友谊地久天长》为苏格兰农民诗人罗伯特·彭斯根据当地父老口传录下来的，后改编为民谣。其歌词内容简洁直白，却韵味悠长。西方多用于新年钟声敲响后的祝祷及宴会上的祝酒。

例二:《齐鲁晚报》2019 年 8 月 2 日报道了这样一件暖心小事：一个小男孩给礼让行人的车辆鞠躬，引来众人交口称赞——

"7 月 30 日下午 6 时许，平阴县黄河路翠屏街路口发生温馨一幕。一个孩子和家长正在通过斑马线，一辆正在右转的车辆在斑马线前让行这对母子，正在过马路的孩子走到车辆前时，对司机深深鞠了一躬。如此温馨和谐的瞬间传出之后，互联网上一片称赞声。说起那天下午的场景，司机丁翊龙心头还是暖暖的，'当时我走在黄河路和翠屏街的交叉口，右转的时候，看到一位妈妈带着孩子从南往北走，就停车让行。没想到孩子走到我们车前方的时候，突然停了下来，给我们鞠了一个 90 度的躬。'丁翊龙说，这一幕让他没有想到。'当时车上一共有三个人，都非常感动，副驾驶座位上的朋友摇下车窗给那个孩子鼓掌。''作为司机，礼让行人是正常的行为，这也是城市文明的要求。但是这个孩子并没有漠视我们的行为，反而是给了一个回馈，这让我心里面很暖和。'丁翊龙表示。'并不是说每个行人都要去这么做，但是这个孩子的行为确实值得表扬。'丁翊龙说。"

思考：礼貌看似是一个人的修养，却对社会的和谐至关重要。请结合材料，谈谈你的认识。

第四则 《论语·泰伯篇》(8.2)

【原文】

子曰："恭而无礼则劳，慎而无礼则葸①，勇而无礼则乱，直而无礼则绞②。君子笃于亲③，则民兴于仁；故旧不遗，则民不偷④。"

【注释】

① 葸：胆怯，怯懦。

② 绞：偏激尖刻。

③ 君子笃于亲：君子，此处指在上位的人。笃，深厚。

④ 偷：淡薄，不厚道。

【今译】

孔子说："恭顺而不知礼就会劳累，谨慎而不知礼就会胆怯，勇敢而不知礼就会犯上作乱，直爽而不知礼就会偏激尖刻。在上位的人厚待自己的亲族，百姓当中就会兴起仁的风气；在上位的人不遗弃故交旧友，百姓就不会对人冷漠无情。”

【对读】

美德就是涉及激情和行动的，在其中过多乃是一种失败的形式，不足也是这样，而中间则受称赞并且是一种成功的形式；而受称赞和成功，都是美德的特性。

——《古希腊罗马哲学》，北京大学哲学系、外国哲学史教研室编译，北京：商务印书馆，1961 年版，第 321 页

【阐释】

《论语》这一则孔子说的这番话显示了德与礼的关系。恭顺、谨慎、勇敢、直爽，都是美德。但是如果没有礼作为节制，失去了分寸，就会变为劳累、胆怯、犯上作乱和偏激尖刻。反过来，在上位的人对礼的践行也能推动美德传播。

亚里士多德所理解的美德，也需要有节制。情绪、行动上的过度和不及，都不利于其成功推行。孔子靠礼来节制道德，亚里士多德则提出用理性来节制美德。前者更侧重对人际、人伦关系和生命发展的尊重，后者更侧重对智识的培养。

【例说】

“一纸书来只为墙，让他三尺又何妨？

万里长城今犹在，不见当年秦始皇。”

这首诗被称为“让墙诗”。清朝康熙年间大学士张英，位同宰相，隔壁人家吴氏侵占其宅地。家人给他写信报告，他却回了这样一首诗。于是家人将墙撤让三尺，邻居也撤让三尺，就形成了当地赫赫有名的“六尺巷”。克制自己的欲望、喜怒，行事适中不过分，这是中华民族的智慧。

在西方很多国家的葬礼上，过度悲伤或哭泣都是不合礼的。葬礼不仅用来表达哀伤，更是寄托着对逝者往生的祝福，如果不能抑制悲伤的情感，会破坏礼。

第五则 《论语·子路篇》(13.3)

【原文】

子路曰：“卫君①待子而为政，子将奚先？”

子曰：“必也正名②乎！”

子路曰：“有是哉，子之迂也！奚③其正？”

子曰："野哉！由也！君子于其所不知，盖阙④如也。名不正，则言不顺；言不顺，则事不成；事不成，则礼乐不兴；礼乐不兴，则刑罚不中⑤；刑罚不中，则民无所措手足。故君子名之必可言也，言之必可行也。君子于其言，无所苟⑥而已矣。"

【注释】

① 卫君：卫出公，名辄，卫灵公之孙。蒯聩被卫灵公驱逐出卫国，卫灵公死后，蒯辄继位。蒯聩要回卫国争夺君位，遭到蒯辄拒绝。孔子认为儿子对抗父亲是名不正，所以与子路有此对话。

② 正名：正名分。

③ 奚：哪里。

④ 阙：通"缺"，存疑。

⑤ 中：恰当。

⑥ 苟：马马虎虎。

【今译】

子路说："卫国国君要您去治理国家，您打算先从哪些事情做起呢？"

孔子说："首先必须正名分！"

子路说："您的迂腐竟到了如此地步啊！何必要正名分呢？"

孔子说："真鲁莽啊！仲由！君子对于他不知道的事情，大概采取存疑的态度。名分不正，说起话来就不顺当；说话不顺当，事情就办不成；事情办不成，礼乐就不能兴盛；礼乐不能兴盛，刑罚的执行就不会得当；刑罚不得当，百姓就不知怎么办好。所以，君子定下一个名分，就一定可以言之成理，言之成理就一定能够施行。君子对于自己的言行，是从不马马虎虎对待的。"

【对读】

苏格拉底：至于名称，如果立法家是任何真正意义上的给事物命名的人，那么立法家不也要必须知道如何把每一事物真正的、天然的名称放入声音和音节中去，看着这个理想的名称制造和提供一切名称吗？我们必须记住，不同的立法家不会使用相同的音节。因为尽管每个铁匠可以为同一目的而制造相同的工具，但他们绝不会从同一块铁里把它们都造出来。"型"必须是相同的，但质料可以是多样的，无论用什么样的铁，造出来的工具可以一样好……

——［古希腊］柏拉图著，《柏拉图全集》（第二卷），王晓朝译，北京：人民出版社，2007 年版，第 66 页

【阐释】

孔子认为要治理国家，首先要确立名分。定下一个名分，说话、做事才能顺畅合理，礼乐、刑罚才可以兴盛。蒯辄对抗父亲蒯聩，这是父子名分不正，所以卫国政治混乱，礼乐不兴。由治理社会推及做人也是如此，一个人定下了名分，就要有与之相符的言行，否则随随便便，出尔反尔，就不是君子。苏格拉底认为，每一个事物的名称，应该反映事物的“型”，即理想的、合乎其规律的形式。只要这个不变，无论质料怎样变化，事物都会是一样好。柏拉图借苏格拉底之口，告诉人们名称的重要性，人在认识和实践中，都要尊重名称所反映的事物真实和理想的一面。孔子的名分多涉及礼仪秩序，而柏拉图所说的名称则关注人的求真意志以及对自然、神灵的敬畏。

从世界范围来看，无论是古代还是现在，无论是东方还是西方，无论哪个民族，名分都是礼仪运行的重要基石。

公、侯、伯、子、男——中国古代贵族爵位，在礼仪、外交、史书记载中都有讲究。

征、伐、侵、袭、克——中国古代战争术语，寓意不同，所谓师出有名。

欧洲中古时代的纹章、族徽，为帝王所赐，或诸侯贵族自行设计，代表家族身份，不可僭越。

【例说】

例一：中国古代有《谥法表》《谥法解》，在《逸周书》等经典中有收录。讲解谥号明目，分析其用法、标准、依据，成为历代帝王记录、评价的重要仪制。

德国老牌大学有教席制度。德高望重、学术顶尖的大学学者可以拥有以自己名字命名的教席，再传递给后面有资格继承其衣钵或达到其同等地位影响的学者。弗赖堡大学先后有胡塞尔教席与海德格尔教席。

例二：上海市杨浦区有一座著名的下沉式广场，它原来的名称为“五角场环岛下沉式广场”，后来经过有关部门协商，决定正式更名为“五角场广场”。这个名称是征集来的，提出这一名称的是一位福建网友，获得了三千元奖励，由此引发了舆论热议。有的网友认为这个名称改了和没改看不出太大区别，有的网友认为名称太笼统，也有网友对有关部门的用心征集和公开公平的办事程序表示认同。

据新民网报道：“评审小组共征集到 1 398 条市民递交的命名方案，经过两轮筛选，100 余条名称进入候选。随后，由来自杨浦区地名管理办公室的专家，将夹杂数字、引号、英文字母等不符合规范的名称剔除……上海市地名管理办公室和杨浦区地名管理办公室的专家召开评审会，同时通过‘上海杨浦’微信公众号征集网友意见，其中‘五角场广场’‘五角场环岛广场’‘五角场汇智广场’这三个名称分列前三。据悉，评审专家提出，‘汇智’一词与上海市其他地名有重复，故舍弃。而‘环岛’在上海话中，与‘摔倒’谐音，同样被淘汰。最终，‘五角场广场’入选……此前的‘五角场环岛下沉式广场’只是广场建成后市民之间的俗称，并没有经过正式命名。据了解，目前‘五角场广场’已正式由上海市地名管理办公室获批。”

思考：给五角场的下沉式广场起名称为何如此重要？结合上述对读篇章，谈谈你的理解。

第六则 《论语·乡党篇》(10.2)

【原文】

朝，与下大夫言，侃侃如也①；与上大夫言，訚訚如也②。君在，踧踖如也③，与与如也④。

【注释】

① 侃侃：温和而快乐的样子。

② 訚（yín）訚：形容辩论时中正、恭敬而正直的样子。

③ 踧（cù）踖（jí）：恭敬而不安的样子。

④ 与与：仪态适中的样子。

【今译】

孔子在上朝的时候，同下大夫说话，温和而快乐的样子；同上大夫说话，恭敬而正直的样子。君主临朝，孔子恭敬而不安的样子，但又仪态适中。

【对读】

一个人在侪辈之中一定可以得到亲密的；因此要矜持一点才好。在下属之间一定可以得到尊敬的；因此亲密一点好。任何事情里头都有他，以致惹人厌倦的人是自轻自贱的。拿自己的力量去替人办事是好的，只要显出我们这样做的动机是出自对某人的尊重，而并非因为天性易与就行了。通常在赞同别人的话的时候，却要附加一点自己的话：假如你赞成他的主张，可是要稍有分别；你愿意附议他的动议，可是要带点条件；你赞成他的议论，可是你自己还要加上点别的理由。

——［英］弗朗西斯·培根著，《培根论说文集》，水天同译，
北京：商务印书馆，2017 年版，第 188—189 页

【阐释】

孔子是礼仪楷模，他在不同的场合，面对不同的人，有不同的表现，这一点非常有角色意义。而弗朗西斯·培根也在告诉人们，绅士君子在同辈、亲人、对手、知音面前应以何等礼仪待之。两者都是将个体放在人群中，注重群体、社会的和谐。

【例说】

《仪礼》《礼记》是中国古代儒家经典，前者记录士大夫、贵族的行为举止仪式。后者则涉及民众日常生活的方方面面。这两部经典指导人们在什么场合、面对什么人，行为举止要怎样。

意大利德拉卡萨的《礼貌行为准则》、卡斯蒂廖内的《廷臣论》都是西方古代礼仪经典。两部著作都谈到了与场合、尊卑等级对应的礼貌要求。

第七则 《论语·阳货篇》(17.21)

【原文】

宰我①问：“三年之丧，期已久矣。君子三年不为礼，礼必坏；三年不为乐，乐必崩。旧谷既没，新谷既升，钻燧改火②，期③可已矣。”

子曰：“食夫稻，衣夫锦，于女安乎？”

曰：“安。”

“女安，则为之！夫君子之居丧，食旨不甘，闻乐不乐，居处不安，故不为也。今女安，则为之！”

宰我出。子曰：“予之不仁也！子生三年，然后免于父母之怀。夫三年之丧，天下之通丧也。予也有三年之爱于其父母乎？”

【注释】

① 宰我：孔子学生，名予，字子我，鲁国人。

② 钻燧（suì）改火：古代钻木取火，所用木头四季不同。春用榆柳，夏用枣杏和桑柘，秋用柞，冬用槐檀，一年轮一遍，称改火。

③ 期（jī）：一周年。

【今译】

宰我问："父母死后要服丧三年，时间太长了。君子三年不演习礼仪，礼仪必然败坏；三年不演奏音乐，音乐就会荒废。旧粮吃完，新粮登场，取火之木的更换也经过了一个轮回，服丧有一年时间就可以了。"

孔子说："服丧不到三年你就吃稻米，穿锦衣，你会心安吗？"

宰我说："我心安。"

孔子说："你心安，你就那样去做吧！君子服丧，吃美味不觉得香甜，听音乐不觉得快乐，住在家里不觉得安适，所以不那样做。如今你既然觉得心安，你就那样去做吧！"

宰我出去了。孔子说："宰我真是不仁啊！子女生下来，到三岁时才能离开父母的怀抱。服丧三年，这是天下通行的丧礼。宰我对他死去的父母有三年之爱吗？"

【对读】

关于敬畏（fear），我的意思是：儿子不得站在父亲站的地方，不得坐在父亲坐的地方；不得以言语顶撞父亲，不得与父亲平起平坐。而敬重（honor）则意味着，儿子必须供给父亲以食物、饮品、遮体的衣服，搀扶其进出家门。

——《塔木德》，转引自傅有德、王强伟《比较视域中的古代犹太教与早期儒家之孝道》，《求是学刊》，2016 年，第 43 卷第 3 期，第 24 页

【阐释】

孔子认为，服丧之所以重要，是因为对父母爱护子女的怀念和感恩。服丧规定三年，因为孩子不离父母怀抱三年，所以父母死后为之守孝，寸步不离，这是人伦通理。犹太人从敬畏（fear）和敬重（honor）两个方面强调儿子对父亲的义务，这是神圣的职责，也是人必须遵从的戒律。

【例说】

例一：《孝经》是古代儒家经典，它将孝定义为诸德之本。"夫孝，天之经也，地之义也，民之行也。"内容涉及父母子女的自然伦理关系。后世将《孝经》视作教化民众，培养忠君意识的教科书。

《塔木德》是犹太人的思想、律法、礼仪经典，深刻反映了犹太人的思维方式和传统。其中有涉及家庭生活的章节，告诫犹太民众如何尊重父母长辈，恪守子女之道。

例二：2019 年 12 月，新闻报道某家庭子女在父母死后，为争夺房产，擅移甚至涉嫌丢弃父母骨灰盒的事件，令人义愤填膺。父母生前将房产留给三女儿，老大、老二则以妹妹丢弃父母骨灰盒为由状告她。三女儿声称哥哥姐姐是为了夺回房产诬陷自己并将父母骨灰盒从下葬处迁出，在家中私设灵堂，导致骨灰盒下落不明。

思考：中国古代守丧孝亲的礼仪，在今天是否还有其价值？结合上述对读篇章，谈谈你的理解。

第八则 《论语·颜渊篇》(12.11)

【原文】

齐景公问政于孔子。孔子对曰：“君君，臣臣，父父，子子。”公曰：“善哉！信如君不君，臣不臣，父不父，子不子，虽有粟，吾得而食诸①？”

【注释】

① 诸：之乎。

【今译】

齐景公向孔子请教如何治理国家。孔子答道：“做君主的要像君主，做臣子的要像臣子，做父亲的要像父亲，做儿子的要像儿子。”齐景公说：“讲得好呀！如果君主不像君主，臣子不像臣子，父亲不像父亲，儿子不像儿子，即使有粮食，我能吃得到吗？”

【对读】

苏格拉底：对于一般人来讲，最重要的自我克制是服从统治者；对于统治者来讲，最重要的自我克制是控制饮食等肉体上快乐的欲望。

阿德曼托斯：我同意。

苏格拉底：我觉得荷马诗里迪奥米特所讲的话很好：

朋友，君且坐，静听我一言。

还有后面：

阿凯亚人惧怕长官，
静悄悄奋勇前进。

以及其他类似的几段也很好。

阿德曼托斯：说得很好。

苏格拉底：那么，这一行怎么样？

　　　　　狗眼鼠胆，醉汉一条。

——［古希腊］柏拉图著，《理想国：权威全译本》（第三卷），郭斌和、张竹明译，北京：商务印书馆，2019 年版，第 90—91 页

【阐释】

孔子认为治国的前提是稳定社会秩序，最重要的秩序是君臣等级的维护。一方面，臣子不能僭越礼，要服从君王，尽到职责，要“臣臣”。另一方面，君王也得有君王的样子，不能“君不君”。在柏拉图看来，平民应该克制自己，服从智慧而热爱真理的君主。而君主也要远离声色欲望。各个阶层都是如此，就像士兵敬畏长官，所以奋勇向前，而醉醺醺的长官没有威严，让人厌恶。

从世界范围来看，无论是古代还是现在，无论是东方还是西方，君臣等级和职分都是礼制的核心要素。

《尚书·洪范》阐发了君权神授思想，成为标记王权等级的原初规则。

《商君书》《韩非子》有驭百姓、强君权的方法策略。

《贞观政要》记述唐太宗贞观时期的政论、史实，有关君道、君臣关系的思想影响后世。

古代欧洲有辅助君王治理，规定臣子礼仪职责的镜鉴书、礼仪书，前者如安布罗斯的《论责任》，后者有卡斯蒂廖内的《廷臣论》。

【例说】

例一：《资治通鉴》是北宋司马光撰写的编年体史书，是为皇帝提供治理参照，借助历史兴衰教训指导治国的政治经典。司马光以“臣光曰”这一论述形式，明君臣得失，引导和规定君臣职分。

《君主论》是意大利学者、政治家尼科洛·马基雅维利的经典之作。这部作品常被人误解为阴谋权术的集合，然而它主要的功能还是教导君王如何端正责任，运用智慧，富国强兵，维护统治。在对抗教权、维护王权和民族独立方面有着不可替代的作用。

例二：2013 年 1 月 22 日，习近平总书记在第十八届中央纪律检查委员会第二次全体会议上有这样一番讲话，强调领导干部应以身作则，树立自身威信。

“善禁者，先禁其身而后人。”各级领导干部要以身作则、率先垂范，说到的就要做到，承诺的就要兑现，中央政治局同志从我本人做起。

思考：东西方先哲都主张服从领导者，现在这样的思想是否还有它的意义？结合上述对读篇章，谈谈你的理解。

第九则 《论语·泰伯篇》(8.8)

【原文】

子曰：“兴①于《诗》，立于礼，成于乐。”

【注释】

①兴：开始。

【今译】

孔子说：“人生从学《诗经》开始，通过学礼自立，在音乐中完善。”

【对读】

与人问候时要有礼貌。

假使有长者愿教你他所精通的行为准则，那你就要自愿追随他，不得对他乱发脾气。

我儿啊，你要记住：你若能赢得一位美丽女子的戒指与问候致意，就要好好把握；这会让你日后不受烦忧。你必须要赶紧亲吻她，在你怀中紧紧抱住她。她要是贞洁、善良，那会带给你幸福与坚决的气魄。

——苏其康著，《欧洲传奇文学风貌：中古时期的骑士历险与爱情讴歌》，台北：书林出版有限公司，2005 年版，第 168 页

【阐释】

孔子认为对于一个人的成长而言，礼是极其重要的。因为礼是行为规范，它使我们遵从社会秩序，这是立足社会的基础；礼也是一种约束，能让人理性地驾驭自己与他人的关系，所以叫“立于礼”。德国中世纪骑士传奇《帕斯瓦》讲述王子帕斯瓦成长为英雄骑士的故事。帕斯瓦立誓探访亚瑟王圣杯，为家国复仇，出发之前，王后非常紧张不安，告诫他做人的礼数，如何对待老人、对待妇女，这些礼数使他的性格变得成熟，这体现了西方人对于礼貌与成长关系的深刻认识。

从世界范围来看，无论是古代还是现在，无论是东方还是西方，一个人的成长必然伴随着礼的学习、践行。

中国古代孩子出生后，有三朝礼、满月礼、百日礼、周岁礼。成年后有加冠礼、笄礼、婚礼、丧礼。

《礼记》中有如下规定：

居家：为人子者，居不主奥，坐不中席，行不中道，立不中门。

外出：出必告，反必面，游必有方。

【例说】

例一：《弟子规》是清朝李毓秀所作韵文，秉持《论语》思想，用以指导学童的行为规范，三字一句，两句一韵，朗朗上口。

英国思想家约翰·洛克的《教育漫话》是西方绅士教育经典。原本是作者与好友讨论教育问题的系列通信，后来结集出版，目的是简便易行地培养西方上流社会子弟成为绅士。内容包括儿童管教措施、习惯纠正等具体的问题。

例二：今天很多中学在高三毕业典礼及考前动员会上，安排十八岁成人礼。在典礼上，同学们唱国歌、宣誓责任，以书信的形式向父母表达感恩，寄托自己对未来的憧憬和热情。

思考：一场仪式，重申对国家、对家庭的责任，对于我们的成长有何重要意义？结合上述对读篇章，谈谈你的理解。

第十则　《论语·八佾篇》(3.12)

【原文】

祭如在，祭神如神在。子曰："吾不与祭，如不祭。"

【今译】

孔子祭祀祖先时就像祖先真在面前，祭祀神时就像神真在面前。孔子说："我如果不能亲自参加祭祀，就会觉得像没有祭祀过一样。"

【对读】

当他被从神圣的洗礼盘中抱起时，他不仅成了一名基督徒，而且在其内心深处已成为基督教骑士。

——转引自张景全《中世纪西欧骑士制度的内涵初探》，《安徽史学》，2003年，第3期，第87页

【阐释】

儒家认为礼制不是表面装样子，而是真实情感的理性表达，内心真诚投入，行礼仪才能规范到位。中世纪骑士无论是从小受洗礼，还是日后被册封，其遵

从礼仪的前提是内心有敬畏。

【例说】

例一：“建安七子”之一的王粲去世，一众好友灵堂相聚。曹丕建议，因为他生前好听驴叫，大家每个人学一声驴叫让他听一听。这一番深情成为千古佳话。生死两隔，然深情栩栩。

作家弗兰兹·卡夫卡曾写到过布拉格雅各布教堂里的“布拉格之手”。他和好友拜访此处，看到教堂天花板垂下一条锁链，上面绑着一只手臂枯骨。据说，曾经有一个小偷伸手偷祭坛上的金银，却无论如何手收不回来，第二天只能被人把他的手砍掉才得以脱身。这个传说反映了西方人的观念，人应当敬畏，更应慎独。

例二：清明节是中国人祭祀先祖的传统节日，体现了国人慎终追远的传统。然而近年来，清明祭祀似乎变了味。朴朴素素的纸钱变成了“豪车”“别墅”“游艇”，大操大办，奢侈成风，却庸俗不堪，空洞肤浅，没有体现对逝者的尊重。但也有不少地方采用文明的祭祀方式，如举办家族追思会，以真切的回忆和深厚的思念，缅怀逝者。值得赞许！

思考：现今祭祀仪式的奢侈之风，为何无法延续国人慎终追远的传统？结合上述对读篇章，谈谈你的理解。

第十一则 《论语·子罕篇》(9.12)

【原文】

子疾病①，子路使门人为臣②。病间③，曰：“久矣哉，由之行诈也！无臣而为有臣。吾谁欺？欺天乎？且予与其死于臣之手也，无宁死于二三子之手乎！且予纵不得大葬④，予死于道路乎？”

【注释】

① 疾病：病重。疾，生病。病，病重。

② 为臣：臣，指家臣，总管。孔子当时不是卿大夫，没有家臣，但子路叫孔子的弟子充当孔子的家臣，总管孔子的丧事。

③ 病间：病情稍减轻。

④ 大葬：指卿大夫的葬礼。

【今译】

孔子患了重病，子路派了孔子的弟子去做孔子的家臣。孔子的病好了一些，他说："仲由干这种弄虚作假的事情很久了吧！我不应该有家臣，却偏偏要装作有家臣。我欺骗谁呢？我欺骗天吗？再说我与其死在家臣手里，还不如死在你们这些弟子手里！我即使不能用卿大夫礼仪来安葬，难道我会死在路上没人葬吗？"

【对读】

当那初升的有玫瑰色手指的黎明呈现时，
人们拥到闻名的赫克托尔的火葬堆周围。
在他们聚在一起，集合停当的时候，
他们先用晶莹的酒把火葬堆上
火力到达地方的余烬全部浇灭，
然后死者的弟兄和伴侣收集白骨，
大声哀悼痛哭，流下满脸的眼泪。
他们把骨殖捡起来，放在黄金的坛里，
用柔软的紫色料子把它们遮盖起来。
他们很快把坛子放进一个墓穴，
用大块大块的石头密密层层地盖起来，
……

——［古希腊］荷马著，《伊利亚特》(《罗念生全集》第五卷)，罗念生译，
上海：上海人民出版社，2007 年版，第 631 页

【阐释】

儒家重视丧葬礼仪。子路设家臣为孔子操办丧事，罔顾其身份等级，这是违礼之举。孔子认为，卿大夫有卿大夫的葬仪，平民有平民的葬仪，一旦僭越，社会陷入混乱，人心必然败坏。《伊利亚特》中对贵族赫克托尔葬礼的叙述，同样体现了古希腊人重视安葬逝者的礼仪。赫克托尔被阿喀琉斯所杀，凌辱尸首，这是违背礼俗的。虽然阿喀琉斯是胜利者，但在风俗制度的影响下，他最终答应归还尸体，让敌人安葬他们的首领。在荷马的叙述中，从家人的哭泣到安葬的步骤，有条不紊，庄严而谨慎，体现了礼制的神圣不可侵犯。

从世界范围来看，无论是古代还是现在，无论是东方还是西方，葬礼的等

级、程序都必须严肃对待。

【例说】

例一:《仪礼》是春秋战国时期的礼制汇编，共计十七篇，主要记载周朝士大夫的各种礼仪，其中包含丧、祭礼。其内容涉及服丧时间、丧服等级(《丧服》)，士大夫埋葬的详细仪式(《士丧礼》《既夕》)，埋葬后的安魂追念(《士虞礼》)。《仪礼》是后世丧礼的典范，其基本宗旨影响数千年之久。

《伊利亚特》是古希腊经典史诗，也是西方早期社会生活的风俗录。古希腊人有尊重亡灵的观念，因此作品中大量出现了葬礼的仪式。如清洁、哀悼(哀歌、告白)、焚烧、埋葬，还有葬礼竞技(通过体育竞技，获胜方可以获得逝者生前财物作为礼品，然后再为逝者传扬荣誉事迹，因为受惠，生者对逝者就有纪念、宣扬的责任)。葬礼可以净化民众的心灵，传承城邦传统。

例二:2005年，河南省××县贾某的父亲去世，贾某将父亲的遗体火化，骨灰放进棺木，安放在老家的一个山洞里。××县民政局接到“举报”，误以为老人遗体未经火葬而采用土葬的形式，违背殡葬管理条例，于是强行挖出老人棺木，在上面写上其姓名、地址，在县城“游街”，进行反土葬宣传教育。贾某状告××县民政局，××县法院裁定××县民政局的行为违法，随后此案又上诉至××市中级人民法院，××市中级人民法院裁决维持原判。

思考:贾某的维权行为背后有怎样的文化理念作为支撑?结合上述对读篇章，谈谈你的理解。

第十二则 《论语·里仁篇》(4.13)

【原文】

子曰:“能以礼让为国乎?何有①?不能以礼让为国，如礼何②?”

【注释】

① 何有:何难之有，不难的意思。

② 如礼何:把礼怎么办?

【今译】

孔子说:“能够用礼让的原则来治理国家吗?这有什么困难呢?不能用礼让的原则来治理国家，那把礼怎么办呢?”

【对读】

最重要者，莫过于罗马人的凯旋式，这种凯旋式并不仅是仪式或夸耀，而是一种极其聪明伟大的制度。因为它里面包含三样事情：在将帅方面是尊荣；在国库方面是由战利品而增进了财富；在军队方面是赏赐。

——［英］弗朗西斯·培根著，《培根论说文集》，水天同译，北京：商务印书馆，2017 年版，第 118 页

【阐释】

《论语》这一则中，孔子认为，礼在治理国家方面有实际效用，为政是建立礼制最重要的目的之一。而与弗朗西斯·培根的这番话异曲同工。他认为，古罗马的凯旋仪式，效果有三层：树立将帅威信，赏赐士兵，充实国库。礼仪就是为了管理国家服务的。

从世界范围来看，无论是古代还是现在，无论是东方还是西方，无论哪个民族，国家层面的礼仪都在政治、经济、外交、军事等方面有重要作用。

古代君主有祭天、祭地、亲耕、巡狩、封禅等象征性礼仪，以此安邦定国。

外交上有郊劳、朝觐等，抚邻绥远。

军事上有出征礼、衅鼓（或殉阵）、献俘等。

西方有加冕礼（不同于中国的登基典礼）、凯旋仪式等。

【例说】

例一：祭天礼仪在中国历史悠久，又被称为郊祭。历代帝王都有责任主持祭天仪式，祭坛一般为圆形，寓意天圆地方，为此要做诸多准备，如择日、告庙、斋戒等，由专门的礼仪机构负责（如钦天监、太常寺等）。祭天礼仪反映了古人天人合一、敬天法地的政治理念。对维护君王权威、安邦定国有重要意义。

凯旋仪式是古罗马最盛大的仪式庆典之一，仪式从广场出发，一路经过城市，穿越凯旋门。战俘特别是敌人的王室贵族被押送在队伍前面，获胜的将军尽情展示自己的战利品，越奢华越能显示自己的价值，而队伍行进的终点是朱庇特神庙。在仪式中，将军乘坐白马车在队伍最后，尽享民众的欢呼。凯旋仪式增强了民众的自豪感，战利品意味着赋税减轻的可能性，会让民众短时间内更拥护执政者。

例二：据央视网《新闻联播》报道："中共中央、国务院 13 日上午在南京隆重举行 2019 年南京大屠杀死难者国家公祭仪式。

公祭仪式在侵华日军南京大屠杀遇难同胞纪念馆集会广场举行。现场国旗下半旗。8 000余名各界代表胸前佩戴白花，静静肃立。解放军仪仗大队18名礼兵齐步行进至公祭台两侧伫立。10时整，公祭仪式开始，奏唱《中华人民共和国国歌》。

国歌唱毕，全场向南京大屠杀死难者默哀。公祭现场和南京全城拉响防空警报，汽车停驶鸣笛，行人就地默哀。默哀毕，在军乐团演奏的《国家公祭献曲》的旋律中，礼兵将8个花圈敬献于公祭台上。中共中央政治局委员、中宣部部长黄坤明出席并讲话。

82名南京市青少年代表宣读《和平宣言》，6名社会各界代表撞响“和平大钟”。伴随着3声深沉的钟声，3 000只和平鸽展翅高飞，寄托着对死难者的深深哀思和对世界和平的向往追求。”

思考：国家公祭仪式有何意义？结合上述对读篇章，谈谈你的看法。

第十三则 《论语·颜渊篇》(12.1节选)

【原文】

子曰：“非礼勿视，非礼勿听，非礼勿言，非礼勿动。”颜渊曰：“回虽不敏，请事①斯语矣。”

【注释】

①请事：请，请让我。事，从事，照着去做。

【今译】

孔子说：“不合礼的不要看，不合礼的不要听，不合礼的不要说，不合礼的不要做。”颜渊说：“我虽然不聪敏，但请让我照您的这些话去做吧。”

【对读】

人们的目光应该柔和、真诚、宁静，而不应该空洞、冷漠或像阴险恶毒的人那样东张西望。眼睛睁得溜圆表明愚蠢，呆滞表明懒散，过于锐利的目光说明一个人要发火，过于活泼而又富于表情的眼神则是一种恬不知耻的表现。安详而又令人尊敬的友好神情，是最好的。

——[德]诺贝特·埃利亚斯著，《文明的迹程：文明的社会起源和心理起源的研究》，王佩莉、袁志英译，上海：上海译文出版社，2009年版，第52页

【阐释】

儒家推崇的生命境界是“从心所欲，不逾矩”(《论语·为政篇》)，一举一动都要符合规矩，表面随意自由，实则合乎理性。行为是内心、人格的反映，仁义达到了，礼仪就顺理成章了。

伊拉斯谟对少年的教育，落实到行为举止的细节，目的是教化受教育者的人格和心灵。目光的柔和、真诚、宁静、安详，承袭了贵族的气度，表情的友好反映出人的自尊、人与人的友善，这是人文主义者的理想态度。

【例说】

例一：“古者妇人妊子，寝不侧，坐不边，立不跸，不食邪味，割不正不食，席不正不坐，目不视邪色，耳不听淫声，夜则令瞽诵诗，道正事。如此则生子形容端正，才德必过人矣。”(刘向《列女传》)

伊拉斯谟的《男孩的礼貌教育》培养年轻人在聚会、卧室、就餐、游戏等时候的各种礼节，包括手势、面容、姿态、声音、目光等，可以说是“礼”无巨细。这部著作对推动整个欧洲的礼仪文明有重要作用。

例二：澎湃新闻 2018 年 12 月 4 日撰文《当下该从哪里恢复礼仪》，文中指出乘客殴打司机引发的多起交通事故、刑事案件，看似是法治观念淡薄，却起源于礼仪问题。“如果说干预司机驾驶是犯罪的话，那么导致犯罪行为的念头——乘客可以随意要求公交车停靠——则起于礼仪的缺失。”并呼吁，“提高民众素质，并没有一个简单的方法；只有形成社会共同认可的礼仪体系，才有可能填补这个缺失。”包括行走时的让步、饭桌上敬酒等细小的举动。

思考：上海作为国际大都市，其文明程度与市民的礼仪修养密切相关。请结合上述对读篇章，思考上海市民需要在哪些方面提升礼仪修养。

第十四则 《论语·八佾篇》(3.14)

【原文】

子曰：“周监①于二代②，郁郁③乎文哉！吾从周。”

【注释】

① 监：通“鉴”，借鉴。

② 二代：这里指夏朝和商朝。

③ 郁郁：文采很盛的样子。这里是丰富浓郁的意思。

【今译】

孔子说：“周朝的礼仪制度从夏、商两朝借鉴而来，是多么丰富多彩啊！我主张遵从周朝的礼仪制度。”

【对读】

伯里克勒斯问苏格拉底，雅典人如何才能恢复他们的古代美德。雅典人做得到，苏格拉底回答，要么，他们可以继承先人们的事业，只要那些事业仍然有迹可循，要么，他们可以模仿当代杰出人物及其事业……至于超过先人们，苏格拉底连想都没想。伯里克勒斯觉得不可能找到并回复先人们的事业……苏格拉底否认雅典人在遭受某种不可救药的堕落之苦……伯里克勒斯反驳道，本应作为城邦最高贵部分的步兵和骑兵，却纪律涣散，因而愈加可悲可叹……

——［美］施特劳斯著，《色诺芬的苏格拉底》，高诺英译，
上海：华东师范大学出版社，2011 年版，第 61 页

【阐释】

孔子看到了不同朝代礼仪制度的延续性，但他认为，礼仪也需要有一定损益变革。伯里克勒斯和苏格拉底就雅典人能否恢复先人们的事业而发生争论，两位贤人都重视从传统中追寻重振雅典人道德的力量，其中也包含与身份相对应的礼法、规则，如骑兵的纪律等。

【例说】

“余尝苦《仪礼》难读，又其行于今者盖寡。沿袭不同，复之无由，考于今，诚无所用之……惜乎吾不及其时，进退揖让于其间。呜呼盛哉！”（［唐］韩愈《读仪礼》，《唐宋八大家文钞》，上海：上海古籍出版社，2019 年版，第 72 页）

思考：对传统礼仪的遵循如何能够重振道德？结合上述对读篇章，谈谈你的理解。

第十五则 《论语·八佾篇》（3.20）

【原文】

子曰：“《关雎》① 乐而不淫，哀而不伤。”

【注释】

①《关雎》:《诗经》的第一篇。

【今译】

孔子说:“《关雎》这首诗快乐而不放纵，哀怨而不悲伤。”

【对读】

我们同意一些哲学家们把曲调分为伦理性的曲调、动作的曲调和激情的或鼓动的曲调……但是我们进一步主张：音乐之所以必须学习，不是只为了一种益处，而是为了许多益处，这就是说:（1）为了教育,（2）为了心灵的“净化”……（3）为了理智的享受，为了紧张劳动后精神的宽弛和休养……在教育方面，应该选择伦理性的曲调……

——张焕庭编,《西方资产阶级教育论著选》,
北京：人民教育出版社，1964年版，第574页

【阐释】

《论语》这一则孔子对《关雎》的评价，体现了他对中和之美的重视，即发乎情止乎礼，这是孔子中庸思想在礼乐上的体现。亚里士多德主张多聆听不同风格的音乐，但对于教化而言，伦理性的音乐，即相对中和、合乎理性与美的音乐，更应该被人们重视。

【例说】

近年来，乐队“二手玫瑰”因其造型浮夸、性别反串、曲调杂糅（民俗、摇滚、重金属)，被“誉”为“华丽”摇滚。摇滚乐的暴烈和狂放，虽不符合东西方古典审美观念，尚能为人们接受，但这种“华丽”摇滚的风格和做派，极大地挑战了观众的心理底线。

思考：各类角色扮装频繁出现在街头巷尾，有人认为是奇装异服，有人认为彰显个性。结合上述对读篇章，谈谈你的理解。

第十六则《论语·先进篇》(11.26节选)

【原文】

子路、曾皙、冉有、公西华侍坐。

子曰：“以吾一日长乎尔，毋吾以①也。居则曰：‘不吾知也！’如或知尔，则何以哉？”

子路率尔②而对曰：“千乘之国，摄③乎大国之间，加之以师旅，因之以饥馑④，由也为之，比及三年，可使有勇，且知方⑤也。”

夫子哂⑥之。

“求，尔何如？”

对曰：“方六七十，如⑦五六十，求也为之，比及三年，可使足民。如其礼乐，以俟君子。”

“赤，尔何如？”

对曰：“非曰能之，愿学焉。宗庙之事，如会同⑧，端章甫，愿为小相焉。”

“点，尔何如？”

鼓瑟希，铿尔⑨，舍瑟而作，对曰：“异乎三子者之撰。”

子曰：“何伤乎？亦各言其志也。”

曰：“莫春者，春服既成，冠者五六人，童子六七人，浴乎沂⑩，风乎舞雩⑪，咏而归。”

夫子喟然叹曰：“吾与点也！”

【注释】

① 毋吾以：不要因为我的原因而不说话。以，通“已”，停止。

② 率尔：轻率地。

③ 摄：夹。含有局促、受约束的意思。

④ 因之以饥馑：加上国内又闹饥荒。

⑤ 方：规矩，道义。

⑥ 哂：微笑。

⑦ 如：或者。

⑧ 会同：诸侯会盟。

⑨ 铿尔：弹瑟结束时的声音。

⑩ 沂：沂水，在今山东曲阜南。

⑪ 舞雩：鲁国祭天求雨的场所，在今山东曲阜东南。

【今译】

子路、曾皙、冉有、公西华四个人陪孔子坐着。

孔子说：“不要因为我年纪比你们大一点，你们受约束就不敢讲话了。平时你们常说：‘没有人了解我呀！’假如有人了解你们，那么（你们）会怎么做呢？”

子路轻率地回答：“一个拥有一千辆兵车的国家，夹在大国之间，外有别的国家的侵犯，内有灾害饥荒，让我去治理，只要三年，就可以使人们勇敢善战，而且懂得道义。”

孔子微微一笑。

又问：“冉求，你怎么样呢？”

冉求答道：“方圆六七十里或五六十里的小国，让我去治理，只要三年，就可以使人民丰衣足食。至于礼乐教化，就要等君子来施行了。”

孔子问：“公西赤，你怎么样呢？”

公西赤答道：“我不敢说能做到，但我愿意学习。宗庙祭祀或是诸侯会盟，我愿意穿着礼服，戴着礼帽，做一个小司仪。”

孔子又问：“曾点，你怎么样呢？”

曾皙弹瑟的声音渐渐稀疏下来，接着“铿”的一声停止了，他推开瑟站起来说：“我的志向和他们三位说的不一样。”

孔子说：“那有什么关系呢？也就是各人说说自己的志向而已。”

曾皙说：“暮春时节（天气和暖），已经穿上了春天的衣服，我和五六个成年人，六七个孩子，到沂水中洗洗，在舞雩吹吹风，然后吟唱着回来。”

孔子长叹一声说：“我赞同曾点的志向啊！”

【对读】

所以我们祖先把音乐列入教育之中，并不是为了必需或实利，因为它不像阅读、书写对于谋生有用，处理家事有用，对于增进知识和政治生活亦均有用，也不像绘画，对艺术家之作品做出准确的评价上有用，也不能像体育能使人健康和有力。以上这些，没有一种能从音乐中获得。那么，剩下来的，音乐的功用，便是在闲暇时供理智的享受了……荷马的诗中提到奥德赛说，人生最美好的事是心中愉快地“满堂宾客，倾听乐师歌唱”。

那么，显然有一种教育，为父母的应该用以训练其子者，不是因为它有用或必需，而是因为它是自由的和高贵的。

——张焕庭编，《西方资产阶级教育论著选》，
北京：人民教育出版社，1964 年版，第 564 页

【阐释】

孔子对子路不满，是因为子路不知礼。真正的礼是要协调个人与他人的关系，实现国家安定、社会和谐。这是礼之“大”者。而曾皙描述的理想社会图

景，才是践行“礼”的最高境界。亚里士多德谈音乐的功用，也是着眼于乐之“大”处，音乐不是为了功利的目的，而是让自由、高贵的人和谐相处，共同沉浸于精神的幸福中。所谓“满堂宾客，倾听乐师歌唱”。

【例说】

上海鲁迅公园的歌咏角从20世纪90年代至今，汇聚了一大批音乐爱好者。从上海音乐学院的老师到各行各业自发而来的民众，迎着清风，伴着公园秀丽的景色和浓郁的文化氛围，演奏民乐、西洋乐，唱红歌，生活悠闲自在，弘扬社会正气，又促进社会和谐。

思考：复旦附中“语文行走游学”持续多年，影响了几代学子。复旦附中黄荣华老师设计的“唐宋明文化名人寻踪”“齐鲁文化泰山之行”“长江文化行走”等游学活动得到同学、家长的高度认可和积极的舆论反响，你如何看待师生游学这样一种教育形式？结合上述对读篇章，谈谈你的想法。

第五单元　入则孝，出则弟，谨而信

——关于忠孝的对读

孙梦依

第一则 《论语·八佾篇》(3.19)

【原文】

定公①问："君使臣，臣事君，如之何？"孔子对曰："君使臣以礼，臣事君以忠。"

【注释】

① 定公：鲁国国君，名宋，"定"是他的谥号。

【今译】

鲁定公问："君主使用臣子，臣子侍奉君主，各自应该怎么做？"孔子答道："君主应该依礼来使用臣子，臣子应该忠心地侍奉君主。"

【对读】

我们建立这个国家的目标并不是为了某一个阶级的单独突出的幸福，而是为了全体公民的最大幸福……

——［古希腊］柏拉图著，《理想国：权威全译本》(第四卷)，郭斌和、张竹明译，北京：商务印书馆，2019 年版，第 135 页

公民们的职司固然各有分别，而保证社会全体的安全恰好是大家一致的目的。现在这个社会已经组成为一个政治体系，那么，公民既各为他所属政治体系中的一员，他的品德就应该符合这个政治体系……很明显，作为一个好公民，不必人人具备一个善人所应有的品德。

……所有的公民都应该有好公民的品德，只有这样，城邦才能成为最优良的城邦……

……

……统治者和被统治者的品德虽属相异，但好公民必须修习这两方面的才识，他应该懂得作为统治者，怎样治理自由的人们，而作为自由人之一又须知道怎样接受他人的统治——这就是一个好公民的品德。

——［古希腊］亚里士多德著，《政治学》(第三卷)，吴寿彭译，北京：商务印书馆，2017年版，第123—127页

【阐释】

中国与古希腊都要求人忠诚，但效忠的对象有所不同，这是子民文化与公民文化差异的体现。

君以礼待臣，臣以忠侍君，这是孔子理想的君臣关系。这种理想的君臣关系的建构与中国传统家国同构的性质相关，血缘关系与政治关系浑然一体，人伦长幼的等级关系与社会尊卑的等级关系合二为一，因此君臣之间实则是父子关系的投影和放大。统治者对被统治者而言是“君父”，其治下所有人对统治者而言都是“子民”，所以儒家对统治者有“爱民如子”的要求。“礼”规定了社会等级、秩序、身份，要求各依其身份行事。君以礼待臣，即是符合其身份行事，视民如子，只担心自己礼不到位，而不忧心臣子不忠。相应地，家庭中子对父须孝，国家层面对君则应忠。可以说，孝是忠的人格规范，而忠是孝的逻辑推衍，作为孝在社会生活中的延伸，意味着所有社会成员都应以“无违”的孝道对待君主，这就是侍君以忠。并且，君主是国家的象征，“忠于君”和“忠于国”在很长一段时间内都是一体的，因此臣属效忠的对象是个人，是君主。孔子的话是对鲁定公讲的，所以背后还隐含着一层逻辑，“君使臣以礼”，臣自然也会侍君以忠。这句话非常典型地反映出儒家理想政治体现为子民文化。

孔子虽然说“臣事君以忠”，但孔子所说的忠并非盲从式的愚忠或“乡愿”式的退避。一方面，人生应有所作为，“不仕无义”；另一方面，孔子也认为“邦无道，则可卷而怀之”(《论语·卫灵公篇》)。所以忠心必须符合道义，如果君臣不能志同道合，臣子就可以离开。君王无道，臣子可以直谏，如果遇到暴虐君王，也可以像汤伐桀、武王伐纣一样诛“一夫”，为民除害。因此君臣之间的礼仪要求并非单向度的恭敬和服从，而是君臣各守本分，以礼为规范构建起“忠—恕”的理性秩序。上对下宽容，下对上忠诚，这也是孟子所说的“君之视臣如手足，则臣视君如腹心”(《孟子·离娄下》)。

古希腊的政治理想体现为公民文化。“公民”一词来自“城邦”，意为“属于城邦的人”。古希腊与中国最大的不同在于打破了血缘关系，按地域重新划分居民，所以家庭是生产生活组织，属于私人领域，而由公民组成的城邦是政治

生活的基本单位，属于公共领域。作为公民的个人在城邦生活中既是统治者也是被统治者，所有公民都是城邦的主人，政治权力属于公共权力，每个人都有参政权，公民轮流执政，大家都为城邦如何更好地自治建言献策。一个好公民的公认美德是同时懂得如何统治与如何服从，服从也就意味着当他作为被统治者时，具有"忠"的美德。但我们注意到亚里士多德这段话中的两个重要前提：第一，无论是统治者还是被统治者，其身份都是自由人，所以公民观念的核心是自由和平等，统治者和被统治者之间无尊卑差别；第二，不同于中国有一个"君"作为国家象征，公民"忠"的对象是公民共同体，也就是城邦。

【例说】

例一：雅典的城邦戏剧活动非常发达，戏剧正是公民文化的表现形式之一。雅典的露天剧场是城邦标志性建筑之一，可容纳 1 7000 名公民的狄俄尼索斯剧场就是公民政治活动的空间，观看表演的公民不仅是单纯的观赏者，也是积极的参与者和评判者。戏剧表演以竞赛形式上演，由公民观众进行评判，表演内容也和城邦公民群体利益密切相关。例如埃斯库罗斯的《波斯人》讲述的是萨拉米海战中雅典人战胜波斯人的情景，而他的《普罗米修斯》则讲述了英雄普罗米修斯盗取火种、教导人类走向文明的故事。这些戏剧都旨在为城邦服务，培养公民的集体精神，产生共同情感。如欧里庇得斯在《请愿的妇女》中直接书写了这样的戏剧对白：

"这城邦不是由一个人统治着，它是自由的——
人民每年相继地执政，富人有权，
穷人们也有相同的权利。
在雅典没有'政府'，因为人民就是'政府'。"

思路提示：关注古希腊戏剧文化发达背后的社会原因及戏剧作用，城邦政治生活活跃，群众性的戏剧活动是最好的宣传形式，因此戏剧成了公民政治讲坛和文化生活的中心之一，戏剧演出成了教育公民、争取公民的手段。可从这一角度思考古希腊经典戏剧作品产生以及受到欢迎的原因，寻找戏剧与城邦政治生活的联系。

例二：当代社会，孔子所说的"臣事君以忠"的君臣关系已不完全适用。你认为现在我们应该以"忠"的态度去对待的对象有哪些呢？

思路提示：需厘清"忠"的概念和对象。忠在传统上既有作为普适道德的"尽心而为"的含义，也有作为忠君道德的伦理要求，但效忠的对象自古有君王和国家之分。当代背景下，我们既要坚持作为普适道德的忠，对自己分内的事情尽心竭力地完成，做到忠诚、忠信、忠贞、忠于职守……同时也要忠于国家，为祖国建设贡献自己的力量。

第二则 《论语·述而篇》(7.25)

【原文】

子以四教:文①、行②、忠、信。

【注释】

① 文:历代文献。

② 行:社会实践。

【今译】

孔子用四种内容教育学生:历代文献、社会实践、忠心待人、讲究诚信。

【对读】

苏格拉底:那么,这个教育究竟是什么呢?似乎确实很难找到比我们早已发现的那种教育更好的了。这种教育就是用体操来训练身体,用音乐来陶冶心灵。

——[古希腊]柏拉图著,《理想国:权威全译本》(第二卷),郭斌和、张竹明译,北京:商务印书馆,2019年版,第70页

苏格拉底:……音乐教育的最后目的在于达到对美的爱。

格劳孔:我同意。

苏格拉底:音乐教育之后,年轻人应该接受体育锻炼。

格劳孔:当然。

苏格拉底:体育方面,我们的护卫者也必须从童年起就接受严格的训练以至一生。我所见如此,不知你以为怎样?因为我觉得凭一个好的身体,不一定就能造就好的心灵好的品格。相反,有了好的心灵和品格就能使天赋的体质达到最好,你说对不对?

——[古希腊]柏拉图著,《理想国:权威全译本》(第三卷),郭斌和、张竹明译,北京:商务印书馆,2019年版,第112—113页

苏格拉底:那么,战争中的斗士应该需要更多样的锻炼。他们有必要像终宵不眠的警犬;视觉和听觉都要极端敏锐;他们在战斗的生活中,各种饮水各种食物都能下咽;烈日骄阳狂风暴雨都能处之若素。

——[古希腊]柏拉图著,《理想国:权威全译本》(第三卷),郭斌和、张竹明译,北京:商务印书馆,2019年版,第113—114页

苏格拉底：因此，你一定明白，我们挑选战士并给以音乐和体操的教育，这也是在尽力做同样的事情。我们竭力要达到的目标不是别的，而是要他们像羊毛接受染色一样，最完全地相信并接受我们的法律，使他们的关于可怕事情和另外一些事情的信念都能因为有良好的天性和得到教育培养而牢牢地生根，并且使他们的这种"颜色"不致被快乐这种对人们的信念具有最强褪色能力的碱水所洗褪……

——［古希腊］柏拉图著，《理想国：权威全译本》（第四卷），郭斌和、张竹明译，北京：商务印书馆，2019 年版，第 151 页

【阐释】

教育是为国家培养政治人才的重要途径。在教育内容的选择上，东西方有共通性也有差异性。

儒家的教育以培养君子为主，这四个方面是君子修身必须要学习的内容。用今天常用的四个字概括孔子这句话的意思，就是"读书做人"。文、行分别为读有字书（历代文献）和无字书（社会实践），忠、信则是对道德品质方面的核心要求，仁人君子要忠心待人、讲究诚信。而且人忠、信，自然能够尽心致知躬行。可以看出，儒家对理想人的教育主要集中在知识和道德两个方面。

西方的教育则以培养护卫者为主。由于护卫者承担着保护城邦的主要职责，因此讨论对护卫者的教育方式在《理想国》中占有极大篇幅。柏拉图将对护卫者的教育分为音乐和体操两大块。其中"音乐"在古希腊包括音乐、文学等含义，相当于"文化"一词。对护卫者进行音乐教育的目的是培养他们达到对美的爱，从而具有好的心灵和品格，成为对外御敌、对内友爱的城邦护卫者。而体操教育则重在训练护卫者的体能，在锻炼身体素质的同时，将他们天性中的激情激发成恒久的勇敢的品质。

综上可知，孔子与柏拉图在论及教育时，都有对文化、知识和忠、信等道德品质的看重。但差异有二：第一，忠、信等道德品质是儒家教育的明确要求，而对柏拉图来说这一要求只是隐含在音乐教育中，音乐的熏陶是培养忠、信等品格的手段，道德的获得是理想目标而非明确要求。第二，与儒家的文教相比，由于古希腊城邦并立的环境影响，柏拉图在教育中更关注战斗技巧和体能锻炼，音乐的学习主要是为了让人自发追求好的身体。

【例说】

例一：苏格拉底曾说："美德即知识。"西方古代教育以理性教育为主，看重知识与智慧的教育胜于道德。古希腊智者学派主张教给学生文法、修辞学、

哲学，柏拉图、亚里士多德主张从小教孩子读、写、算、骑、射等知识技能，长大后授予几何、天文学、哲学等知识。你如何理解苏格拉底的话？

思路提示：“美德即知识”意味着古希腊哲人认为美德的本性是知识，道德是通过知识教育获取的，一个人必须先有知识才能获得智慧，而有智慧的人则能够知善与从善，虽在智育与德育上与东方顺序不同，但殊途同归。在理解这句话时应注意不能片面地将道德等同于知识，而应注意到苏格拉底的知识是培养以“智慧、勇敢、节制、正义”为核心美德的知识，认识其背后逻辑。

例二：2020 年 10 月，教育部召开新闻发布会宣布：未来中考体育要达到语数外同等分值水平，并且力争 2022 年将美术也纳入中考。你怎么看待教育部这一改革方向？

思路提示：教育改革意味着对教育目的的理解不断更新，教育不是为了单纯的智育，智育、美育、体育都是培养美德、提升综合素质的途径。

第三则 《论语·颜渊篇》(12.14)

【原文】

子张问政。子曰：“居①之无倦，行之以忠。”

【注释】

① 居：处。这里指在职位上。

【今译】

子张请教怎样处理政事。孔子说：“在职位上不要倦怠，执行政令要忠心。”

【对读】

苏格拉底：……我们大家并不是生下来都一样的。各人性格不同，适合于不同的工作。你说是不是？

阿德曼托斯：是的。

苏格拉底：那么是一个人干几种手艺好呢，还是一个人单搞一种手艺好呢？

阿德曼托斯：一人单搞一种手艺好。

苏格拉底：其次，我认为有一点儿很清楚——一个人不论干什么事，失掉恰当的时节有利的时机就会前功尽弃。

阿德曼托斯：不错，这点很清楚。

苏格拉底：我想，一件工作不是等工人有空了再慢慢去搞的；相反，是工人应该全心全意当作主要任务来抓的，是不能随随便便，马虎从事的。

阿德曼托斯：必须这样。

苏格拉底：这样，只要每个人在恰当的时候干适合他性格的工作，放弃其他的事情，专搞一行，这样就会每种东西都生产得又多又好。

——［古希腊］柏拉图著，《理想国：权威全译本》（第二卷），郭斌和、张竹明译，北京：商务印书馆，2019 年版，第 59—60 页

【阐释】

子张性情激扬，朱熹评价他有锐气，但做事易三分钟热度，因此子张向孔子问政时，孔子主要强调了两个方面，第一是无倦，第二是要忠。“居之”，即处在自己的职位上，内心对待它的态度不可倦怠。“行之”，对于为政者来说即执行政令，也就是付诸实际行动，应尽心竭力，忠于职守。每个人都以虔敬的初心在自己的岗位上忠于职守，对待自己分内的工作，只有不觉倦怠，才能慎终如初，只有尽心竭力，才能臻至化境。人人忠于职守，各安其位，“礼”自然而然就产生了，这是人能够通过“分”来实现“群”的主要表现，也是构成儒家理想社会的重要基石。

在这一点上，西方先哲与孔子的观念是共通的。柏拉图记述了苏格拉底与阿德曼托斯关于理想国构建的对话，强调为了实现城邦最大的利益，使城邦能够更好地运转，社会需要分工，每个人都只专注地负责自己最感兴趣的一件事，这就是他的工作。而人在对待工作时，第一要有兴趣，第二要专注于一行，第三应全心全意当作首要任务，而非闲暇时才慢慢做。这三点要求与孔子所说的“居之无倦，行之以忠”是一致的。社会的不同部分如同人体的不同器官，通过互相协作达到整个社会的和谐运作。但儒家希望通过个人的“忠”构建起礼治秩序，背后有森严的等级性，因此这是孔子的为政理想；柏拉图谈的则是更普遍意义的社会分工，也是现代社会精细化分工的先声。

【例说】

例一：马克思在其劳动异化理论中指出：“劳动异化的性质明显地表现在，只要肉体的强制或其他强制一停止，人们就会像逃避鼠疫那样逃避劳动。外在的劳动，人在其中使自己外化的劳动，是一种自我牺牲、自我折磨的劳动。”（马克思《1844 年经济学哲学手稿》）当今社会，反映人们对待工作态度的词汇层出不穷，你认为我们在今天如何做到“行之以忠”？

思路提示：马克思提出劳动异化理论的背景是私有制和分工造成劳动者与

劳动成果分裂，这也是现代社会的起源。不同的词汇反映出人们对待工作的不同态度。在今天，要抵抗异化，应以始终如一的热爱和持之以恒来面对愿意终生追求的事业，实现自我价值，才能更好地“行之以忠”。

例二：现在人们越来越赞美工匠精神，如《我在故宫修文物》中记录的文物工作者等。就像孔子与柏拉图所说的那样，工匠精神意味着用一生的时间钻研、做好一件事，“行之以忠”，兴趣盎然地专注于一行。而当今社会，年轻人不满足于单一职业和身份的束缚，选择一种能够拥有多重职业和多重身份的多元生活。你认为这对于工匠精神及苏格拉底所谈及的理想社会的实现是否是一种损害？

思路提示：工匠精神指向专注精研的态度，当今年轻人倾向于多元生活的方式，两者不是简单的二元对立，需思考职业选择对人生的意义。现在的时代已经能容得下不同的生活方式，两者共同指向的是热爱生活，主动拥抱生活，在各种职业或生活场景中都能找到生活的意义和乐趣。

第四则 《论语·子路篇》(13.19)

【原文】

樊迟问仁。子曰：“居处恭，执事敬，与人忠。虽之夷狄①，不可弃也。”

【注释】

① 之夷狄：之，到。夷狄（dí），古代泛称中国东方各族为“夷”，泛称北方各族为“狄”，夷狄用以泛指异族。

【今译】

樊迟请教怎样才是仁。孔子说：“平日在家态度端正庄严，办事严肃认真，对人忠心诚意。即使到夷狄之国，这几种品德也是不能丢弃的。”

【对读】

假设，鉴于以上所述，你们对我说：“苏格拉底，今天，我们将不理会阿尼图斯，同时判你无罪，可是有一个条件，而且仅仅是一个条件，那就是，你放弃把你的时间花在这个四处寻找上面，同时停止讲哲学。如果你还是不改前行，而且被我们抓到，你将会被处死。”好，像我以上所述，假如你们要提出这些条件来判我无罪，那么，我将回答：“先生们，我是你们非常感恩的并且忠实的仆人，可是，我服从主神甚于服从你们；所以，只要我一息尚存，肢体能动，我将永远不会停止实践哲学，不会停止勉励你们，也不会停止向每一个我遇到的人阐明真理……”

——［古希腊］柏拉图著，《苏格拉底之死》，谢善元译，
上海：上海译文出版社，2011 年版，第 67—68 页

【阐释】

《论语》这一则中，孔子回答樊迟的话重点强调的是对恭、敬、忠这些德行的坚持是一以贯之的，不仅在同族中如此，在异族中也应如此，无论走到哪里，遭遇何事，都不应改变，这才是真正的仁、真正的忠。

苏格拉底用实际行动表明了自己与孔子相通的对自己所信一以贯之的坚持。对苏格拉底来说，所遭遇的并不仅是到“夷狄”的差异，而是生死当前的考验，但他依然坚持忠于他所信仰的真理，并且表示只要自己一息尚存，就永远不会停止实践哲学，不会停止自己对哲学、对所遇到的每一个人的尽心。他用自己的行动诠释了什么是真正的忠。

【例说】

例一：李庄是位于川东地区的一个小镇，1940—1945 年，在李庄这个小镇的宫观庙宇、会馆祠堂、民家小院里，集聚了中央研究院、中央博物院筹备处、中国营造学社、同济大学、金陵大学文科研究所等众多重要的研究机构、高等学府，包括傅斯年、李济、梁思成、林徽因、金岳霖、童第周、岑仲勉在内的众多蜚声中外的一流学者，在这个小镇上度过了一段战时学术岁月。在社会动荡的年代，众多知识分子在这里承受着战乱、贫穷、疾病的困扰，依然忠于职守，尽心竭力，笔耕不辍地完成了众多学术巨著。梁思成“体重只有四十七公斤，每天和徽因工作到夜半，写完十一万字的《中国建筑史》，他已透支过度。但他和往常一样精力充沛和雄心勃勃，并维持着在任何情况下都像贵族一样的高贵和斯文”。这种精神后来被誉为“李庄精神”。你会如何阐释“李庄精神”？

思路提示：“李庄精神”极好地诠释了对忠的终生践行，无畏战火、病痛、穷困，在任何条件下都对自己追求的真理和事业尽心竭力，孜孜以求，可以说“李庄精神”就是忠的现代演绎。

例二：人们常说“社会是个大染缸”，言语间道出了许多不得已而妥协放弃原则的无奈，你是否认同这种说法？

思路提示：首先应想清楚什么是真理、原则和底线。大染缸的比喻暗示着妥协，但妥协分情况视之：面对真理，面对自己的原则和底线，是不能妥协的，要因忠而勇，有“虽千万人吾往矣”的担当和气概；当无关真理、原则时，可入乡随俗，随时调整。但一般使用这句话时，语境往往是对放弃原则的妥协的惋惜。

第五则 《论语·为政篇》(2.22)

【原文】

子曰：“人而[1]无信，不知其可也。大车无輗[2]，小车无軏[3]，其何以行之哉？”

【注释】

① 而：却。

② 輗（ní）、③ 軏（yuè）：古代用牛力的车叫大车，用马力的车叫小车。两者都要把牲口套在车辕上。车辕前面有一道横木，就是驾牲口的地方。那横木，大车上的叫作鬲，小车上的叫作衡。鬲、衡两头都有关键（活销），輗就是鬲的关键，軏就是衡的关键。

【今译】

孔子说：“作为一个人，却不讲信用，不知道那怎么可以。譬如大车没有安装横木的輗，小车没有安装横木的軏，怎么能够行进呢？”

【对读】

许诺在自然状态中是不可理解的，也不是在人类成立协议之前就存在的；一个不知道有社会的人永远不会与他人订约……

……

……要形成这个协作或协议，不需要任何别的条件，只需要每个人感觉到忠实履行约定是有利益的，并向社会中其他成员表示出那种感觉来。这样就立刻使那种利益对他们起了作用；而利益是履行许诺的最初的约束力。

随后，一种道德感又和利益结合了起来，成为人类的一种新的约束力量。这种道德感，在实践许诺这一方面，正和我们戒取他人财产的道德感一样，都发生于同样的原则。

——[英]大卫·休谟著，《人性论》，关文运译，
北京：商务印书馆，2017年版，第552—559页

【阐释】

“輗”“軏”是行车的关键，有了它们，车才能顺利前行。而诚信是人立足于社会的关键，有了诚信，人才能融入社会，而不至于寸步难行。孔子的话强调

了诚信对于构筑社会的基石作用。

大卫·休谟在论述许诺的约束力时，着重强调了两点：第一，许诺的道德规则不是自然的，而是以社会的需要和利益为基础的人类的发明。这和孔子所说的诚信的意义是一致的，即它是人的社会性产物。大卫·休谟进而指出，最初约束人们达成诺言的是利益。第二，道德感随后和利益结合，成为了新的约束力量。这也就是社会将诚信作为一种美德来看待及自我要求的原因。

虽然东西方文化对于人应守信的要求是一致的，但儒家将“信”作为人道德修养的基本要求，大卫·休谟则更注重从制度与利益出发，在此之上派生出道德。

【例说】

例一：《庄子·盗跖》记载了尾生抱柱而死的故事：“尾生与女子期于梁下，女子不来，水至不去，抱梁柱而死。”尾生遂成为守信的代表。《史记·季布栾布列传》记载“得黄金百，不如季布一诺”，成语“一诺千金”即由此而来。周幽王为博褒姒一笑烽火戏诸侯，落得身死国亡的结局，正是人而无信的下场。你还能想到哪些关于守信或背信的例子？

思路提示：本题启发思考忠与信的关系。守信即意味着“与人忠”，应意识到信用的重要性。

例二：孔子强调信的重要性：“言忠信，行笃敬，虽蛮貊之邦，行矣。言不忠信，行不笃敬，虽州里，行乎哉？立则见其参于前也，在舆则见其倚于衡也，夫然后行。”（《论语·卫灵公篇》）但同时孔子又说：“言必信，行必果，硁硁然小人哉！”（《论语·子路篇》）孟子也说：“大人者，言不必信，行不必果，惟义所在。”（《孟子·离娄下》）你怎么理解其中的矛盾？

思路提示：注意前后语境的不同，不应对立视之。前者，信是作为普适道德的诚信。后者，孔子指出凡事不能绝对化，“言必信，行必果”更多地体现为“必”的绝对性，但如果说了错误的话，难道也要坚决执行吗？孟子对孔子的话做了有力补充，“惟义所在”，只要符合“义”，是适宜正确的，可随时调整。

第六则　《论语·颜渊篇》（12.7）

【原文】

子贡问政。子曰：“足食，足兵①，民信之矣。”

子贡曰：“必不得已而去，于斯三者何先？”曰：“去兵。”

子贡曰：“必不得已而去，于斯二者何先？”曰：“去食。自古皆有死，民无信不立。”

【注释】

① 兵：武器，这里指军备。

【今译】

子贡请教怎样治理政事。孔子说：“使粮食充足，使军备充实，让百姓信任。”

子贡说：“如果迫不得已，在粮食、军备和百姓的信任三项中一定要放弃一项，先放弃哪一项？”孔子说：“放弃军备。”

子贡说：“如果迫不得已，在粮食和百姓的信任两者之中一定要放弃一项，先放弃哪一项？”孔子说：“放弃粮食。自古以来谁都免不了死亡，如果没有百姓的信任，那么国家就站立不住了。”

【对读】

苏格拉底：……虚假对于神明毫无用处，但对于凡人作为一种药物，还是有用的。那么显然，我们应该把这种药物留给医生，一般人一概不准碰它。

阿德曼托斯：这很清楚。

苏格拉底：国家的统治者，为了国家的利益，有理由用它来应付敌人，甚至应付公民。其余的人一概不准和它发生任何关系。如果一般人对统治者说谎，我们以为这就像一个病人对医生说谎，一个运动员不把身体的真实情况告诉教练，就像一个水手欺骗舵手关于船只以及本人或其他水手的情况一样是有罪的，甚至罪过更大。

——［古希腊］柏拉图著，《理想国：权威全译本》（第三卷），郭斌和、张竹明译，北京：商务印书馆，2019 年版，第 89—90 页

苏格拉底：不久前，我们刚谈到过偶然使用假话的问题，现在我们或许可以用什么方法说一个那样的高贵的假话，使统治者自己相信（如果可能的话），或者至少使城邦里其他的人相信（如果不能使统治者相信的话）。

——［古希腊］柏拉图著，《理想国：权威全译本》（第三卷），郭斌和、张竹明译，北京：商务印书馆，2019 年版，第 129—130 页

【阐释】

在这里，孔子和柏拉图都谈到了政治上以什么为立国之本的问题，由于东西方政治秩序建构的基点不同、思路不同，因此立国之本也是不同的，甚至是

相对的。

子贡向孔子请教政事时，孔子举出了三个最重要的方面：粮食、军备、百姓的信任。如果进一步为三者的重要性排序的话，百姓的信任最重要，其次是粮食，最后是军备。而百姓的信任是建筑在以君子圣王为理想的有德者身上的，诚信是君子的立人之本。因为儒家是由近及远地重建天下秩序，以家庭伦理为基点推演政治，遵循着修身齐家治国平天下的逻辑，立人与立国之本同源，因此君子以信修身，圣王以信安邦。

与儒家以德治国不同，柏拉图在《理想国》中设想的是一个理性至上、以智治邦的国度，政治秩序的建构是由外而内的，这个城邦建立的基础是“高贵的假话”。苏格拉底转述了关于腓尼基人的传说：所有人都是由大地母亲孕育的，虽然人们出生在同一片土地上，彼此是兄弟，但仍有等级之分。老天在铸造他们时加入黄金的变成统治者，加入白银的变成军人，加入铜、铁的变成农民和其他工匠。这便是统治者可以用来治理城邦的“高贵的假话”，在这个假话中，一方面确认了人与土地、城邦的亲密关系，要求所有人都能一起保卫城邦，另一方面将人与人之间的等级神圣化，从而确立其合理性。这是出于善意的“高贵的假话”，有利于理想国的建立，因此善意的假话是本身即善的统治者的特权，上对下可以使用，下对上则是罪恶的，否则会有倾覆城邦的危险。可以说，为了政治利益，“高贵的假话”正是理想国的立国之本。

此外还值得注意的一点是，孔子将军备的重要性排在最后，因为儒家以君子为理想人，而君子以德行和文化知识为修习主体，追求的是文大于武的尚礼社会。但柏拉图在《理想国》中花了近八分之一的篇幅讨论了对军人的教育，军人是国家主要考虑培养的政治人才，是身负国家重任的最主要群体，因此强调的是尚武的美德与审慎的美德，追求的是武大于文的尚力社会。无论是诚信与假话的分歧，还是军人重要性的差异，都反映了东西方不同的政治秩序建构方式。

【例说】

例一：尼科洛·马基雅维利在《君主论》中说：“当遵守信义反而对自己不利的时候，或者原来使自己作出诺言的理由现在不复存在的时候，一位英明的统治者绝不能够，也不应当遵守信义。”他强调了君主懂得运用狮子一样的力量和狐狸一样的狡猾的重要性，并认为如果对方背德在先，自己也无须坚守美德。你是否认同尼科洛·马基雅维利的理论？

思路提示：关注尼科洛·马基雅维利《君主论》的理论的提出有其特殊历史背景，走出中世纪，教皇权力衰落，基于罗马教廷和意大利政府政治腐败、道义崩坏的现状，尼科洛·马基雅维利用“新君主论”推翻了以往政治哲学的道德论立场，尝试用极端的思考破坏传统的权力。无论认同与否，都应识别一种观点产生的历史背景，认识到政治、道德与时代、社会的关系。

例二：一直以来诚信是中国的立人之本、立国之本。现代社会，诚信也无时无刻不在我们生活中体现。银行的信用卡、个人的征信记录……如果信用记录不良，便会在社会上处处碰壁。在你的生活中，还有哪些体现信用的实例呢？

思路提示：提醒人们在当代生活中时刻关注信用的影响，意识到守信、自我约束的必要性。

第七则 《论语·学而篇》(1.6)

【原文】

子曰：“弟子①入②则孝，出则弟③，谨④而信，泛爱众而亲仁。行有余力，则以学文。”

【注释】

① 弟子：年纪幼小的人。

② 入：在家。

③ 出则弟：出，在外。弟，通“悌”，敬爱兄长。

④ 谨：谨慎。

【今译】

孔子说：“年轻人在家要孝顺父母，在外要敬爱兄长，谨慎而有信用，博爱众人，亲近有仁德的人。做到这些后如果还有剩余力量，就去学习文献。”

【对读】

在我们中间，谁最能容忍生活中的幸福和忧患，我认为就是受了最好教育的人。由此可以得出结论：真正的教育不在于口训而在于实行。我们一开始生活，我们就开始教育我们自己了；我们的教育是同我们的生命一起开始的……

——[法]让-雅克·卢梭著，《爱弥儿　论教育》(上卷)，李平沤译，北京：商务印书馆，1978年版，第13—14页

【阐释】

孔子认为，修身以践行仁德（孝、悌、谨、信、泛爱、亲仁）为本，以学习

文献为辅。孝顺父母、敬爱兄长、博爱众人，是一个人的根本。其中，反映宗族血缘关系亲情之爱的孝和悌，是小孩子认识世界、学习社会关系等一切的基础，进而扩大到泛爱众人。这些便是人“亲仁”的实行，行有余力，则继续读书以求博闻多识。也就是说，孔子以修身的德育为先，以学习文化知识的智育为次。

让-雅克·卢梭在《爱弥儿　论教育》中主张对儿童进行适应自然发展过程的“自然教育”，特别强调生活和实践，希望让孩子从生活和实践的切身体验中获得所需要的知识。因此强调真正的教育在于实行而非口训，即从实践中得来而非从书本中得来。每个孩子出生后，他便开始接受生命教育。

让-雅克·卢梭观点与孔子观点的差异主要有两点：第一，对“行”的理解不同。孔子所说的“行”是对孝、悌等基本德行的实践，而让-雅克·卢梭所说的“实行”是各种生活能力的锻炼，通过对儿童进行自由、平等、博爱的教育使之学会谋生的手段，可以不受权贵奴役，自由自在享受人人平等互助互爱的生活。第二，孔子主张“行有余力，则以学文”，德育为先，智育为次；而让-雅克·卢梭认为人十二至十五岁应接受智育教育，十五至二十岁进入社会时再接受德育教育。

【例说】

例一：2021 年 1 月，某大学的学生牟某因涉嫌虐待罪被移交北京市海淀区人民检察院。2019 年 10 月，媒体曝出牟某女友因受其折磨而自杀，一时引发网络热议。牟某在大学期间的履历非常优秀，获评三好学生，担任学生会副主席，也获得了研究生推免资格。2020 年 12 月，学业一直拔尖的高材生吴某弑母案正式开庭审理，令人痛心。近年来，高知精英人群违法犯罪现象时有发生，你怎么看待这种现象？

思路提示：高知精英人群违法犯罪现象背后指向的是智育过程中德育的缺失，启发我们思考成长过程中智育和德育的关系，应辨明主次，不应舍一取一，更不应将知识作为行恶的工具。

例二：2020 年 9 月，芬兰赫尔辛基教育局正式下发通知，废除小学和中学阶段的分学科教育，转而采取实际场景主题教学，他们将不再学习数学课、化学课等单独学科，而是改为学习与“多角度理解第二次世界大战”“如何在咖啡馆进行日常工作”类似的课程。你是否认同芬兰这样的教育改革？

思路提示：芬兰教育改革的目的是用“现象教学”取代传统分学科的教育模式。可思考“现象教学”与传统分学科教育模式各自的优缺点，了解两者产生的历史背景，结合 21 世纪社会的特点和国家的情况综合考虑未来需要怎样的教育模式。

第八则 《论语·学而篇》(1.11)

【原文】

子曰：“父在，观其志；父没①，观其行；三年无改于父之道，可谓孝矣。”

【注释】

① 没：通“殁”，死。

【今译】

孔子说：“父亲健在的时候，要观察他的志向；父亲死了之后，要考察他的行为；如果他多年仍然能够不改变父亲合乎道义的做法，那就称得上是有孝道的人了。”

【对读】

人们都自愿地相信宙斯是所有神里最好、最公正的神；同时他们也承认宙斯曾把他父亲手铐脚镣过，因为他的父亲曾不公正地把他其他几个儿子都吃掉了。而他父亲又曾用相似理由把他自己的父亲阉割过。

——［古希腊］柏拉图著，《苏格拉底之死》，谢善元译，

上海：上海译文出版社，2011 年版，第 11 页

用一个很普遍的观点来看，弑父（parricide）是人类，也是个人的原始的基本的罪恶倾向……男孩子和他父亲间的关系是一种“既爱又恨”的矛盾关系。除了想把父亲当作竞争对手除掉的仇恨以外，对父亲的一定程度的温情一般也是存在的。这两种心态的结合便产生了与父亲认同的心理：因为他钦佩父亲，所以想要处于父亲的地位上，因为想要像父亲一样，所以他想要父亲离开这个位置。

——［奥］弗洛伊德著，《弗洛伊德文集》，车文博主编，

长春：长春出版社，2010 年版，第 149 页

【阐释】

在儒家思想中，“孝”的表现之一便是“三年无改于父之道”，究其原因，一种情况可能是情感上对父辈的倚重，不忍心改；一种情况是不能改，父辈优良的作风和正确的做法应矢志追求，终生践履。从这个角度来看，这句话虽然说的是孝道，核心意义和落脚点则在于对父辈传统的坚守与传承。

西方文化中，父子关系则以更为复杂的矛盾冲突的样态呈现。父亲是权力

符号的象征，如古希腊神话中的乌拉诺斯、克洛诺斯、宙斯既是一代又一代的父亲，也是至高无上的天帝。父亲在家庭中也享有至高的权威，象征着秩序。孩子在成长过程中以父亲为榜样，同时也有取而代之、满足自我欲求的愿望。弗洛伊德认为对父权的反叛是男孩子建立男子汉身份的必由之路，只有对一家之长的权威进行坚决挑战，才能最终确立自我的地位，实现自我的价值。这种反叛精神的背后实则是西方文化追求自由、平等、民主精神的体现。

【例说】

例一：东方文学自古便有“尊父”情结，以颂扬父子伦理亲情为主，《二十四孝》中子女对父母的关心呵护即为典型代表。即使到了现代，如朱自清《背影》等散文也依然抒写人伦之常，情感真切动人。在东方文学中，即使父子发生冲突，也多以子女对父辈传统的坚守、认同、屈从为结果。

西方文学则有“弑父”传统，以古希腊神话为源头，许多名作都描写了父子冲突，反映父子骨肉亲情的异化，当父子冲突时，多以年轻一代的胜利为结局。威廉·莎士比亚的《威尼斯商人》中，富有活力的年轻一代战胜了保守的老一代。《李尔王》则是展现父子、父女之间相残相逼的悲剧。巴尔扎克的《欧也妮·葛朗台》《高老头》都表现了女儿对父亲的反叛……

你还能想到其他的例子吗？

思路提示：思考孝文化对东西方文学作品的影响，意识到两种文化根植的不同土壤。

例二：《摔跤吧！爸爸》是2016年上映的口碑极佳的印度电影，讲述了女儿在父亲的引导下继承父业，最终成为世界冠军的故事。影片引起了人们的热烈讨论，有人认为影片突出了女性的自主独立，有人认为影片中的女儿还是处在父权的控制之下。你怎么看？

思路提示：应关注到印度的社会现实，在印度经济条件较为落后的地区，女性地位低下，没有独立选择人生道路的能力或空间。本片中的主角虽然是在父亲带有一定强迫性的启蒙中走上职业摔跤手的道路，但这里的父权体现出的不是传统的控制，而是引导和支持。如果抛开社会背景单纯谈女权与父权的对立冲突是不现实的。

第九则　《论语·为政篇》(2.5)

【原文】

孟懿子①问孝。子曰：“无违②。”

樊迟御，子告之曰：“孟孙问孝于我，我对曰，无违。”

樊迟曰：“何谓也？”子曰：“生，事之以礼；死，葬之以礼，祭之以礼。”

【注释】

① 孟懿子：鲁国大夫，姓仲孙，名何忌，“懿”是他的谥号。

② 违：违背礼。

【今译】

孟懿子请教什么是孝。孔子说：“孝就是不违背礼。”

樊迟为孔子驾车，孔子告诉他说：“孟孙向我问孝道，我回答，不要违背礼。”

樊迟问：“这是什么意思呢？”孔子说：“父母活着，依规定的礼侍奉他们；父母去世，依规定的礼安葬他们、祭祀他们。”

【对读】

它（友爱）是一种德性或包含一种德性。而且，它是生活最必需的东西之一……父母对子女或子女对父母的感情似乎是天性，不仅人类如此，鸟类与多数兽类也是如此。同种类存在物的成员间，人类尤其如此，都存在此种感情……

……

完善的友爱是好人和在德性上相似的人之间的友爱……

……

然而上面所谈到的友爱都包含着平等。因为，双方或者都提供同样的东西并希望得到同样的东西，或者以不同的东西，如快乐和好处，相交换……

还存在另一类友爱，即包含一方的优越地位的友爱，如父亲与子女的……如果子女对父母做了他们所应做的，父母对子女做了他们所应做的，父母与子女的友爱就是持久的、公道的。然而，在所有包含一方优越地位的友爱中，爱又必须是成比例的。较好的一方，如较有用的一方，在其他例子中亦可类推，所得的爱应当多于所给予的爱。当所得到的相当于配得时，就产生了某种意义的平等。这种平等似乎是友爱的本性。

但是，友爱上的平等同公正上的平等不同。在公正上，平等首义为比例的平等，数量的平等居其次；在友爱中，数量的平等则居首位，比例的平等居其次……

——［古希腊］亚里士多德著，《尼各马可伦理学》（第八卷），廖申白译注，北京：商务印书馆，2017 年版，第 248—264 页

【阐释】

中国古代的礼仪有等差，天子、诸侯、大夫、士、庶人各不相同。孟懿子是大夫，不但有时用鲁公（诸侯）之礼，甚至有时用天子之礼。这种行为叫作“僭”，是孔子非常痛心的。礼仪的等差实际上意味着等级秩序的确立，对父尽孝、对君尽忠分别是礼仪秩序在家国层面的保障。因此孔子认为孝的内涵是不违背礼，应依礼侍奉父母，实则是中国传统等级秩序的体现。

亚里士多德认为父子之间存在着友爱，但友爱是普遍存在的，应用到君臣、父子、夫妇、兄弟、朋友都可以，只是在不同的关系中友爱的情况相应有所不同。但总体上，友爱以平等为基础。具体来说，有以下三种表现：

第一，双方都提供同样的东西并希望得到同样的东西时才能构成友爱，否则就只是单方面的善意。友爱有较低等的，例如双方以用处为目的的交往，这种功利性的友爱会随着彼此价值的失去而终止，具有偶然性，所以是较低等的友爱。而高等的友爱是双方因为彼此本身德性的相似达成的友爱。

第二，虽然在一些类似于父子的关系之间，有一方居于优越地位，但子女通过行为回报父母的爱时，就产生了某种意义上的平等，因此即使地位身份有差异，但父子双方并无尊卑的分别。

第三，与公正在于比例不同，友爱的平等首先在于数量的平等。举例而言，对两个地位不平等的人，公正的要求是他们各自得到他们应得的，而不是平均分配，这是比例的平等。而友爱的要求是两人保持同等的地位，或者一方平等的利益受损害时通过各种方式恢复地位的平等，这是数量的平等。

【例说】

例一：传统中国需以敬称称呼长辈，不可直呼其名，在书写中如遇到长辈的名字则须避讳以示尊敬。到了现代社会，中国有一些家长开始要求子女直呼自己的姓名。在西方家庭中，子女对长辈则多以姓名直称。你如何看待这类现象？

思路提示：名是体现礼的方式之一，在中国传统文化中，有一系列关于名的规则，如避讳、对长辈使用尊称、平辈呼字不呼名等，都是礼，亦即等级秩序的体现。现代社会为了追求平等，会有意识地用改变称呼的方式来破除背后暗含的等级差别。

例二：古人侍奉父母需遵循晨昏定省等日常之礼，你认为今天我们对父母需要遵守的礼有哪些？

思路提示：孔子曾说：“礼，与其奢也，宁俭；丧，与其易也，宁戚。”（《论语·八佾篇》）首先，应看重的不是礼的形式，而是内心对父母真诚的尊重、爱护。其次，礼也需要通过生活细节将内心的尊重外化到行为上，在对父母的言语、态度、待人接物上都应体现出爱与友善，主动关心父母的身体、心情和生活状态，力所能及地为父母分忧。

第十则 《论语·为政篇》(2.7)

【原文】

子游①问孝。子曰："今之孝者，是谓能养。至于犬马，皆能有养；不敬，何以别乎？"

【注释】

① 子游：姓言，名偃，字子游，吴国人；孔子的弟子，小孔子四十五岁。

【今译】

子游请教什么是孝。孔子说："现在所说的孝，就是说能够养活爹娘。狗、马都能够得到饲养；如果不能对父母心存敬意，那养活爹娘和饲养狗、马有什么分别呢？"

【对读】

对任何一个有某种活动或实践的人来说，他们的善或出色就在于那种活动的完善……生命活动也为植物所有，而我们所探究的是人的特殊活动。所以我们必须把生命的营养和生长活动放在一边。下一个是感觉的生命的活动。但是这似乎也为马、牛和一般动物所有。剩下的是那个有逻各斯的部分的实践的生命……我们说人的活动是灵魂的一种合乎逻各斯的实现活动与实践，且一个好人的活动就是良好地、高尚[高贵]地完善这种活动；如果一种活动在以合乎它特有的德性的方式完成时就是完成得良好的；那么，人的善就是灵魂的合德性的实现活动，如果有不止一种的德性，就是合乎那种最好、最完善的德性的实现活动。

——[古希腊]亚里士多德著，《尼各马可伦理学》(第一卷)，廖申白译注，北京：商务印书馆，2017年版，第18—20页

君主对属民的友爱是优越者的善举。因为，如果他是好人并关心其属民，就像牧人关心其羊群那样，他就在提高他们的善……父亲对子女的友爱也是这样。(其区别在于，父亲的善举更好，因为他是子女存在的原因，这是最大的恩

惠。而且，他还抚育子女。我们的先祖也都对我们有这种恩惠。）父亲对子女，祖先对后代，君主对属民自然地享有权力。这种友爱中包含一方的优越，这就是父母受到尊敬的原因。

——［古希腊］亚里士多德著，《尼各马可伦理学》（第八卷），廖申白译注，北京：商务印书馆，2017 年版，第 272—273 页

【阐释】

在东西方文化传统中，孔子和亚里士多德都认为，子女对父母应该保持尊敬的态度，并且指出这种尊敬的态度是使人区别于动物的重要依凭。两者背后的理论依据有所差异，但殊途同归。

孔子的话语阐释的是儒家孝文化的内涵，孝包含物质和精神两个方面，其中精神更为重要。在精神上即要求“敬”。若单以“养”论孝，那贫贱之家岂不难有“孝为”？所以古人说：百善孝为先，论心不论迹，论迹寒门无孝子。这里的“迹”就是指看得到的物质供养，“心”就是对父母的敬爱之心。这种敬爱是家庭中礼仪等级秩序的要求，上对下是垂爱，下对上则应敬爱。对父母心存敬意，让父母从心里感到子女的孝敬之心，才是真孝。所以儒家的“敬”是由孝而敬。

亚里士多德的观点与孔子的观点有相似性。他将生命的活动分为三种：第一种是植物性的活动（营养、生长等），第二种是动物性的活动（感觉等），第三种则是他的灵魂的合乎逻各斯的活动与实践，即是理性的活动，这也是人特有的区别于动物的活动。犬马懂得饲养父母，是出于动物的天性，人与其区别则在于理性活动，对父母保持尊敬便是出于理性的要求。但不同于儒家由孝而生的敬，亚里士多德认为尊敬父母的理由是父母对子女的友爱、是优越者的善举，因此子女需要用尊敬回报父母，来达到双方友爱地位的平等。因此这是由维持平等而生的敬。

【例说】

《塔木德》中记载了这样一个故事：有一个人用肥胖的禽肉供养其父亲却下了地狱，究其原因，是因为父亲问儿子：“孩子，你是从哪儿弄到的禽肉？”儿子回答：“老家伙，吃你的，别吱声，因为狗都是安安静静吃东西！”可见，对父母的尊敬不仅要体现在行为上，而且要体现在心态上，这一点，东西方文化是一致的。

思路提示：认识孝的核心主要在内心的态度，仅有行为是远远不够的。

第十一则 《论语·为政篇》(2.8)

【原文】

子夏问孝。子曰:“色难。有事,弟子①服其劳;有酒食,先生馔②,曾③是以为孝乎?”

【注释】

① 弟子:年幼的人。后文的“先生”,年长的人,这里指父母。

② 馔(zhuàn):吃喝,享用。

③ 曾(zēng):竟,难道。

【今译】

子夏请教什么是孝。孔子说:“儿子在父母面前保持和悦、恭顺的脸色,是件难事。有事情,年轻人效劳;有酒有菜,先让父母享用,这难道就可认为是孝了吗?”

【对读】

有一天苏格拉底听到他的大儿子朗普洛克莱对他的母亲发脾气。他就对他说道:“我儿,告诉我,你知道有些人被叫作忘恩负义的人吗?”

……

“父母并不以仅仅抚养子女为满足,而是在子女一开始能够学习的时候,就把他们所知道对子女生活有用的东西教导他们;如果他们知道有什么人能够比他们自己更好地传授什么知识,他们就不惜花费资财把子女送到他们那里受教,总是尽力使子女受到最好的教育。”

对于这些话少年人回答道:“尽管她做了这一切而且做得比这还多得多,但是,无论谁也忍受不了她的坏脾气。”

“你想,”苏格拉底问道,“野兽的凶暴难以忍受呢,还是母亲的坏脾气难以忍受,哪一个更难忍受些?”

“我以为是母亲的坏脾气更难忍受,”朗普洛克莱回答道,“至少我的母亲是如此。”

“那么,有许多人被野兽咬伤或踢伤,是不是你的母亲也这样咬过或踢过你呢?”

“我指宙斯神起誓,没有,”朗普洛克莱回答道,“但她说的话是人无论如何都不愿听的。”

“你想一想，自从你是一个很小的小孩以来，日日夜夜，你说过多少抱怨的话，做过多少顶撞的事，叫她心里难过呢？当你生病的时候，又给她带来了多少痛苦呢？”

……

苏格拉底反问道：“你的母亲这样仁慈地待你，当你有病的时候尽力看顾你，使你可以恢复健康，使你所需要的一无所缺，此外，她还为你向神求福，代你还愿，你还说这样的母亲是一个严厉的母亲？在我看来，如果这样的母亲还使你忍受不了，那你就是什么好事都忍受不了了。”

——［古希腊］色诺芬著，《回忆苏格拉底》，吴永泉译，
北京：商务印书馆，2017 年版，第 53—55 页

【阐释】

孔子认为孝的核心是对父母从心里尊敬的态度，尊敬的态度最直接的表现便是“色”，即对父母和悦、恭顺的脸色。《礼记·祭义》云：“孝子之有深爱者必有和气，有和气者必有愉色，有愉色者必有婉容。”“色”为心声，如果内心真正敬爱父母，脸上的和悦、恭顺是自然而然呈现的。但孔子同时也承认，“色难”，能始终保持对父母和悦、恭顺的脸色是很不容易的，也就是说，对父母孝敬并非易事。

苏格拉底也认为子女应当对父母保持尊敬，如果不能做到这一点则会被定义为一个忘恩负义的人。他以一个更加具体的场景解释了人面对父母之所以“色难”的原因，当面对父母严厉的态度或坏脾气时，忍受而非反抗已然很难做到，更遑论保持和颜悦色的敬爱态度了。但苏格拉底从三个方面解释了为什么要对父母保持尊敬：第一，尽管父母很严厉，但一切皆出于对子女的仁爱之心；第二，人从孩童阶段开始，抱怨或顶撞也给父母带来了同样程度的痛苦；第三，父母抚育和教育子女的恩情非常重，因此子女需要尽其所能回报父母。

【例说】

司马迁在《史记·五帝本纪》中记述了舜至孝的故事：“舜父瞽叟盲，而舜母死，瞽叟更娶妻而生象，象傲。瞽叟爱后妻子，常欲杀舜，舜避逃；及有小过，则受罪。顺事父及后母与弟，日以笃谨，匪有解……舜父瞽叟顽，母嚚，弟象傲，皆欲杀舜。舜顺适不失子道，兄弟孝慈。”对舜来说，在这样的处境下的确“色难”，但他依然能始终保持对父母和悦、恭顺的态度，内心毫不怨恨，这是极高的境界。

思路提示：需充分认识“色难”，在各种情况下都能有意识地调整自己的心态，和悦地敬爱父母。

第十二则 《论语·里仁篇》(4.18)

【原文】

子曰：“事父母几①谏。见志不从，又敬不违②，劳③而不怨。”

【注释】

① 几（jī）：轻微，婉转。
② 违：触忤，冒犯。
③ 劳：忧愁。

【今译】

孔子说：“侍奉父母有时要婉转地劝谏。发现父母不听从自己的劝谏，仍然恭恭敬敬地不冒犯他们，虽然忧愁，但不怨恨。”

【对读】

子女对父母的友爱类似人对于神的爱，是一种对于善与优越的爱。因为，父母所给予的恩惠是最大的。他们不仅生养、哺育了子女，而且还是子女的教师。

……

还有一个进一步的问题：一个人对父亲应当在任何事情上都尊重和听从，还是在生病时听从医生，在挑选将军时选最善于打仗的人……我们不应当对所有的人都同样回报，而且对父亲也不是一切都听从，正如对宙斯我们并不是献上所有牺牲一样，这毋庸置疑。父母、兄弟、伙伴和曾对我们行善举的人都不同，我们对每种人都应当给予适合他们的回报……我们似乎首先要奉养父母，因为我们欠他们的恩。奉养自己生命的给予者比养活我们自己更加高尚[高贵]。而且，还要让父母像诸神那样享有荣誉。不过不是所有的荣誉。给予父亲的荣誉与给予母亲的不同。给予父母的荣誉也与给予一位有智慧的人或一位将军的不同。对父亲要给予适合于父亲的荣誉，对母亲要给予适合于母亲的荣誉。其次，对所有长辈都要给予适合他们年纪的荣誉，如起立、让座等。另一方面，对伙伴和兄弟则应坦率直言、共享所有。此外，对亲戚、同族人、同邦人和其他的人也要给予适合的回报，并根据他们同我们的关系的远近、德性的高低和用处的大小而有所区别。

——［古希腊］亚里士多德著，《尼各马可伦理学》（第八卷、第九卷），廖申白译注，北京：商务印书馆，2011 年版，第 275—288 页

【阐释】

在儒家思想中，当子女与父母发生冲突时，情义虽然都要兼顾，但孝子之情应始终大于义。因此劝谏时的柔声婉转、不从时的顺应不违和过后的忧心操劳却无怨恨，都是出于对父母深爱的自然表现。如果为了全自己的大义而对父母无情，则已然使自己处于最大的不义之中。可知儒家处理问题的逻辑是在孝——即在不违背礼的前提下用委婉的方式化解冲突，但仍以维护父母的权威为上。

亚里士多德认为子女对父母的友爱属于人与人之间友爱的一种，但不同于完全平等的友爱，在子女与父母的友爱中，父母处于较高的优越地位，因为生养、教育之恩太重，任何荣誉、金钱都不可能与之相等，子女只能尽其所能。这种观点实际上还是建筑在友爱的平等思路之上的，也就是说，当子女尽自己能力回报父母时，友爱的双方便大体上实现了相等。

由此，亚里士多德进一步推出了两重结论：第一，即使父母在友爱中处于优越地位，子女也不能在所有问题上把父亲的意见看得高于一切，父亲的要求也不能在所有事情上都高于别人的要求。例如在健康问题上，一个人更应听取医生而非父亲的意见，又如在父亲与一个更有治理能力的人之间选择治理者。第二，一个人与身边亲朋的关系都有各自适合的度，即使对父母，也并非全无保留，而对父亲、母亲、长辈、伙伴、兄弟等都应依据具体情况而有所区别。也就是说，当冲突发生时，公正、平等等原则的优先性要大于父子之间的血缘关系。

【例说】

例一：在威廉·莎士比亚的《李尔王》中，李尔王想退位给自己的三个女儿，分国土时，李尔王要求女儿们回答自己一个问题："你们中间哪一个人最爱我？我要看看谁最有孝心，最有贤德，我就给她最大的恩惠。"长女和次女都用虚假的甜言蜜语哄骗父亲。只有小女儿考狄利娅讲了实话："我爱您只是按照我的名分，一分不多，一分不少。"这个回答导致她被父亲驱逐出他的国土。你如何理解考狄利娅的回答？

思路提示：考狄利娅的故事反映了西方文化中面对父子冲突时对真理和孝顺的取舍的思考。作为威廉·莎士比亚塑造的正面人物，她没有试图通过谀辞为自己获取更大的利益，而是说了真话，即使冒犯父亲，也坚持原则，不假意顺从。

例二：在《塔木德》中，强调儿子必须尊敬父亲。如果一个人看到父亲正在违反《托拉》的律法，他不能说“父亲，你在冒犯《托拉》”，而应该说“父亲，《托拉》上是这样写的”，或者“父亲，《托拉》上有这么一句话”，这与孔子“又敬不违，劳而不怨”是一致的。在当代社会，你是否认同孔子的观点？你在家中是如何处理与父母之间的矛盾的？

思路提示：在当代社会，与父母意见相左时，子女应具有在坚持真理和尊重父母两者之间找到平衡的智慧，情理兼备。

第十三则 《论语·里仁篇》(4.19)

【原文】

子曰：“父母在，不远游，游必有方。”

【今译】

孔子说：“父母在世，不出远门，如果要出远门，必须有确定的去处。”

【对读】

最古老而又唯一是自然形成的社会，是家庭。孩子只有在他们需要父亲养育他们的时候，才依附他们的父亲，而一旦没有这种需要了，他们之间的自然联系便宣告解体。孩子解除了他们对父亲应有的服从，而父亲也免除了他对孩子应有的关怀，双方都同样进入了独立状态。如果他们还继续联系在一起的话，那就不再是自然的，而是自愿的，这时，家庭本身便只有靠约定来维系。

——［法］让-雅克·卢梭著，《社会契约论》，李平沤译，北京：商务印书馆，2017 年版，第 4 页

因此，人要离开父母，与妻子连合，二人成为一体。

——《创世记》2:24

【阐释】

孝是儒家伦理思想中的核心观念。孔子曾感叹：“孝弟也者，其为仁之本与！”(《论语·学而篇》) 而“孝”的重要表现之一为父母在世时，应侍奉在父母身边。即使不得已要出远门，也要告诉父母自己的去向，少让父母牵挂。作为“孝”的重要构成，儒家对“不远游”没有具体的时限要求，也不论孩子成年与否，只要父母在世，都应遵循这一孝道，而“不远游”要求的实质是子女赡养父母义务的落实。

西方社会对家庭的功能定位明确，家庭主要承担抚育功能，因此“不远游”有明确的时间段分界：当孩子成年之后，家庭的抚育功能即告完成，父子之间从依附关系恢复为同等独立关系，孩子可以完全出于自我选择奔赴至能培养他们的环境中去，不必牵挂父母。如果选择留在父母身边，在中国来说是出于孝道的天然要求，在西方则出于同意权力达成的契约，因此家庭成员相互间的关系也是平等的。此外，侍奉父母的义务也主要由社会而非子女承担，如古希腊的城邦、中世纪由宗教组织的养老机构等。

【例说】

例一：当今中国社会结构正处于快速转型期，各类养老机构兴起，养老服务产业越来越发达。由于各个家庭的观念不同，也产生了一些社会矛盾。你怎么看待送父母至养老院养老的行为？你认为这与孝相违背吗？

思路提示：养老院的兴起与社会分工相关，应关注中国从传统农耕社会向现代精细化分工社会转型后，传统文化观念不能快速适应现代社会形态的问题。孝在心不在行迹，应结合社会发展、家庭背景、个人意愿等因素综合考虑。

例二：虽然孔子提倡“父母在，不远游”，但由于各种现实因素，中国自古也有许多影响深远的壮游。如司马迁《史记》即是在其壮游后完成的。他在《史记·太史公自序》中称：“二十而南游江、淮，上会稽，探禹穴，窥九疑，浮于沅、湘，北涉汶、泗，讲业齐、鲁之都，观孔子之遗风，乡射邹、峄，厄困鄱、薛、彭城，过梁、楚以归。”杜甫《壮游》中亦称：“东下姑苏台，已具浮海航。到今有遗恨，不得穷扶桑。”但中国人的离家远游更多情况下是为求仕、经商、迁谪等现实因素所迫的无奈之举，因此羁旅诗歌写作非常丰富。

欧洲从16世纪末开始一直有壮游（Grand Tour）传统。贵族子弟完成学业后会到巴黎、罗马、威尼斯、佛罗伦萨等欧洲大陆主要城市壮游，探索文化，后来逐渐发展为“空档年（或间隔年）”（The Gap Year），作为成人礼。而这一成人礼的形式，正标志着家庭完成了抚育功能，孩子以壮游的方式宣告自己脱离父母的束缚而独立。

思路提示：关注东西方文化中“远游”不同的原因、表现及其折射出的文化环境。

第十四则 《论语·里仁篇》（4.21）

【原文】

子曰：“父母之年，不可不知也。一则以喜，一则以惧。”

【今译】

孔子说：“父母的年龄，不能不时时记在心里。一方面为父母高寿而欢喜，一方面为父母高寿而忧惧。”

【对读】

我自出母胎就被交在你手里，从我母亲生我，你就是我的神。

——《诗篇》22:10

爱父母过于爱我的，不配做我的门徒；爱儿女过于爱我的，不配做我的门徒。

——《马太福音》10:37

耶和华啊，求你叫我晓得我身之终，我的寿数几何，叫我知道我的生命不长。你使我的年日窄如手掌。我一生的年数，在你面前如同无有。

——《诗篇》39:4—5

【阐释】

《论语》这一则孔子是强调最后的“惧”字，父母年事已高，为子女所牵挂，这是孝的重要表现，警示人们“及时行孝”。等到“子欲养而亲不待”（韩婴《韩诗外传》）时，就悔恨莫及了。

西方文化中表现对父母年老衰微之担忧的较少，其原因有二：第一，在西方文化观念中，所有人都是神的子民，父母生养之恩虽大，但人对神的爱应当高于一切。相较之下，子女与父母则更近于平等。第二，神对于人来说是永恒的存在，人在神面前非常清楚地认识到自己生命之有限，与神相较之短暂，因此更注重在有限的光阴中是否做到虔诚敬神。故少有类似中国传统中“子欲养而亲不待”之情，更多的是时不我待之感。

【例说】

例一：2021年春节期间，有一部广受好评的电影《你好，李焕英》，讲述了一心孝顺母亲想让母亲骄傲的女儿因母亲突遭意外，悲痛万分，意外穿越回1981年，有机会以另一种形式孝顺母亲的感人故事。其之所以获得好评，正因为引起了许多人“子欲养而亲不待”的共鸣，而以这样的方式重温母女深情。你还能想到哪些例子？

思路提示：通过经典文艺作品提示及时行孝。

例二：南宋诗人范成大的《丙午新正书怀》（其四），是对孔子的话绝好的注解，全诗如下：

“穷巷闲门本阒然，强将爆竹聒阶前。人情旧雨非今雨，老境增年是减年。口不两匙休足谷，身能几屐莫言钱。扫除一室空诸有，庞老家人总解禅。”

思路提示：以诗句诠释老年人对年龄增长悲喜交加的复杂情感。

第十五则 《论语·学而篇》(1.9)

【原文】

曾子曰：“慎终①追远②，民德归厚矣。”

【注释】

① 终：寿终，指父母去世。

② 远：指远祖。

【今译】

曾子说：“能谨慎办理父母的丧事，虔诚地追念远祖，百姓的道德就会趋向敦厚。”

【对读】

“你愿意求得这些人的好意，但对于比任何人更爱你的母亲，你倒以为不应当尊重她？难道你不知道国家对于别种形式的忘恩负义并不注意，既不对他们进行起诉，也不管一个人受了别人的恩惠是否感激图报，但对于那些不尊重父母的人却要处以重罚，不许他担任领导的责任，因为认为这样的人不可能很敬虔地为国家献祭，也不会光荣而公正地尽他的其他责任。不仅如此，如果任何人不好好地给他去世的父母修墓，当他做公职候选人的时候，国家还要对这事进行调查呢。所以，我儿，如果你是聪明人，你就应当求神明饶恕你过去不尊重母亲的罪，免得神明把你当作一个忘恩负义的人而不肯施恩于你。你也应当重视别人的意见，免得他们看到你不尽子女的责任，大家都来谴责你，你就成为一个没有朋友的人了；因为人们既然看到你对父母忘恩负义，他们就会这样想：如果他们向你施恩，也一定不会得到你报答。”

——［古希腊］色诺芬著，《回忆苏格拉底》，吴永泉译，北京：商务印书馆，2017 年版，第 56 页

【阐释】

曾参强调要好好地对待包括父母在内的已去世的先人。所谓慎终，即指谨

慎对待丧事、丧礼。丧礼是生者与逝者在世上的最后一次相处，如果送行之礼没有尽心，将追悔莫及，因此需要慎重对待。追远涉及祭礼，去世的先祖离自己越来越远，祭礼是为了提醒自己时时不忘追思，这实际上是要人们不忘本，不忘自己的来路，在对根的皈依中确立自己。儒家“不语怪、力、乱、神”《论语·述而篇》，认为“未知生，焉知死”(《论语·先进篇》)，不认为死后有鬼神灵魂世界存在，但非常重视丧礼和祭礼，因为丧、祭之礼是孝道最后的表现，这种生死之间的真情也就是孔子谈的仁爱之心。对逝者尽最后的真情，对逝者和生者都没有实际的酬报，这是一种具有超功利性的行为。正因为超越了功利计较，所以能够看出情意之真切，能够使百姓的道德趋于敦厚。

苏格拉底亦从人性本身出发，指出人对待其父母的态度可以作为其立身处世原则的重要参照，因为如果对与自己关系最密切的父母不尊重不尽心，也就不能指望他对朋友或国家尽心尽力，这与儒家推己及人的逻辑是共通的。但在对待逝者之礼上，西方则仅有“慎终”而无“追远”，重视的是个人而非血脉文化的传承。苏格拉底强调在父母去世后需要好好地给去世的父母修墓，将之视为尊重父母的一则重要标准，因为一个忘恩负义的无德之人一定不具有光荣与公正的品行，是没有办法承担重要的职责的。但与儒家的超功利性有所区别，苏格拉底更多是从施恩与回报的角度说明尊重父母的重要性。

【例说】

曾子强调“慎终追远”，中国传统社会对丧、祭之礼特别重视，由此也产生了发达的丧、祭文化。虽然各地仪式略有差异，但大多要经过小殓、报丧、奔丧、停灵、守灵、大殓、出殡、下葬、烧七、守孝等流程，用时少则七天，多则月余，情绪以庄肃、哀恸为主。西方葬礼则以庆祝逝者生命为主题举办追思会，不要求制造或渲染悲伤，由受邀宾客发言回顾逝者生平留下的情感、精神财富，发言要求幽默，引人发笑，用时约两小时。

你怎么看待东西方丧、祭文化的差异？你认为现在中国的丧、祭文化是否符合曾子“慎终追远”的观念？

思路提示：思考时应关注差异背后的核心。中国的丧、祭多为小辈对父祖辈执“慎终”之礼的体现，故要求肃穆、庄重、感念先辈生养的恩德，看重逝者的家庭身份和社会身份。西方的追思会则更关注逝者个体生命的经历及价值。

第六单元　三人行，必有我师焉
——关于学友的对读

王　旭

第一则　《论语·述而篇》(7.2)

【原文】

子曰："默而识①之，学而不厌②，诲人不倦，何有于我哉？"

【注释】

① 识（zhì）：记住。

② 厌：满足，引申为因满足而厌弃。

【今译】

孔子说："默默地记住所学的知识，学习不因满足而厌弃，教导别人不知道疲倦，这些对于我能有什么困难呢？"

【对读】

灵魂会带着某种荣耀在某些范围内接受相似的影响，在这种影响下可以产生缓慢而坚定的性格，并使其对立面，崇尚勇敢的急躁，转变为生活中的节制；更重要的是，如果这种性格与学习的能力、博闻强记的能力结合在一起，那么我们可以快乐地期待这样的人是学习的爱好者。

——［古希腊］柏拉图著，《柏拉图全集》（第四卷），王晓朝译，北京：人民出版社，2003年版，第19页

学者越是毫无保留地了解、实施这种解谜方式，他对此的乐趣就会变得越大；而他对于这里称之为"毫无保留"的东西的要求上的严格性也同样会增加。

——［德］弗里德里希·尼采著，《尼采全集》（第二卷），杨恒达译，北京：中国人民大学出版社，2003年版，第421页

【阐释】

默记是一种重要的学习方法。默记书本知识，默记生活中领悟到的，并且永不满足，孔子说这对于他没有什么困难，就是说他已进入一种高度自觉的学习状态中。

在柏拉图看来，学习的爱好者应当具备缓慢而坚定的性格、博闻强记的能力。弗里德里希·尼采谈论学者时，也指出学者对于解谜的期待会使他们的乐趣变得越大。很多时候，对于知识的渴望以及在获得知识的过程中感受到的乐趣，可能才是让我们不懈学习的内在动力。

【例说】

例一：梁漱溟先生十三岁时，在给他讲解《庄子》的先生病倒后一个多月的时间内，他每天读十页书，抄十页书，背十页书，从不间断，自觉学完了《庄子》。凭着学习上的自觉精神，不到二十岁他就发表了多篇研究古印度哲学的高品质文章。后来，他报考北京大学，由于分数不够，未能录取。当时的北京大学校长蔡元培看了他的文章，听说他自觉学习《庄子》的事情后，说：“当学生没资格，就来当教授吧！”轰动中外学术界的《东西文化及其哲学》，就是在他任教北京大学后不久完成的。

例二：白玉霜是著名的评剧演员，被人称作“评剧皇后”。虽然她名气很大，但她依然非常自律。无论是三伏酷暑，还是三九严冬，一有时间就去练功，默默努力。有人对她说：“你已成名了，何必这么辛苦地练习？”她笑笑说：“戏是无止境的。”

例三：请你谈谈一个人如果要做到“默而识之，学而不厌，诲人不倦”，需要具备哪些品质，应当做出哪些努力。并以“学习之道”为写作方向，写一篇800字以上的议论文。

思路提示：做到“默而识之，学而不厌，诲人不倦”需要具备踏实努力、勤奋上进等品质，需要培养学习乐趣、不断探求真问题、孜孜不倦追求真理，努力的方式可以有很多种。

第二则 《论语·为政篇》(2.15)

【原文】

子曰：“学而不思则罔①，思而不学则殆②。”

【注释】

① 罔：迷惘、糊涂。

② 殆：疑惑。

【今译】

孔子说："只学习而不思考问题，就会迷惘；只思考而不学习，就会疑惑不解。"

【对读】

我们读书时，是别人在代替我们思考，我们只不过是重复他人思想活动的过程而已，这就犹如儿童启蒙习字时，用笔按照教师以铅笔所写的笔画依样画葫芦一般。我们的思想活动在读书时被免除了一大部分，因此当我们暂不自行思索而拿书来读时，会觉得很轻松，然而此时，我们的头脑实际上已成为别人思想的运动场了。

……

况且记录在纸上的思想，不过是像在沙上行走者的足迹而已，我们也许能看到他所走过的路径，但如果我们想要知道他在路上看见些什么，就必须我们自己去感受。

——［德］亚瑟·叔本华著，《读书与书籍》，刘崎、陈晓南、刘丽丽译，成都：四川人民出版社，2019 年版，第 67—68 页

【阐释】

学与思不可偏废。边学边思，又学又思，是学习的正确方法。

就像亚瑟·叔本华说的，如果只读书，就会一直重复别人的思想活动，缺乏自己的独立思考和学习，最终我们的头脑可能就是别人思想的运动场。真正的学习应当是学与思结合，自行感受，独立思考。一边吸收既有的知识和思想，一边加入自己的思考，构建属于自己的知识体系与思想场域。

【例说】

例一：爱因斯坦曾说，学习知识要善于思考、思考、再思考。你是如何看待他所说的"善于思考"的？在你看来，怎样才算"善于思考"？

思路提示："善于思考"，就是要善于从书本中、从实际生活中、从实践中发现问题，并且寻求解决问题的策略。在解决问题的过程中，遇到困难再读书

学习，再寻求办法，解决别人没有发现或没有解决的问题。在思考的过程中，学习、理解、使用、拓宽知识，将学和思融会贯通。

例二：苹果落地引发了艾萨克·牛顿的思考，于是有了思与学结合后的万有引力定律；罗伯特·波义耳思考紫罗兰，发明了酸碱指示剂。你还能举例说说其他思与学结合的伟大发现吗？

思路提示：世界上很多伟大的科学发现都是思与学的结晶，比如，阿尔弗雷德·魏格纳板块漂移理论的发现与提出。

第三则 《论语·卫灵公篇》(15.31)

【原文】

子曰：“吾尝终日不食，终夜不寝，以思，无益，不如学也。”

【今译】

孔子说：“我曾经整天不吃饭，整夜不睡觉，左思右想，结果没有什么长进，还不如去学习。”

【对读】

读书花费太多的时间，人就容易变得懒惰；滥用知识为装饰会显得做作；完全按照书本上的章程做事则是书呆子。读书可以弥补天性中的不足之处，而经验又可以使阅读获益匪浅。人的天性犹如自然界的植物，需要通过阅读的“修葺”。学习本身若不受经验的限制，其作用就会大而不着边际。狡黠的人蔑视学问，天真的人羡慕学问，只有聪明的人利用学问。因为学问本身并没有教人们如何利用，这种运用的智慧在学问之外，只有通过观察体会才能得到。不要为了挑剔辩驳而读书；不要为了某种信仰而读书；也不要为了印证某句话、某种言论而读书；读书要能学会权衡轻重，学会思考问题。

——[英]弗朗西斯·培根著，《培根随笔精选》，刘慧等译，武汉：长江文艺出版社，2016年版，第152页

【阐释】

只思不学无益。

总是读书、滥用知识、完全按书本上的章程做事，也是不够的。这些虽然可以弥补人的天性，但是经验可以使我们的阅读更进一步。弗朗西斯·培根认为，只有亲身体察，累积经验，而后结合经验，逐渐掌握思考问题的方法，才

有可能真正懂得运用学问。

【例说】

例一：世界头号房地产销售狂人洛夫·罗勃兹，作为全世界销售员的榜样，被美国报刊誉为销售界的传奇冠军。在美国，一个顶尖的房产销售员一年的销售量是50套，而他可以售出600套。当记者问他："您成功的秘诀是什么？"他回答："马上行动！"记者又问："您遇到困难时如何处理？"他回答："马上行动！""那当您遇上挫折时是怎么面对的呢？"他回答："马上行动！""那么，未来如果您遇到瓶颈，您会如何突破呢？"他回答："马上行动！"记者继续问："如果请您分享您的成功秘诀，您会讲些什么？"他依旧回答："马上行动！"

很多时候很多事情，比起左思右想，立即采取措施的确更有效果，学习也不例外。

例二：据说有一个年轻人非常喜欢，并且崇拜杨绛先生。于是，他高中快毕业的时候给杨绛先生写了一封长信，信中提及了自己的一些人生困惑。杨绛先生回信时，除了鼓励他外，写了一句非常中肯的话："你的问题主要在于读书不多而想得太多。"对此，你怎么看？

思路提示：困惑，是因为我们还不够有知，不够豁达通透。有困惑的时候，与其空想，不如去查阅书籍，不如去实践，以此来填补我们的无知。读书不多而想得太多，反而会令人陷入虚无和迷茫。

第四则 《论语·子张篇》(19.7)

【原文】

子夏曰："百工居肆①以成其事，君子学以致其道。"

【注释】

① 百工居肆：百工，各行各业的工匠。肆，作坊。

【今译】

子夏说："各行各业的工匠住在作坊里来完成自己的工作，君子通过学习来掌握道。"

【对读】

当他们年少时，他们的学习和哲学功课应该适合儿童的接受能力；当他们正在长大成人时，他们主要应好好注意身体，为哲学研究准备好体力条件；随着年龄的增长，当他们的灵魂开始达到成熟阶段时，他们应当加强对心灵的锻炼；当他们的体力转衰，过了政治军事服务年龄时，应当让他们自在逍遥，一般不再担当繁重的工作，只从事哲学研究，如果我们要他们在这个世界上生活幸福，并且当死亡来临时，在另一个世界上也能得到同样幸福的话。

——［古希腊］柏拉图著，《理想国：权威全译本》（第六卷），郭斌和、张竹明译，北京：商务印书馆，2019 年版，第 252 页

阿德曼托斯：……这最大的学习是什么，你认为它是和什么有关系的吗？

苏格拉底：……善的理念是最大的知识问题，关于正义等的知识只有从它演绎出来的才是有用和有益的……

——［古希腊］柏拉图著，《理想国：权威全译本》（第六卷），郭斌和、张竹明译，北京：商务印书馆，2019 年版，第 262 页

雅典人：还有，学习的行为也伴有一种魅力、一种兴趣，但赋予其正确性和有用性的却是所学的真理，是它的善与高尚。

——［古希腊］柏拉图著，《柏拉图全集》（第三卷），王晓朝译，北京：人民出版社，2003 年版，第 417 页

【阐释】

除了学习，没有别的办法来掌握道。

柏拉图在《理想国》中写道，哲学家在经历劳苦、恐怖、快乐的考验之后，我们还“必须把他们放在许多学习中‘操练’，注意观察他们的灵魂有没有能力胜任最大的学习，或者，看他们是否不敢承担它”。这种学习便是对最大的知识——善的理念的学习。到了晚年，柏拉图在《法篇》中指出学习的真理，学习它的善与高尚赋予学习的行为正确性和有用性。

看来，无论中外，一个人如果想要掌握道或者真理，都必须通过学习。

【例说】

例一：《旧唐书 · 魏徵传》中有言：“夫以铜为镜，可以正衣冠；以史为镜，可以知兴替；以人为镜，可以明得失。”请据此谈谈你对学习的重要性及必要性的认识。

思路提示：学习的重要性在于我们可以通过学习看到表象，看到历史中的经验教训，明得失，晓人性。而学习的必要性在于我们如何让自己成为一个理性的、有道德的人。

例二：请你说说“百工居肆以成其事”和“君子学以致其道”有何相似之

处？在你看来，对一个国家的发展而言，哪个更重要？

思路提示：“百工居肆以成其事”和“君子学以致其道”的相似之处在于两者都在学习，都有自己的“道”。各行各业的工匠在作坊里完成他们的工作，是尽自己的职责，这是“各司其职”之道；君子通过学习来掌握道，可能是君子修身、齐家、治国之道。对于一个国家的发展而言，两者都很重要。（言之成理即可）

第五则　《论语·学而篇》（1.14）

【原文】

子曰：“君子食无求饱，居无求安，敏于事而慎于言，就①有道②而正③焉，可谓好学也已。”

【注释】

①就：靠近、看齐。

②有道：有道之人。

③正：匡正。

【今译】

孔子说：“君子饮食不求饱足，居住不求舒适，处事敏捷，说话谨慎，到有道的人那里匡正自己的错误，这样可以说是好学的了。”

【对读】

苏格拉底：但是一定大家都清楚：我们用以学习的那个部分总是全力要想认识事物真理的，心灵的三个部分中它是最不关心钱财和荣誉的。

——［古希腊］柏拉图著，《理想国：权威全译本》（第九卷），郭斌和、张竹明译，北京：商务印书馆，2019年版，第370页

而公道的人之间的友爱则是公道的，并随着他们的交往而发展。他们在其实现活动中通过相互纠正而变得更好。因为，他们每个人都把对方身上值得他欲求的东西当作自己的榜样。所以俗语说，和好人相处，人会跟着学好。

——［古希腊］亚里士多德著，《尼各马可伦理学》（第九卷），廖申白译注，北京：商务印书馆，2011年版，第314页

【阐释】

“好学”不仅指勤于学，还包括少说话多读书，在没有充足的饮食和舒适的

居住条件下也能坚持。

柏拉图借苏格拉底之口，告诉我们学习是为了认识真理，它是心灵的三个部分中最不关心钱财和荣誉的。一个人的灵魂由激情、欲望、理性三个部分组成，激情和欲望应当是被统摄在理性之下的，而理性追求的应当是符合四主德的，即勇敢、节制、智慧、正义。

他的学生亚里士多德，在谈到公道的人时，认为他们的交往应该是欲求其他人身上的“好”。这种对“好”的追求，应当也是对自己德性的一种反观与追求，人应当不断匡正自己，无论处在何种境地。

这样看来，古希腊具备四主德和“好”的公道的人，与孔子所说的君子，都是对物质条件的追求远低于对美、善的追求。与此同时，他们敏捷、节制、谨慎、智慧，不断提升自己的修养，算得上好学。

【例说】

例一：为了买一本《明史纪事本末》，吴晗赶着时间写了一篇《清明上河图与金瓶梅的故事》，换取了 10 元稿酬。但是他对这篇文章不是很满意，于是在给老师的信中反思了这件事。出于内疚，第二年他又为这篇文章写了一篇补记，进一步匡正文章，使自己的观点趋于完善。

请谈谈你对吴晗这种处理方式的看法。

思路提示：吴晗主动给老师写信，表示自己对这篇为了赚钱仓促写成的文章不满意，即使在困境中，他也勇敢反思自己的问题，并且匡正文章中的错误，使自己的观点趋于完善，力求揭示真理。这样的处理方式，说明他是一个好学的人。

例二：1937 年“七七事变”后，面对日军不断的侵袭，南开大学、清华大学、北京大学相继沦陷，于是三校校长决定在后方交通方便的湖南长沙组建国立长沙临时大学。1938 年 1 月 20 日，近千名师生从长沙分批出发，一路翻山越岭、辗转周折，到昆明后，改称为国立西南联合大学（简称西南联大）。

这所在战火中诞生的大学，在极其艰苦的环境下，涌现出了陈寅恪、陈省身、华罗庚、周培源、冯友兰、费孝通、吴大猷、杨振宁、李政道、闻一多等杰出的人才。中华人民共和国成立后，西南联大培养出的大批人才不求生活条件有多优越，一心扑在研究上，为我国“两弹”研究等做出了突出贡献。这些人算得上是好学之人。

反观当下，你认为谁能称得上好学之人？

例三：请结合人教版高中《语文》必修上册第六单元课文《劝学》《师说》《读书：目的和前提》《上图书馆》，以及阅读过的其他文章，谈谈你对好学的理解。

第六则 《论语·述而篇》(7.22)

【原文】

子曰："三人行，必有我师焉[①]。择其善者而从之，其不善者而改之。"

【注释】

① 焉：于之，在他们中。

【今译】

孔子说："三个人一起走路，其中一定有可以做我老师的人。我选择他们的优点去学习；看到他们的缺点，自己有的话就改正。"

【对读】

事实上我们全都是些集体性人物，不管我们愿意把自己摆在什么地位。严格地说，可以看成我们自己所特有的东西是微乎其微的，就像我们个人是微乎其微的一样。我们全都要从前辈和同辈学习到一些东西。就连最大的天才，如果想单凭他所特有的内在自我去对付一切，他也绝不会有多大成就。

——[德]爱克曼著，《歌德谈话录》，朱光潜译，武汉：长江文艺出版社，2020年版，第234—235页

【阐释】

《论语》这一则孔子不仅强调向他人学习的重要性，而且指出一种非常重要的学习方法："善者"，固然可以成为我们的老师，从他们身上可以学到很多好的东西；"不善者"，也可以是我们的老师，因为他们让我们反省自己，从而对错误的思想、认识和做法加以警戒。

1832年，歌德临死前一个月，在以米拉波和他自己为例的谈话中，指出伟大人物的卓越成就都不是因为他个人所谓的"天才"，而应归功于他所接触到的前辈和同辈的教益以及当时的社会动态。

在这个意义上，所有人都是"集体性人物"，代表着当时社会群众的文化教养。每个生活在集体中的人，都不是完美的人，要想取得成就，突破自己，就应该多向别人学习，这样才有可能真正丰盈自己。

【例说】

例一：爱默生曾说，我所遇见的每一个人，或多或少都是我的老师，因为我从他们身上学到了东西。请分享一下，你曾经从别人身上学到了什么？

例二：《礼记·学记》中有这样一句话：“独学而无友，则孤陋而寡闻。”为什么有了“友”，“学”就不会孤陋寡闻？请你阐述这两者之间的关系。

思路提示：与前辈、朋友、同行交流，向他们请教，共同学习，总会学到一些自己没有的东西，有助于我们开阔视野，清晰地认识自己，也有助于我们彼此相互扩充知识容量。在这样的学习环境中，我们也可以很快结识志同道合的朋友，继续深入交流、合作，相互成就。

第七则 《论语·泰伯篇》(8.17)

【原文】

子曰：“学如不及，犹恐失之。”

【今译】

孔子说：“学习时总像追赶不上似的，学得了还会担心丢掉。”

【对读】

Stay hungry, stay foolish.

——2005年史蒂夫·乔布斯在美国斯坦福大学毕业典礼上给学生的赠言

【阐释】

“学如不及，犹恐失之”是“学而不厌”的具体表现。

2005年，史蒂夫·乔布斯在斯坦福大学毕业典礼上给学生的赠言：“Stay hungry, stay foolish.”至今被很多人奉为信条，表达自己对于知识的渴求，认为学习就要永不知足。

【例说】

例一：勒内·笛卡尔有一句名言：“越学习，越会发现自己的无知。”

在学习的过程中，你是否也有过这样的感受？请你与身边的人分享当时的境况。

例二：在中文译本《史蒂夫·乔布斯传》中把“Stay hungry, stay

foolish.”这句话翻译为“求知若渴，虚心若愚”，有人提出这是受儒家价值观影响而导致翻译不准确的典型。因为在中国文化里，虚心求学是美德，但西方文化鼓励人冒险、张扬个性。结合史蒂夫·乔布斯本人的人生哲学，这句话应该译为“永不知足，我行我素”。你同意这个观点吗？为什么？

第八则 《论语·述而篇》(7.19)

【原文】

叶公①问孔子于子路，子路不对。子曰：“女奚不曰：‘其为人也，发愤忘食，乐以忘忧，不知老之将至云尔。’”

【注释】

①叶公：姓沈，名诸梁，楚国大夫，曾为叶地（今河南省叶县南）县尹，所以叫叶公。

【今译】

叶公向子路问孔子是个什么样的人，子路不答。孔子对子路说：“你为什么不这样说：‘他的为人啊，发愤用功连吃饭都忘了，快乐得把忧愁都忘了，不知道自己快要老了，如此罢了。’”

【对读】

求知是所有人的本性。对感觉的喜爱就是证明……

动物生来自然具有感觉，它们中有些从感觉得到了记忆，有些则没有。由于这个缘故，那些有记忆的动物就比不能记忆的动物更聪明，更善于学习……

——［古希腊］亚里士多德著，《亚里士多德全集》(第七卷)，苗力田主编，北京：中国人民大学出版社，2013年版，第27页

因为一个总是在这些学习和工作中讨生活的人，是不会察觉自己老之将至的。

——［古罗马］西塞罗著，《论老年　论友谊　论责任》，徐奕春译，北京：商务印书馆，2011年版，第20页

【阐释】

生活在乐观的求索中，自然会忘记忧愁，没有了忧愁。

亚里士多德认为，人生来就具有感觉和记忆，记得自己的很多感觉，并且喜欢它们。这种对感觉的喜欢出于人的本性，而学习又可以让人拥有不同的感

觉，所以学习其实也是人的本性，且令人愉快。

西塞罗在《论老年》中讲道，凡力求保持青春活力的人，虽然他的身体会老，但他的心灵是永远不会老的。在西塞罗看来，编撰《史源》第七卷、学习希腊文、为朋友出庭辩护、出席元老院的会议等，都是可以使他焕发青春活力的。即使在他身体很弱时，他也能坐在沙发上享受想象的快乐。如果用心观察，我们不难发现，其实在现实生活中，容易保持年轻、快乐的人，恰恰是始终处于求知状态中不断学习、做事的人。

【例说】

例一：布鲁姆曾说，学习中经常取得成功可能会激发更大的学习兴趣，并改善学生作为学习的自我概念。请你从自身实际出发，谈谈对这句话的理解。

思路提示：如果一个人在学习中经常取得成功，他就会有极大的满足感、愉悦感、成就感。这些感觉，会让人想要继续向前，继续获得，继续在学习中取得更大的成功。这种对成功的渴望，实际上是对未知的渴望，以及将未知变有知的快乐，这会激发更大的学习兴趣，会刷新我们对于学习的认知。

例二：高尔基曾说，经常不断地学习，你就什么都知道。你知道得越多，你就越有力量。在你看来，这种力量是源于什么？是否会使你"乐以忘忧，不知老之将至云尔"？

思路提示：这种力量，源于通过不断地学习，让自己变成一个"百事通"，并用自己的所知掌控自己的生活，使自己获得知识上、精神上的自由。求知、有知路上的每一步，都会成为我们最终"乐以忘忧，不知老之将至云尔"的阶梯。

第九则 《论语·雍也篇》(6.12)

【原文】

冉求曰："非不说①子之道，力不足也。"子曰："力不足者，中道而废。今女画②。"

【注释】

① 说：同"悦"，喜欢，爱慕。

② 画：画线为界。

【今译】

冉求说："我不是不喜欢您的学说，是我的力量不够。"孔子说："力量不够，走到半路会停住。现在你是划定界限不往前走。”

【对读】

只要愿意学习，就一定能够学会。

——［苏联］列宁《论战斗唯物主义的意义》

（原文载于《在马克思主义旗帜下》杂志，1922 年，第 3 期）

重复乃学习之母。

——［德］亚瑟·叔本华著，《意欲与人生之间的痛苦：叔本华随笔和箴言集》，李小兵译，上海：上海三联书店，1997 年版，第 72 页

【阐释】

力量不够往往是懒惰的托词。学习不仅要有愿望，还要有毅力。

学习最怕的就是不曾开始，就已停止。走在半道上的人，最起码是努力的人、“愿意”的人。

有了学习的内在驱动力，而后不断“重复”，才有可能往前走。

正如维克多·雨果在《悲惨世界》中所言：“世人缺乏的是毅力，而非气力。”坚持下去，才有可能不断提高。

【例说】

例一：爱因斯坦三岁时才学会说话。上学后有位老师认为他很愚笨，不仅说他会一事无成，还劝他退学，但是爱因斯坦并没有因此放弃学习。他通过自己的刻苦努力，十一岁读完了一套通俗科学读物，十二岁自学了欧几里得几何，十三岁开始自学康德的哲学，十六岁报考苏黎世大学因成绩差未被录取。但他依然坚持勤奋学习，最终成为 20 世纪著名的科学家。

曾有青年向他请教他是怎样成功的，他用一个公式回答：

A=X+Y+Z（A 代表成功，X 代表勤奋学习、工作，Y 代表好的学习方法，Z 代表少说废话）。

例二：苏格拉底在开学第一天对他的学生说：“今天，我们学习一件非常简单，并且容易做到的事情。那就是，每个人把胳膊尽量往前甩，然后再尽量往后甩。从今天开始，每天做 300 下。”结果，只有柏拉图坚持了下来。

很多时候，我们应该问问自己，真的是自己没有力量往前走吗？

思路提示：很多时候，不是我们自己没有力量往前走，而是不想让自己累、不想让自己苦、不想让自己重复日复一日枯燥的学习和训练，甚至从来没有想过还要往前走。

第十则 《论语·为政篇》(2.9)

【原文】

子曰：“吾与回言，终日不违①，如愚。退而省其私②，亦足以发，回也不愚。”

【注释】

① 不违：不提反对意见和疑问。

② 省其私：考察颜回私下里的言行。省，检查，考察。

【今译】

孔子说：“我给颜回讲学，他整天从来不提反对意见和疑问，好像很愚笨。等他退下之后，我考察他私下里的言行，发现他对我讲授的内容有所发挥，可见颜回其实不愚笨。”

【对读】

从根本上说，只有我们独立自主的思考，才真正具有真理和生命。因为，唯有它们才是我们反复领悟的东西。

——［德］亚瑟·叔本华著，《意欲与人生之间的痛苦：叔本华随笔和箴言集》，李小兵译，上海：上海三联书店，1997 年版，第 50 页

【阐释】

孔子不满意颜回的“终日不违”，即整天从来不提反对意见和疑问。可见孔子希望学生在接受教育的时候，要开动脑筋，思考问题。孔子同时又细心观察颜回私下里的言行，发现他不仅记住了老师的话，还有所发挥。所以孔子又夸奖他。因为颜回的学习行为正是“默而识之，学而不厌”(《论语·述而篇》) 的表现。

对于老师的讲解，我们必须要反复学习，进而领悟、消化。亚瑟·叔本华认为独立自主的思考才是根本，因为如果一个人没有独立自主的思考，始终是在重复别人的观点，那就表明他没有自己领悟或真正解惑。

记下别人的话，还能有自己的发挥，说明才是真正学会了。因为，只有这样才有可能独立思考理解问题本身。

【例说】

例一：蒙田在《论儿童教育》中指出，学生在学到新的知识后，老师应遵照柏拉图的教学法，让他举一反三，反复实践。看他是否真正掌握，真正变为自己的东西。真正知道的东西，就要会使用，不必注意老师，不必看着书本。

例二：歌德曾写下这样的诗句："那些你从父辈继承而来的东西。你必须首先通过自己去赢得它，如果你想真正占有它的话。"

第十一则 《论语·为政篇》(2.18)

【原文】

子张学干禄①。子曰："多闻阙疑②，慎言其余，则寡尤③；多见阙殆④，慎行其余，则寡悔。言寡尤，行寡悔，禄在其中矣。"

【注释】

① 干禄：求取官职。干，求取。禄，古代官吏的俸禄。

② 阙疑：阙，同"缺"，此处指放置在一旁。疑，疑惑。

③ 尤：过错。

④ 殆：同"疑"。

【今译】

子张请教求取官职获得俸禄的方法。孔子说："要多听，有疑惑的地方先放在一旁，其余有把握的审慎地说出来，这样就少有过错；要多看，有疑惑的地方先放在一旁，其余有把握的审慎地去做，这样就少有懊悔。说话少过错，做事少懊悔，官职俸禄就在这里了。"

【对读】

不要想到什么就说什么，凡事必须三思而行。

——［英］威廉·莎士比亚著，《哈姆莱特》，朱生豪译，
南京：译林出版社，2018 年版，第 19 页

【阐释】

"慎言""慎行"，即说有把握的话，做有把握的事，这样可以减少过错，减少懊悔，这是为官者负责任的态度。

孔子关于为官的见解，是他关于“知”与“行”两者关系认识的表现，也是他对“知之为知之”(《论语·为政篇》）的进一步解说。

《哈姆莱特》中，父亲波洛涅斯面对即将远行的儿子，劝告他说话要谨慎小心，做事要三思而行。

虽然孔子讲的是为官之道，威廉·莎士比亚讲的是为人处世之道；但实际上，都是在提醒我们始终要头脑清醒，“慎言”“慎行”。

【例说】

例一：曹操担心自己被人谋害，所以对自己的侍卫们说：“我睡着的时候，你们切勿靠近我，我在梦中会杀人。”有一天，他睡着了，被子掉落到了地上，近侍慌忙帮他盖被子。曹操立即拔剑把他杀了，然后继续睡觉。

半夜起来时，曹操假装吃惊地问：“是谁杀了我的侍卫？”其他人据实回答。曹操悲戚地命人厚葬近侍，大家都以为曹操是梦中错杀了近侍。只有杨修在近侍下葬时说道：“不是丞相在梦中，是你在梦中啊！”

曹操听说这件事后，对杨修非常恼怒，后来找了个机会和理由杀了杨修。

例二：常言道，“听话听音，锣鼓听声”。有人认为，很多人都是从一个人的言辞中看这个人到底是个怎样的人，进而结合他（她）的言行，观察、判断，因此我们说话要小心。

但也有人认为，生活本身就很艰难，没有必要考虑太多，察言观色，应当以自己的感受为主，听从自己的心声。更何况，路遥知马力，日久见人心，没必要太过于在意细节，说话做事不用太小心。

对此，你怎么看？请谈谈你对“慎言”“慎行”的理解。

思路提示：“慎言”，就要在说话时实事求是，照顾他人的感受。不说假话，不说没根据的话，不说伤人的话。不能想到什么就脱口而出，完全不考虑场合、对象、语言的逻辑等。

“慎行”，就要在做事时考虑周到，仔细妥帖，不做不该做、不能做的事，尽量结合文化礼俗，考虑他人处境，反复思量，把事情做好。

第十二则 《论语·阳货篇》(17.9)

【原文】

子曰：“小子何莫学夫《诗》?《诗》，可以兴，可以观，可以群，可以怨①。迩②之事父，远之事君；多识于鸟兽草木之名。”

【注释】

① 可以兴，可以观，可以群，可以怨：兴，激发感情。观，观察了解天地万物及人间的盛衰与得失。群，合群。怨，抒发怨恨，指用诗讽谏。

② 迩（ěr）：近。

【今译】

孔子说："弟子们为什么不学习《诗经》呢？《诗经》可以用来激发感情，可以用来观察天地万物及人间的盛衰与得失，可以用来教人合群，可以用来使人懂得怎样去讽谏时政。近可以用来侍奉父母，远可以用来侍奉君主；还可以多知道一些鸟兽草木的名字。"

【对读】

只有那种怡悦性情的，有教育意义的美德、罪恶或其他等等的卓越形象的虚构，这才是认识诗人的真正的标志……

……我们通常称之为学问或博学的这种理智的洗濯、记忆的充实、见识的增强和思虑的开展，不论其在什么名目下出现，为什么直接目的服务，其最后的目的无非是引导我们，吸引我们，去到达一种我们这样带有惰性的、为其泥质的居宅染污了的灵魂所能够达到的尽可能高的完美……要凭知识来把心灵从身体的牢狱中提出来，使享其神圣的本质。

——［英］菲利普·锡德尼著，《为诗辩护》，钱学熙译，
北京：人民文学出版社，1964 年版，第 14—15 页

一切人间学问的目的之目的就是德行，最能启发德行的技能就有最为正当的权利做其他技能的君王；在这方面，如果我们可以指出，诗人确是配先于其他竞争者而享有此权利的。

……究竟会不会找到这样便捷的、通向德行的道路，如阐明德行是什么，而且不但凭揭示它的本质、它的前因后果来阐明它，并且凭揭露它的务必消灭的仇敌——罪恶——和它的务必克制住的仆役——情欲——来阐明它，还要凭指出包含着它的种种共同性，从它得出来的种种特殊性；最后还要凭明确说明它怎样从个人自己小天地的局限中扩展开来而达到家庭的治理，社会的维持。

——［英］菲利普·锡德尼著，《为诗辩护》，钱学熙译，
北京：人民文学出版社，1964 年版，第 16 页

【阐释】

孔子用"兴""观""群""怨"四个字概述《诗经》的意义，这四个字也成

为了后来人们认识文学意义的标尺。“兴”指激发感情的审美功能，“观”指了解社会的认识功能，“群”指感化心灵的道德功能，“怨”指批评社会的讽谏功能。

在中国古代，文人们往往要“赋诗言志”，就是引用《诗经》中的句子来表达自己的心志。再加上孔子认为《诗经》有上述功能，学《诗经》的意义非常大，所以一直强调读《诗经》。

西方对于诗的意义，从古希腊苏格拉底、柏拉图、亚里士多德开始，就更看重诗对人的德性的塑造和建构，希望对人的心魂有净化和提升的作用。菲利普·锡德尼更是明确指出，诗具有创造性，这种创造性创造出各种不同的形象，而它的最终目的在于创造光辉的形象，同时阐明德行，并且去感动人们使他们也向往德行。在教育的层面上，诗人创造诗，创造诗的各种形象，用它特有的魅力去感动人的心灵，其最终的意义仍然在于塑造心灵的美德。

【例说】

例一：

“如果人生纯属辛劳，人就会
仰天而问：难道我
所求太多以至无法生存？是的。只要良善
和纯真尚与人心相伴，他就会欣喜地拿神性
来度测自己。神莫测而不可知？
神湛若青天？
我宁愿相信后者。这是人的尺规。
人充满劳绩，但还
诗意地安居于这块大地之上。我真想证明，
就连璀璨的星空也不比人纯洁，
人被称作神明的形象。
大地之上可有尺规？
绝无。”

（[德]荷尔德林，《人，诗意地栖居》，晨曦主编，《外国诗歌名作欣赏》，北京：中国石油大学出版社，2017 年版，第 17—18 页）

例二：请分享激发你的感情、让你观察天地万物及人间的盛衰与得失、教你合群、使你懂得怎样去讽谏时政、让你明白如何侍奉父母、君主，或者让你知道鸟兽草木名字的《诗经》篇目，并说说它们带给你的感受与影响。

第十三则 《论语·先进篇》(11.20)

【原文】

子张问善人①之道。子曰："不践迹②，亦不入于室③。"

【注释】

① 善人：这里指本性善良的人。

② 践迹：踏着前人的足迹。指向前人学习。

③ 入于室：指达到很高的境界。室，内室。孔子曾用"入门""升堂""入室"来比喻学问由初级到高级的三个阶段。

【今译】

子张请教本性善良的人的准则。孔子说："本性善良的人不沿着前人的足迹走，他的道德学问也不能达到很高的境界。"

【对读】

我们要学习的不是同辈人和竞争对手，而是古代的伟大人物。

——［德］爱克曼著，《歌德谈话录》，朱光潜译，
北京：人民文学出版社，2018年版，第122页

【阐释】

孔子认为，本性善良的人虽不经过学习也能行善，但不能达到很高的境界。这里孔子是强调后天学习的重要性。

虽然没有孔子所说的本性善良的人行善这一前提，但是歌德所说的古代的伟大人物本身也具备对"善"的考量。歌德说的这句话不是不要我们向同辈人和竞争对手学习，而是更强调学习古代的伟大人物，换言之，就是要站在巨人的肩膀上，汲取精华。

【例说】

例一：列夫·托尔斯泰曾说："正确的道路是这样：吸取你的前辈所做的一切，然后再往前走。"

请你与同学讨论，"吸取你的前辈所做的一切"包括哪些，"往前"是往哪里去。

思路提示：本性善良很重要，同样，后天学习也很重要。“吸取你的前辈所做的一切”，就是要站在前人研究的基础上，向前人学习已有的知识和经验。“往前”更多的是需要我们在吸取了前辈的成果后，通过自己的不断探索和学习，开创属于自己的路，去占领研究的高地。

例二：王国维在《人间词话》中提出：“古今之成大事业、大学问者，必经过三种之境界：‘昨夜西风凋碧树。独上高楼，望尽天涯路。’此第一境也。‘衣带渐宽终不悔，为伊消得人憔悴。’此第二境也。‘众里寻他千百度，回头蓦见，那人正在灯火阑珊处。’此第三境也。”请说说你对这三种境界的理解。

思路提示：王国维的三种境界本身，就是在学习前人的基础上，苦苦寻求，不断领悟，放下自我，最终顿悟，进入无欲、无念、无喜、无忧的境界，获得性灵与智慧。

第十四则 《论语·子张篇》(19.13)

【原文】

子夏曰：“仕而优①则学，学而优则仕。”

【注释】

① 优：有余力。

【今译】

子夏说：“做官还有余力的人就去学习，学习有余力的人就去做官。”

【对读】

只有少数人才能变得像神一样，拥有节制的灵魂，拥有各种美德，掌握了这门赐福的科学的所有内容——它到底是什么，我们已经解释过了——只有他们才能获得所有神灵恩赐的一切。因此我们要用自己的声音宣布并在我们的公共法律中执行，凡是在这些学习中花费劳动的人，当年龄到达最后阶段时，他们将担任我们主要的执政官……

——［古希腊］柏拉图著，《柏拉图全集》(第四卷)，王晓朝译，
北京：人民出版社，2003年版，第22—23页

【阐释】

做官之余，还有精力和时间，那他就可以去学习，也就是今天所说的“进

修”，以便更好地工作；学习之余，还有精力和时间，那他就可以去做官。

子夏这句话集中体现了孔子对学习与出仕关系的观点。学习的目的主要有两个，一个是修身，一个是从政。两个目的有先后次序。儒家主张积极用世，修好身了，才可以从政，治国平天下。一旦做官，就要认认真真地做，用心用力地做，做好了，还有精力和时间，不妨再学习，那样可以带着需要解决的实际问题去学习，为更好地治国平天下服务。

后人对子夏这句话的理解非常片面，一是把前半句丢弃不管，二是把“优”字理解为“优秀”，学得好。这样就丢弃了“修身”这第一位的目的，将学习完全功利化、庸俗化了。

关于学习和做官，柏拉图则认为，在城邦中，最后担任主要执政官的少数人，都是年龄比较大的，通过学习拥有节制的灵魂、美德，获得神灵恩赐一切的人。这些人一生都在提高自己的修养，才有资格承担起城邦主要执政官的责任。

【例说】

《人民论坛》曾刊登文章指出，随着一大批学有所长的专家型干部相继进入党的高层领导机构，学者型官员现象越来越引起人们的关注。

据统计，在新一届中央委员会中具有本科学历以上的占 92.2%，有高级职称的占 33.2%。另据统计在 2006 年省级党委换届后，百余名省级党委领导中，拥有研究生学历的占 60% 左右，有些还曾经拥有学者身份。与此同时，在这百余人名单中，有超过七成的人员具有人文、社科学历背景，这与革命时期和中华人民共和国成立初期强调革命资历的“革命官员”以及在改革开放初期较为倚重的“技术官员”形成了鲜明的对比。

眼下人们所说的学者型官员现象，主要指的是一大批知识分子先在学术领域取得成就而后成为官员。在各级政府中，主管科技工作的和一些专业化很强的政府职能部门是学者型官员分布的主要领域，比如教育、科技、卫生、城市规划、环境保护等。

学者型官员中的一位代表性人物是基础医学专家陈竺。陈竺 1998 年担任国家人类基因组南方研究中心主任，在短短六七年间牵头承担了一批国家重点研究项目，取得了一系列国际先进或领先的研究成果，当选为中、美、法三个国家和第三世界科学院院士，今年（指 2007 年）6 月被全国人大常委会任命为卫生部部长。

还有的知识分子虽先从政，但经过自身刻苦学习，而后成为某一领域学有所长的专家。有的被高校科研单位聘请为兼职教授或研究员，成为专业协会的成员。各级党委政府的政策研究机构往往是产生这类学者型官员的主要领域。如中国证监会的掌门人尚福林，长期在银行系统工作，现已是金融学博士、著名的金融专家、国家银行货币政策委员会委员。

请谈谈你对中国政坛官员从专家型向学者型转变这一现象的看法。

思路提示：一大批知识分子先在学术领域取得成就而后成为官员，对于整个中国社会而言，不仅可以让专业的人做专业的事，进行专业管理，还可以满足国家发展的需求，快速促进各行各业的科研与技术发展。这样一来，做官还有余力的人，可以去进修、学习，学有余力的知识分子，也可以转型做官员，为社会贡献自己的力量。

第十五则 《论语·学而篇》(1.8)

【原文】

子曰：“君子不重①则不威，学则不固。主②忠信。无友③不如己者。过④，则勿惮⑤改。”

【注释】

① 重：庄重，自持。

② 主：以……主。

③ 无友：无，不要。友，与……交友。

④ 过：有过错。

⑤ 惮（dàn），害怕，畏惧。

【今译】

孔子说：“君子如果不庄重就没有威严，学的东西就不会牢固。为人要以忠信为主。不要同道德上不如自己的人交朋友。有了过错，就不要害怕改正。”

【对读】

好人之间的友爱是真正的友爱。因为，总体上善的和令人愉悦的东西是值得欲求的、可爱的，相对于一个人的善和愉悦对那个人而言是值得欲求的和可爱的，而每个好人都对另一个好人在这两种意义上值得欲求和可爱。爱似乎是一种感情，友爱则似乎是一种品质……爱着朋友的人就是在爱着自身的善。

——［古希腊］亚里士多德著，《尼各马可伦理学》（第八卷），廖申白译注，北京：商务印书馆，2003年版，第238页

【阐释】

“无友不如己者”，是怕受到坏的影响。择友当然要择好友，能从好友身上学到东西，受到好友的感染与熏陶，即所谓“近朱者赤”。

亚里士多德认为完善的友爱是好人和在德性上相似的人之间的友爱。而好人之间的友爱才是真正的友爱，因为它们所追求的都是美德和其他好的东西。因此，爱朋友，实际上爱的是朋友的善，爱与自身所追求的一致的善。这种友爱会形成共同的善、共同的道德、共同的幸福。这与《孟子·万章下》中所言“一乡之善士斯友一乡之善士，一国之善士斯友一国之善士，天下之善士斯友天下之善士”，有异曲同工之妙。

【例说】

例一：弗里德里希·尼采在《人性的，太人性的》中写道：“只与勤奋者交友。——懒散者对于他的朋友来说很危险：因为他没有足够的事情好做，就谈论他的朋友们做的事情和不做的事情，最终把自己也掺和进去，使自己很辛苦：所以人们聪明地只和勤奋的人交朋友。”

你认同他的观点吗？请说说你的理由。

思路提示：认同，懒散者不好好做事情，闲话多过行动，说人是非容易招致纷争。这些都不是好人之间的欲求善的友爱，并不能让自己变得更好。

不认同，勤奋者不一定因为有足够的事情做，就不谈论他的朋友们做的事情和不做的事情，并且勤奋者不一定都是有德行的人，不一定都忠信、知错就改。

例二：在《摩根写给儿子的 32 封信》中，摩根引用了孔子的这句话“无友不如己者”，用以告诫儿子约翰选择朋友需要秉持的态度。

有人说，如果大家都不和不如自己的人做朋友，那么是不是很多人都交不到朋友了？请与身边的人分享你对“不如”的思考。

思路提示：孔子说“无友不如己者”，要求他的弟子不跟不及自己的人交朋友，是要求这个弟子不要轻易被人诱惑，或者择友不慎。交朋友是要让自己修身养德，不断精进。通常情况下，别人这一方面不如我，那么可能其他方面超过我，如忠信方面超过我，也是可以交朋友的。

第十六则 《论语·里仁篇》(4.26)

【原文】

子游曰：“事君数①，斯辱矣；朋友数，斯疏矣。”

【注释】

① 数 (shuò)，屡次、多次，引申为烦琐的意思。

【今译】

子游说：“侍奉君主过于烦琐，就会受到侮辱；对待朋友过于烦琐，就会被疏远。”

【对读】

我们应当避免过分亲密的友谊，以免一个人要为几个人担忧……最明智的方法是把友谊的缰绳尽可能地放得长一些，这样你愿意收紧时就可以收紧，愿意放松时就可以放松。因为幸福生活的首要条件就是无忧无虑，如果一个人除了自己以外还得为他人操心，他的心灵便不能享受幸福的生活。

——［古罗马］西塞罗著，《论老年　论友谊　论责任》，徐奕春译，北京：商务印书馆，2011 年版，第 61—62 页

信任和近乎。——想要刻意向另一个人套近乎的人，通常是对那个人是否拥有对他的信任没有把握。谁能肯定这种信任，谁就不会看重近乎。

——［德］弗里德里希·尼采著，《尼采全集》(第二卷)，杨恒达译，北京：中国人民大学出版社，2003 年版，第 160 页

亲密的友谊。——当一个人很尊重另一个人，而且甚于尊重他自己的时候；当一个人同样爱另一个人，但是不如爱他自己的时候；最后当一个人懂得如何通过给亲密关系加上柔和的表皮和绒毛以便使交往变得更加容易但同时明智地克制住实际上的真正的亲密和你我不分的时候，亲密的友谊产生了。

——［德］弗里德里希·尼采著，《尼采全集》(第二卷)，杨恒达译，北京：中国人民大学出版社，2003 年版，第 326 页

【阐释】

做事都有一个“度”的问题，恰到好处为最佳。

距离，有时候不仅不会疏远关系，反而会拉近关系。

【例说】

例一：为什么孔子说侍奉君主太过烦琐，就会受到侮辱；对待朋友太过烦琐，就会被疏远？请你说说其中的逻辑是什么。

思路提示：如果在君主面前太过烦琐，可能免不了喋喋不休或者频频出错，

这样容易自取其辱；对待朋友太过烦琐，在近距离接触中，可能会看到更多彼此的缺点，并且过度的关心容易让人产生负担，甚至处理不当会模糊了边界，使得友情消退。

例二：对于某品牌火锅店超乎热情的服务，有人很喜欢，有人却因太过热情感到不适，请你分析这两种顾客的心理，试着说说原因。

例三：马未都在论关系时，曾说“亲人要生，生人要熟，熟人要亲”，你同意他的观点吗？为什么？

思路提示：同意。亲人之间常常过于亲密，缺乏界限，替人做决定或是说了一些不该说的话，很容易产生摩擦。“生”，不是生疏，而是保持一定的距离，不要过于亲密，尽量多给对方留空间。生人之间，要多打招呼、热情对待，更多的时候这是一种尊重和礼貌，是对别人的认可。熟人之间要把握一定的度，很多时候出卖你的人就是朋友和熟人，因此不可以将自己所有的事情竹筒倒豆子一般和盘托出，“亲”也要有一定的界限。

第十七则　《论语·乡党篇》(10.22、10.23)

【原文】

朋友死，无所归①，曰：“于我殡②。”

朋友之馈，虽车马，非祭肉，不拜。

【注释】

① 归：指死后得到安葬。

② 殡：停放灵柩和送去埋葬都可以叫殡，这里泛指丧葬事务。

【今译】

朋友死了，没有人安葬，孔子就说：“由我来料理丧葬事务吧。”

朋友的馈赠，即使是车马，只要不是祭肉，孔子在接受时也不拜谢。

【对读】

别离朋友之时，也无需悲伤、忧愁，因为你无比敬重他，或许因为暂别，你对他的情感更胜一筹，犹如登山者看山，比在平原看更清晰高大。

——［黎巴嫩］纪伯伦著，《纪伯伦散文诗经典》，李唯中译，南京：译林出版社，2010年版，第284页

【阐释】

为没有人安葬的朋友料理丧葬事务，是重情分；不拜谢朋友的馈赠，是朋友间可以分享；拜谢朋友送的祭肉，是像敬重自己的亲人那样敬重朋友的亲人。

很多时候，表面的难分难舍不如内心的重于泰山，真正的敬重会让友谊默契、牢靠。

【例说】

例一：卓别林与喜爱棒球的朋友交谈时，一直静静倾听。当身边人问他：“为什么你对棒球不感兴趣，却还聊那么久？”他告诉身边的人：“我是对棒球不感兴趣，可我的朋友对棒球感兴趣，只有尊重他人所尊重的事物，别人才能感受到自己被理解、被尊敬，这是一切友谊的基础。”

后来，当他的那位朋友听到了他这席话之后，感慨良久。很多年之后，老去的朋友说起这段往事仍感慨：“我今生能够成为卓别林的朋友，是我最大的荣幸。是他让我明白了什么叫作真正的尊重和真正的友谊。他的人格光芒，照亮了我的一生。”

例二：诗人郑少谷和王子衡虽未谋面，却彼此欣赏。郑少谷曾写诗称赞王子衡：“海内谈诗王子衡，春风坐遍鲁诸生。”意思是说：当王子衡讲评诗歌时，就是鲁国孔子的弟子听了，也会如坐春风。后来郑少谷死了，王子衡惊闻噩耗后，奔波千里赶到福建，为他办理丧葬事务。

第十八则 《论语·颜渊篇》(12.23)

【原文】

子贡问友。子曰：“忠告而善道①之，不可则止，毋自辱焉。”

【注释】

①道，通“导”，引导。

【今译】

子贡请教怎样对待朋友。孔子说：“忠诚地劝告他，好好地引导他，如果他不听从也就罢了，不要自取侮辱。”

【对读】

倘若朋友向你畅谈思想，正确与否，请你务必坦率直讲。

假若你的朋友一声不吭，那么你要静听他的心声，因为在友谊里无需言辞，思想和愿望会自生自长，朋友们自待一道喜采成熟果实。

——［黎巴嫩］纪伯伦著，《纪伯伦散文诗经典》，李唯中译，南京：译林出版社，2010年版，第284页

无论是对朋友，对客旅或在人生的其他关系上，都应量力行事。

——［古希腊］色诺芬著，《回忆苏格拉底》，吴永泉译，北京：商务印书馆，2017年版，第23页

在友谊中，让能进忠言的朋友发挥最大的影响；产生这种影响的忠言不但要坦诚，而且有时，如果情况需要的话，还要尖锐；而当朋友作这种忠告时，就应当听从。

——［古罗马］西塞罗著，《论老年　论友谊　论责任》，徐奕春译，北京：商务印书馆，2011年版，第61页

【阐释】

尽朋友之责，就是忠诚地劝告，好好地引导。但朋友与你一样是独立个体，不能强求。所以，当朋友一定要坚持自己的东西时，你就不能坚持一定要他改变。孔子不讲专横。

对待朋友，既要像纪伯伦所说的那样，坦率、恰当地提出忠告，也要像色诺芬所言量力对待朋友，还要像西塞罗所说的那样，必要的时候听取或进献坦诚且尖锐的忠言，使之发挥最大的作用，影响自己或朋友。

【例说】

例一：弗朗西斯·培根曾指出友情的第二种作用就在于它能增进并支配理智。一个人从另一个人的诤言中所得来的光明，比通过他自己的理解力和判断力所得出的光明更加干净纯粹：因为后者总是不免要受自我感情和习惯的浸润的约束。因此，朋友所给的诤言与自己所做的主张之间的差别，如同良友的诤言与谄佞的建议之间的差别一样大……许多人因为没有朋友向他们进忠告，故而做出极其荒谬的事情来，以致他们的名声和境遇均遭受重创。

所以真正的友谊既要容忍朋友提出劝告，又要对朋友提出劝告。

如果你知道朋友的选择会对他（她）造成极坏的影响时，你会怎样做？

例二：《伊索寓言》中有这样一则故事：

“驴由赶驴人牵着，走了一段路程以后，自行离开平坦的大道，去攀越陡峭的山坡。驴将从悬崖上摔下去时，赶驴人揪住了他的尾巴，想把他拉上来。谁知驴倒垂身子拼命挣扎，赶驴人便放开他，说道：‘我认输了，但你的胜利是用错误换来的。’

本则寓言适用于争强好胜之徒。”

（[古希腊] 伊索著，《伊索寓言全集》，李汝仪译，南京：译林出版社，2010 年版，第 196—197 页）

读到这里，你从中悟出了什么？

思路提示：我们可以悟出：（1）提出忠告，要看对象，忠告要对听得懂的人说；还要用合适的方式，让对方能够接受。（2）我们要学会听别人的忠告，善于听从忠告，不能陷在自己的思维中。（3）尽量避免做无谓的争执，否则最后都是输家。

第十九则 《论语·颜渊篇》（12.24）

【原文】

曾子曰：“君子以文会友，以友辅仁。”

【今译】

曾子说：“君子用文章学问来会聚朋友，用朋友来帮助自己培养仁德。”

【对读】

我于是说：“我想你是唯一的一个人配得上做我的情人，可是你好像害羞，不肯向我提这件事……我心里想，人生最重要的事莫过于提高自己的修养；要达到这个目的，我不能找到一个比你更好的导师……”

——[古希腊] 柏拉图著，《柏拉图文艺对话集》，朱光潜译，北京：商务印书馆，2013 年版，第 260 页

美德的显示自然为具有同样品质的心灵所吸引，它是友谊的开端。

——[古罗马] 西塞罗著，《论老年　论友谊　论责任》，徐奕春译，北京：商务印书馆，2011 年版，第 63 页

美德是第一位的（没有美德就不可能有友谊）；但除了美德之外（而且仅次于美德），一切事物中最伟大的是友谊。

——[古罗马] 西塞罗著，《论老年　论友谊　论责任》，徐奕春译，北京：商务印书馆，2011 年版，第 82 页

【阐释】

用自己的文章学问来结交朋友，依靠朋友来帮助自己培养仁德。

柏拉图的《会饮篇》中，阿尔喀比亚德认为苏格拉底是唯一一个能做他导师，值得他结交的男性朋友，原因是苏格拉底能帮助他提高自己的修养，培养他的德性。

而西塞罗则认为友谊的开端是美德，并且友谊只能存在于“好人”之间。“好人”是指：他们的行为和生活无疑是高尚、清白、公正和慷慨的；他们不贪婪、不淫荡、不粗暴；他们有勇气去做自己认为正确的事情。也就是说，友谊的开端和对象都离不开美德。这样的交友标准与孔子所说的依靠朋友帮助自己培养仁德是一样的。

【例说】

例一：法国启蒙思想家让-雅克·卢梭曾强调：“我们之所以爱一个人，是由于我们认为那个人具有我们所尊重的品质。”你认为他所说的这些品质都有哪些？

思路提示：比如节制、勇敢、正义、智慧、慷慨等，所有可以让我们提升自己美德的品质皆可。

例二：《孟子·万章下》中曾提到这样的交友原则：“不挟长，不挟贵，不挟兄弟而友。友也者，友其德也，不可以有挟也。”也就是说，交朋友要结交知我、懂我，“以天下为己任”的德士。你认为与这样的德士结交，能受到哪些影响？

思路提示：与知我、懂我，“以天下为己任”的德士结交，一方面，可以提升自己的德行，另一方面，与这样的朋友一起回报社会，可以让我们的国家、我们所处的世界更美好。（具体的影响可以结合自身实际情况回答）

第二十则　《论语·季氏篇》（16.4）

【原文】

孔子曰：“益者三友，损者三友。友直，友谅①，友多闻，益矣。友便辟，友善柔，友便佞②，损矣。”

【注释】

① 友谅：友，与……交朋友。谅，诚信。

② 友便辟，友善柔，友便佞：便辟（pián pì）：谄媚逢迎。善柔：善于和颜悦色骗人。便佞：花言巧语。

【今译】

孔子说：“有益的朋友有三种，有害的朋友有三种。与正直的人交朋友，与诚信的人交朋友，与见闻广博的人交朋友，这是有益的。与谄媚逢迎的人交朋友，与善于和颜悦色骗人的人交朋友，与花言巧语的人交朋友，这是有害的。”

【对读】

与善人交往是对于德行的一种操练，但与坏人交往却会败坏德行。一位诗人也对这一真理作了见证，他说：

跟好人在一起你会学会好的事情；但如与坏人厮混，你就会丧失你的辨识力。[注：这是一首哀歌中的对句，引自鼎盛期约公元前530年的梅格拉格言诗人赛阿格尼斯的著作。]

另一位诗人还说：

一个好人在一个时候是好而在另一个时候却是坏的。

——［古希腊］色诺芬著，《回忆苏格拉底》，吴永泉译，北京：商务印书馆，2017年版，第11页

【阐释】

孔子认为有益的交友是与正直、诚信、见闻广博的人交友，有害的交友是与谄媚逢迎、善于和颜悦色骗人、惯于花言巧语的人交友。虽然孔子在这里说的是如何挑选交往的对象，但实际上他所说的有益的交友和有害的交友，目的还是要通过交具备仁德的朋友来帮助自己培养仁德。

色诺芬则明确指出，与善人交往最终会操练德行，与坏人交往最终会败坏德行。显然，这样的交往会对德行的培养起到至关重要的作用。与孔子不同的是，色诺芬不仅指出与好人在一起会变好，与坏人厮混就会丧失辨识力，还指出好人也未必永远是好的，有的时候可能是坏的。因此，人应当谨慎挑选交往的对象，在与善人、好人交往的同时，始终保持自己对他们的理性判断，不可一概而论。

【例说】

例一：对色诺芬在《回忆苏格拉底》中提到的两位诗人的观点，你是如何看待的？

思路提示：第一位诗人说："跟好人在一起你会学会好的事情；但如与坏人厮混，你就会丧失你的辨识力。"在我看来，环境和身边的人的确会对我们产生很大的影响，我们要尽可能选择德行好的人做朋友，提升自我。但是，如果我们自身始终保持清醒，就不会轻易被他人带坏。

第二位诗人说："一个好人在一个时候是好而在另一个时候却是坏的。"的确，很多时候我们不能简单地给一个人下定义说他（她）是好人，或者坏人。人性是复杂的，我们要善于学习他人身上的美德、优点，多欣赏、多学习、多操练自己的德行。

例二：关于"有益的交友"和"有害的交友"，除了孔子分别列出的三种，你还有其他考量吗？你是否赞同"跟好人在一起你会学会好的事情；但如与坏人厮混，你就会丧失你的辨识力"这个说法？

思路提示：孔子认为，有益的交友，是与正直的人、诚信的人、见闻广博的人结交。除此之外，益友还可以是有爱心的、有技术的专业人士，有共同兴趣爱好、善良的人，等等。

有害的交友，是与谄媚逢迎的人、和颜悦色骗人的人、花言巧语的人结交。除此之外，也可能是包藏祸心、精于算计、只看利益的人等。

第七单元　义以为质，礼以行之，孙以出之，信以成之

——关于君子的对读

迟文颖

第一则《论语·宪问篇》(14.42)

【原文】

子路问君子。

子曰："修己以敬。"

曰："如斯而已乎？"

曰："修己以安①人。"

曰："如斯而已乎？"

曰："修己以安百姓。修己以安百姓，尧、舜其犹病诸②！"

【注释】

① 安：使……安定。

② 病诸：病，难也。诸，之乎；"之"代"修己以安百姓"。

【今译】

子路请教怎样成为君子。

孔子说："修养自己，严肃认真对待一切。"

子路说："像这样就够了吗？"

孔子说："修养自己，使他人安定。"

子路说："像这样就够了吗？"

孔子说："修养自己，使百姓安定。修养自己，使百姓安定，尧、舜还觉得不容易做到呢！"

【对读】

除非真正的哲学家获得政治权力，或者出于某种神迹，政治家成了真正的哲学家，否则人类就不会有好日子过。

——［古希腊］柏拉图著，《柏拉图全集》（第四卷），王晓朝译，北京：人民出版社，2003 年版，第 80 页

塞克斯特斯让我体会到一种仁爱气质。他是一个以慈爱方式管理家庭的榜样；他遵循自然的生活观念，庄重而不做作，对于朋友的利益考虑得细心周到；对无知的人和不讲道理的人也能保持耐心。在与人相处方面他堪称典范，和他交往比听任何奉承都要愉快，同时他也很受那些与他交往的人敬重。他头脑明晰，总能敏锐地把握生活中的那些原则，并加以安排。他从不发怒或流露出任何过分的情绪，似乎摆脱了一切激情，对身边的人总是那么温柔宽厚。他不吝赞美别人，但从不流于夸张，他学识渊博，但从不卖弄学问。

——［古罗马］马可·奥勒留著，《沉思录》，李娟、杨志译，南京：译林出版社，2014 年版，第 3 页

【阐释】

对于“君子”的理解有二：一是道德高尚的在位者；一是具备儒家理想人格的人。从前一个角度来看，儒家推崇“内圣外王”，即内在道德修养和外在政治地位相匹配，对于在位者来说，自身的修养是治人之本，只有自身修养完善，才能推及他人与百姓，让百姓安定、安乐，实现一种理想政治，走向更宽广的关怀，是“人人皆可成尧舜”的逻辑支撑。如果把君子理解成“具备儒家理想人格”的人，“修己”“安人”“安百姓”，是君子修养和能力逐渐提升的三个境界，从个体到群体，从自我走向家国，君子的影响范围是逐渐扩展的。

柏拉图在《第七封信》和《理想国》中反复提到“哲学王”的设想，即让哲学家和政治家的身份合二为一，只有这样才能给人类带来最大的正义和幸福，实现理想中的城邦，这与儒家“内圣外王”的思想非常相像。在柏拉图的理念中，“哲学王”“哲学家”才是完美人格的化身，正如“君子”是儒家理想人格的典范。柏拉图设想的“哲学王”治理下的理想国本是乌托邦一般的存在，然而在公元 2 世纪，古罗马第十四任帝国皇帝马可·奥勒留则几乎印证了“哲学王”的出现。马可·奥勒留既是古罗马的皇帝，也是一位哲学家，他在《沉思录》中提到“塞克斯特斯”带给他的启发，以自身的仁爱宽厚等人格魅力，得到身边人的喜爱与尊敬，在社会交往中通过自身的修养来影响他人。

【例说】

例一:《大学》是君子之书，提出君子的修养功夫是“修身”“齐家”“治国”“平天下”。怎样完成这个过程呢?《大学》认为君子需要有“絜矩之道”，上行下效，通过君子对种种德行的践行，来为百姓为天下做出规矩和典范:“上老老，而民兴孝;上长长，而民兴弟;上恤孤，而民不倍。是以君子有絜矩之道也。所恶于上，毋以使下;所恶于下，毋以事上;所恶于前，毋以先后;所恶于后，毋以从前;所恶于右，毋以交于左;所恶于左，毋以交于右:此之谓絜矩之道。”

例二:马可·奥勒留从小受到良好的家庭教育，父亲让他学到了“正直和勇敢”，母亲则让他懂得虔诚与仁爱、“戒除恶行，甚至戒除恶念的品质”。马可·奥勒留从十二岁开始接触斯多葛派哲学，到二十五岁开始投入哲学学习，他的生命在世俗义务与精神生活之间来回穿梭，在三十九岁成为古罗马皇帝后，马可·奥勒留惧怕自己“变成凯撒”，告诫自己“不要滥用权力”，他终身总结并奉行的四项美德是:智慧、勇敢、正义、节制。关于如何平衡兼顾古罗马皇帝和哲学家的生活，如何在承担管理国家的重任的同时完善自己的精神世界，马可·奥勒留曾说:“不要忘记在适当的时候隐退到内在自我这一小小的领土上(这是一个属于你自己的世界)，在这里你是自由的，作为一个人，你可以据以观察你身边流转的世界。”

第二则 《论语·颜渊篇》(12.4)

【原文】

司马牛问君子。子曰:“君子不忧不惧。”

曰:“不忧不惧，斯谓之君子已乎?”子曰:“内省[①]不疚，夫何忧何惧?”

【注释】

① 省(xǐng):反省，反思。

【今译】

司马牛请教怎样成为君子。孔子说:“君子不忧愁不恐惧。”

司马牛说:“不忧愁不恐惧，这样就可以叫作君子了吗?”孔子说:“反省自己做到问心无愧，还有什么可以忧愁恐惧的呢?”

【对读】

所以，勇敢的人是出于适当的原因、以适当的方式以及在适当的时间，经受得住所该经受的，也怕所该怕的事物的人。（因为，勇敢的人总是以境况所允许的最好的方式，并按照逻各斯的要求，去感觉和行动。每个人的每个实现活动的目的都是同他的那种品质相合的。勇敢的人也是这样。他的勇敢是高尚［高贵］的，因而勇敢的目的也是高尚［高贵］的。因为每种事物的品质就决定于其目的。所以，勇敢的人是因一个高尚［高贵］的目的之故而承受着勇敢所要求承受的那些事物，而做出勇敢所要求做出的那些行动的。）

——［古希腊］亚里士多德著，《尼各马可伦理学》（第三卷），廖申白译注，北京：商务印书馆，2017 年版，第 86 页

【阐释】

《论语》这一则中孔子回复司马牛问君子，认为君子始终处于不忧愁不恐惧的状态之中；就是自我省察内心之后，问心无愧，对自我纯粹德行与心境的确认。这种不忧不惧偏重的并非勇敢的品质，而是无愧于心的坦然，在此基础上自然生出面对外界的勇气与胆量。

亚里士多德在对具体的德性的表述中，认为判定勇敢品质的标准是目的之正义、恰当，目的处于动机与完善之间，以高尚的德性为目的，并认可行为的善，付诸行动而实现。这种勇敢不是没有害怕的本能，不是具有鲁莽的信心，而是通过高尚“目的”而克服内心的恐惧，在亚里士多德看来，这才是勇敢的人的特质。

东西方文化都强调了，在与恐惧博弈的过程中，人自身的目的、内在的德性才是关键因素，而君子正是以修身为本，以人格的锻造、德性的养成作为安身立命、为人处世的根基。

【例说】

例一：关于《论语》中此则的背景和针对性，汉代经学家孔安国注曰：“牛兄桓魋将为乱，牛自宋来学，常忧惧，故孔子解之。”司马牛其兄桓魋是宋国的权臣，曾经想要杀害孔子，桓魋将要引发祸乱之际，来到鲁国的司马牛害怕自己受株连，因此时常沉浸在忧惧之中。孔子借回答什么是君子来缓解司马牛内心的忧惧，告诫他只要自己的道德没有亏欠、行为没有过失，便可坦然处世。

例二：清儒陆陇其对“不忧不惧”的境况做了更多的拆解，可以帮助我们更好地理解君子如何保持内心的安泰。“君子所以异于人者，以其心常泰然。世

间可忧可惧之事最多，而不能以累君子之心。处平常之时，有得失之可忧惧也，君子则得失当前，不忧不惧；处变故之时，有利害之可忧惧也，君子则利害当前，不忧不惧。或以不忧惧而听天下之纷纭，或更以不忧惧而消天下之祸变，故恒人终身扰扰于忧惧中者，君子止见其坦荡荡而已。”(《松阳讲义》)

第三则 《论语·卫灵公篇》(15.18)

【原文】

子曰：“君子义以为质，礼以行之，孙①以出之，信以成之。君子哉！”

【注释】

①孙：通“逊”。

【今译】

孔子说：“君子行事把义作为根本，依礼来行事，用谦逊的语言来表达，用忠诚的态度来完成。这才是君子啊！”

【对读】

一个人如果不是天赋具有良好的记性，敏于理解，豁达大度，温文尔雅，爱好和亲近真理、正义、勇敢和节制，他是不能很好地从事哲学学习的。

——[古希腊]柏拉图著,《理想国：权威全译本》(第六卷)，郭斌和、张竹明译，北京：商务印书馆，2019年版，第235页

同样，我们通过做公正的事成为公正的人，通过节制成为节制的人，通过做事勇敢成为勇敢的人。

——[古希腊]亚里士多德著,《尼各马可伦理学》(第二卷)，廖申白译注，北京：商务印书馆，2011年版，第37页

【阐释】

孔子描述君子的养成过程，要以义为价值内核与判断标准，在行为层面以礼为规矩和框架，在言语方面要保持谦逊，还要用忠诚来作为为人处世的准则。这为如何成为君子提供了方法，当一个人渐次完成上述过程，那么他也就逐渐拥有了君子的品格。

柏拉图在《理想国》中将理想人格寄托在对“哲学家”的描述中，在他看来，一个能够从事哲学学习的人，不仅要具备聪慧敏锐的天赋，也要具有豁达、

温和、求知、正义、勇敢、节制等优秀品格。其中某些要求与孔子对君子养成的标准不谋而合。

亚里士多德认为德性是人的第二本性，是一种选择的品质，是可以通过习惯来习得的。有德性的人会选择恰当的行为，而德性的品质也通过对应行为的反复实践而固化，被人习得。实践的过程，即德性的形成过程，也是人格的养成过程。

【例说】

比照《论语》成书相近时代，战国四公子名满天下。其中，孟尝君门客冯谖曾通过“为君市义”打下孟尝君功业的根基。因“窃符救赵”而闻名的信陵君，他的处世也尽显信、勇、义的君子之风：在请门客侯生的时候，在闹市中停车下马，礼贤下士，是谦逊；当收到赵国平原君的求援时，在没有得到魏王调兵许可的情况下，打算自己带兵前往赵国解围，这是信与义；后在侯生计谋之下窃兵符杀晋鄙，成功调动魏国大军，这是勇。信陵君的声威震慑天下，曾有诸侯闻信陵君之名就撤军。仔细比较《史记》中对这几位公子的着墨，不难察觉出司马迁对信陵君的评价是最高的，这是因为信陵君最接近儒家君子典范。

第四则 《论语·为政篇》(2.12)

【原文】

子曰：“君子不器①。”

【注释】

①器：器皿。

【今译】

孔子说：“君子不能像器皿一样。”

【对读】

苏格拉底：在我们刚才建立起来的这个国家里，是不是有某些公民具有一种知识，这种知识并不是用来考虑国中某个特定方面事情的，而只是用来考虑整个国家大事，改进它的对内对外关系的呢？

格劳孔：是的，有这么一种知识。

苏格拉底：这是一种什么知识呢？它在哪里呢？

格劳孔：这种知识是护国者的知识，这种知识是在我们方才称为严格意义下的护国者的那些统治者之中。

——［古希腊］柏拉图著，《理想国：权威全译本》(第四卷)，郭斌和、张竹明译，北京：商务印书馆，2019 年版，第 148 页

【阐释】

“君子不器”是指君子不将自己作为器皿，器皿是有专门功用的，而君子不应当是通晓某种技能的专才，也不应当是几个方面的通用之才。《周易》中说：“形而上者谓之道，形而下者谓之器。”道与器相对，器是具体的、形象的、功利的；道是根本的、抽象的、深厚的。道是终极命题，是最高价值，也是君子应当投身的目的。孔子身为卫道者，认为君子要以“道”为目标，用道德、道义来教化人。

在《理想国》中，柏拉图也描述过很多专才，比如医生、木工、铜匠等。但在他看来，这些专业的知识并不是形成城邦的“智慧”所需要的知识，需要有一种超越性的知识来管理这个国家，这种知识属于“护国者”。柏拉图认为城邦的正义在于分工，除了各种专才外，城邦需要三种人才能正常运转：第一是护国者，具有智慧之德，负责治理，“哲学王”便是最理想的护国者；第二是护国者，也是辅助者，往往是军队和士兵，具有勇武之德，负责保卫城邦；第三是生产者，也即供养者，有节制之德，保障物资的供给。柏拉图关于“哲学王”所应该具备的更高层面的智慧，与孔子所说的“君子不器”相通。

【例说】

例一：文艺复兴时期，意大利文学巨擘薄伽丘提出“人应该是全面发展的人”，你怎样理解“全面发展的人”？仅仅是知识结构的完整吗？怎样在获得知识的全面的同时，达到灵性的健康和保全？

思路提示：薄伽丘的观点立足于文艺复兴时期的人文主义思潮，重视人的尊严、精神需求，追求人能力的全面完善。他认为人应当是聪明的、灵活的、强壮的、受教育的，无论男女都应如此。

结合东西方文明早期对于人的发展的观点来阐释，例如，西方哲学早期，柏拉图在《理想国》中将人按照其技能功能分类，但也提出护国者应当具备超越性的智慧。中国古代的君子人格化育亦强调人格的完善，《论语》曰“君子不器”，君子不应流于某种专业技能，成为器皿，而应当立足于“道”。

因此人的发展不仅是某一方面的知识与技能，更应关注德性、精神的充盈高大。

例二：《礼记・学记》曰：“玉不琢，不成器。人不学，不知道。”像玉需要

雕琢才能成为器皿一样，人要通过学习才能触及和懂得“道”。同为儒家经典，《荀子》中也用玉琢成器来做比喻，《论语·公冶长篇》中孔子说子贡是“瑚琏之器”，这与“君子不器”矛盾吗？请说说你的看法。

思路提示：关于君子“器”与“不器”的争论。对“君子不器”的理解参照原文。

《荀子》中“玉不琢，不成器。人不学，不知道”，侧重的角度不同，其思想建立在性恶论的基础上，人性由于先天的不足，因此需要后天的努力、学习，来进行改恶向善。此处通过玉石雕琢成器作比，强调后天学习的重要性。

孔子称赞子贡“瑚琏之器”，重点在于对“瑚琏”的理解。儒家有以玉比德的传统，玉是君子德行的彰显。瑚琏是一种玉器，有人说是黍稷之器、宗庙之器，从这个角度来看，“瑚琏之器”与柏拉图所说的护国者对国家来说具有相似的地位。

例三：马克斯·韦伯提出“工具理性”和“价值理性”两个维度；马尔库塞在《单向度的人：发达工业社会意识形态研究》一书中指出，在发达工业社会中，在“技术理性”的统治下，人会越来越依赖于客观世界的秩序，趋向于单向度的思想与行为模式。在当今社会，我们如何摆脱“工具理性”“技术理性”的控制，找到自己栖居的价值？

思路提示：此为开放性问题，言之成理即可。现代社会“工具理性”大行其道，人也不可避免地被工具化，《论语》中的“君子不器”提醒我们注意修养自身，关注智慧、道德、价值、精神，不要沦为单一而僵化的器具。

第五则　《论语·雍也篇》(6.18)

【原文】

子曰：“质胜文①则野②，文胜质则史③。文质彬彬④，然后君子。”

【注释】

① 质胜文：质，朴实。文，文采。

② 野：此处指粗野、鄙陋。

③ 史：文辞华丽浮夸。

④ 彬彬：指质与文兼备，配合得很恰当。

【今译】

孔子说：“朴实盖过了文采，就会显得粗野；文采盖过了朴实，就会显得浮夸。文采和朴实配合恰当，这才是君子。”

【对读】

……没有良好的教养，其余一切成就就会被人看成骄夸、自负、无用或愚蠢。

在没有教养的人身上，勇敢带有野蛮的色彩，并且也必然被别人视为野蛮；学问变成了迂气；才智变成了滑稽；率真变成了粗俗；善良变成了谄媚。缺少了教养，无论什么美德都会变样……美德是真正的精神财富，但是让它们生出光彩的乃是良好的教养……

——［英］约翰·洛克著，《教育漫话》，徐大建译，
北京：商务印书馆，2018 年版，第 137 页

因此，把美的形貌和美的德行结合起来吧，只有这样，美才会放射出真正的光辉。

——［英］弗朗西斯·培根著，《培根人生论》，何新译，
上海：上海人民出版社，1983 年版，第 10 页

【阐释】

君子应当表里如一、文质彬彬，既重视内在的本质、品性，也要注重外在的修饰、文采；并且两者应当配合相当，流于虚饰的徒有其表，与不修边幅的狂野粗鄙，都不可取。因为君子人格应当是符合中庸的理想人格，过犹不及，守正执中；君子是美与善的统一，善是美的渊薮，美是善的表现形式。在英国的绅士文化中，内外的修养也同样重要，洛克认为如果没有外在的教养、礼仪，那么美德就会降格，甚至走向它的反面。在早期的中英互译中，“绅士”（gentleman）是与中国的君子概念对应最多的词语。英国的绅士文化与儒家的君子文化有许多共通之处，比如都强调具备完善的道德人格、有仁爱之心、依循公正、勇敢无畏等品行。

【例说】

例一：绅士原本指世袭贵族阶层，近代西方随着骑士精神的衰落，绅士文化逐渐兴起，人们对于原有的旧贵族跋扈作风日渐不满，对绅士有了许多新的定义与要求，其中对道德品格的要求逐渐提高。英国散文家理查德·斯梯尔在他所创办的杂志《闲谈者》（*The Tatler*）中发表过一段他对绅士标准的新界定：“当我想象一位绅士的性情时，我想他应当坚定无畏，全无混乱的激情；内心充满温柔、激越、慈爱之心。当我考察一位优秀绅士的举止行为时，我想他应当谦逊而不造作，率直而不傲慢，殷勤乐助而不谄媚。”

例二：南开大学校歌歌词云："美哉大仁，智勇真纯，以铸以陶，文质彬彬。"这一句是对南开人楷模典范的标示与赞颂，给南开学子们树立起一个素质全面、为人正直、坚韧不拔、温和谨慎的谦谦君子形象。

第六、七则 《论语·为政篇》(2.14)、《论语·子路篇》(13.23)

【原文】

子曰："君子周①而不比②，小人比而不周。"

【注释】

①周：团结。

②比（bì）：勾结。

【今译】

孔子说："君子团结而不与人勾结，小人与人勾结而不团结。"

【原文】

子曰："君子和①而不同②；小人同而不和。"

【注释】

①和：和谐。

②同：盲目附和。

【今译】

孔子说："君子讲究和谐而不盲目附和，小人盲目附和而不讲究和谐。"

【对读】

那么对友爱来说，共同生活是否就是最值得欲求的东西？因为首先，友爱就存在于某种共同体之中。其次，一个人怎样对自身，就会怎样对朋友。自身存在的感觉值得欲求，对于朋友的存在的感觉也就值得欲求。但是，这种感觉只有在共同生活中才能实现。所以，朋友们自然地寻求这种共同生活。第三，无论一个人把什么当作他的存在或使他的存在值得欲求的东西，他都希望与他的朋友共同享有之。所以，有些朋友一起喝酒，有些一起掷骰子，另一些则一起锻炼，一起打猎，一起从事爱智慧的活动。每种人都在对他们而言是最好的那种事情上一起消磨时光。由于希望与朋友共同生活，他们都尽可能参加给他们以共同感觉的那种活动。所以坏人的友爱是坏事（因为他们做事情不稳定，又共同地做坏的事情，他们会在相互模仿中变得更坏）。而公道的人之间的友爱则是公道的，并随着他们的交往而发展。他们在其实现活动中通过相互纠正而变得更好。因为，他们每个人都把对方身上值得他欲求的东西当作自己的榜样。所以俗语说：和好人相处，人会跟着学好。

——［古希腊］亚里士多德著，《尼各马可伦理学》（第九卷），廖申白译注，北京：商务印书馆，2011 年版，第 313—314 页

【阐释】

“君子周而不比”，是说君子能够在群体中融洽但不勾结；“君子和而不同”，是说君子以和谐为标准来处理人际关系，但不会一味地迎合附会。《论语》中这两则通过君子和小人的对比，阐释个人应以什么态度与他人共处，如何处理个人与群体之间的关系。

亚里士多德认为在伦理的重要领域——友爱之中，与朋友的共同生活是重要前提。这种共同生活强化了群体的共同人格，坏人会一起做不良的事，恶习则会被放大且相互渐染，而公道之人互相交往则会发展公道。

对比之下，儒家认为君子在社会交往中，即便面对驳杂意见与多元群体，依然能够处理好矛盾与差异，在人格的独立与群体的和谐之间找到平衡。西方重视人以群分，择友同时也意味着人格的分化与强化。

【例说】

例一：迎合与跟风成为一些人寻求社会认同、确认自我存在的方式。例如一些年轻女孩们用拼单酒店合影、拼单奢侈品的方式，营造虚假的生活，借此实现屏幕之隔的虚荣。你如何看待这种现象？

思路提示：这类现象的出现，在被虚荣、金钱奴役的表象之下，应当关注背后是何种需求所致。可能是在互联网图文社交环境下，企图寻找一种虚假、浅薄的认同感。这样的人际交往是不健康的，也不是真正的友谊。“君子之交”应当是“周而不比”“和而不同”，在独立自尊的基础上，相互尊重，不谄媚、不勾结、不盲从。而友谊在亚里士多德看来，与人的德性息息相关。好的友谊可以放大德性，坏人之间的交往只能是恶习的渐染与传递。

例二：“竹林七贤”是名垂千古的名士群体，由于常常在竹林中雅集而得名。但七贤的个性各不相同，也有着不同的人生轨迹。阮籍的“青白眼”十分出名，对礼俗之人以白眼相待，对自己欣赏的脱俗之士则青眼有加，例如对嵇

康、嵇喜兄弟俩，就以“青白眼”示之。七贤中的山涛曾请嵇康做官，而嵇康写一封《与山巨源绝交书》，借“绝交”来明志，表明自己的坚定立场和与山涛等人的不同之处。哪怕是好友之间，君子也不会以相同的标准来要求自己与他人。

第八则 《论语·子路篇》(13.26)

【原文】

子曰：“君子泰而不骄，小人骄而不泰。”

【今译】

孔子说：“君子安详坦然而不傲慢无礼，小人傲慢无礼而不安详坦然。”

【对读】

败坏之先，人心骄傲。尊荣以前，必有谦卑。

——《箴言》18:12

人的高傲，必使他卑下；心里谦逊的，必得尊荣。

——《箴言》29:23

自卑具有虔敬与宗教的假象。而且自卑虽是骄傲的反面，但一个自卑的人却最接近骄傲的人。

——［荷兰］斯宾诺莎著，《伦理学》(第四卷)，贺麟译，
北京：商务印书馆，1983年版，第232页

【阐释】

“泰”和“骄”是鉴别君子、小人的标准之一。《论语·尧曰篇》将“泰而不骄”列入君子五美，并进一步解释道“君子无众寡，无小大，无敢慢，斯不亦泰而不骄乎。”君子不因为对方的寡和众、大和小等差异来区别对待，不会恃强凌弱，更不会卑躬屈膝。他们始终保持君子的礼仪与风度，泰然处之，不卑不亢。而小人则是“矜己傲物，唯恐失尊”(程树德)，因为他们并不是真正的自信自尊，傲慢是虚张声势的表现，有时候甚至是狐假虎威，怎么可能有泰然的心境和仪度呢？

近代荷兰哲学家斯宾诺莎也提到自卑与骄傲虽然在表现上相反，但往往傲慢行为是源于内心深处的自卑。西方文化反映出，真正的尊荣并非来自傲慢，而是来自破除自我中心之后的谦卑。

【例说】

例一：《诗经·卫风·淇奥》对君子形象进行描绘，其中“瑟兮僩兮！赫兮咺兮”，是写君子的仪表神态庄严而坦荡，这是一种由内在的尊严之泰、修养之泰而外放出的神采，正是“泰而不骄”的最好体现。

“瞻彼淇奥，绿竹猗猗。有匪君子，如切如磋，如琢如磨。

瑟兮僩兮！赫兮咺兮！有匪君子，终不可谖兮！

瞻彼淇奥，绿竹青青。有匪君子，充耳琇莹，会弁如星。

瑟兮僩兮！赫兮咺兮！有匪君子，终不可谖兮！

瞻彼淇奥，绿竹如箦。有匪君子，如金如锡，如圭如璧。

宽兮绰兮！猗重较兮！善戏谑兮！不为虐兮！”

例二：巴尔扎克曾说：“傲慢是一种得不到支持的尊严。”如何从“骄而不泰”的角度来解读这句话？请谈谈你的看法。

思路提示：君子无论面对怎样的对象，都会胸怀坦荡，安泰坦然，既不卑微也不骄矜，这源自内心真正的强大与自足。小人缺乏自我内在的平衡，外表傲慢的掩饰下，往往是内心的自卑，通过外在恃强凌弱的傲慢，无法真正填补内心的缺陷，这种虚假的尊严不可能得到满足。

第九则 《论语·述而篇》(7.37)

【原文】

子曰：“君子坦荡荡，小人长戚戚①。”

【注释】

① 戚戚：忧愁、烦恼的样子。

【今译】

孔子说：“君子心胸平坦宽广，小人经常忧愁。”

【对读】

苏格拉底：那么，胆怯和狭隘看来不会属于真正哲学家的天性。

格劳孔：我看不会。

苏格拉底：一个性格和谐的人，既不贪财又不偏窄，既不自夸又不胆怯，这种人会待人刻薄处世不正吗？

格劳孔：不会的。

——［古希腊］柏拉图著，《理想国：权威全译本》（第六卷），郭斌和、张竹明译，北京：商务印书馆，2019 年版，第 234 页

不去管邻人说什么、做什么、想什么，时时处处只注意自己的行为正当、高贵和良善的人，他的心灵是多么坦然啊！不要窥探别人内心的黑暗，不要左顾右盼，而只是笔直地一路奔向终点。

——［古罗马］马可·奥勒留著，《沉思录》，李娟、杨志译，南京：译林出版社，2014 年版，第 28 页

【阐释】

君子胸怀宽广坦荡，内心没有忧惧不安，不以一己的利害得失而有所挂碍。柏拉图认为哲学家具有美好的天性，灵魂的各个成分是适度、和谐的，因此自然而然地不会出现刻薄与偏狭。从人性、人格的角度而言，东西方哲思的共性在于追求一种完善圆满的人格，在臻于完善、和谐的进展中，逐渐去除灵魂的杂质、舍弃人性卑弱鄙薄的部分。

【例说】

例一：宋朝太宗、真宗朝宰相吕蒙正，一生三度为相，雅量服人，坦荡无私。遇到诟病不追究，遭受诬陷也不辩解，因此得世人对他“宰相肚里能撑船”的美誉。其胸怀与风度参见《宋史·列传第二十四·吕蒙正传》：“蒙正初入朝堂，有朝士指之曰：‘此子亦参政耶？’蒙正阳为不闻而过之。同列不能平，诘其姓名，蒙正遽止之曰：‘若一知其姓名，则终身不能忘，不若毋知之为愈也。’时皆服其量……蒙正初为相时，张绅知蔡州，坐赃免。或言于上曰：‘绅家富，不至此，特蒙正贫时勾索不如意，今报之尔。’上命即复绅官，蒙正不辨。后考课院得绅实状，复黜为绛州团练副使。及蒙正再入相，太宗谓曰：‘张绅果有赃。’蒙正不辨亦不谢。在西京日，上数遣中贵人将命至，蒙正待之如在相位时，不少贬，时人重焉。”

例二：《晋书·嵇康传》记载：“初，康居贫，尝与向秀共锻于大树之下，以自赡给。颍川钟会，贵公子也，精练有才辩，故往造焉。康不为之礼，而锻不辍。良久会去，康谓曰：‘何所闻而来？何所见而去？’会曰：‘闻所闻而来，见所见而去。’会以此憾之。及是，言于文帝曰：‘嵇康，卧龙也，不可起。公无忧天下，顾以康为虑耳。’因谮‘康欲助毌丘俭，赖山涛不听。昔齐戮华士，鲁诛少正卯，诚以害时乱教，故圣贤去之。康、安等言论放荡，非毁典谟，帝王者所不宜容。宜因衅除之，以淳风俗’。帝既昵听信会，遂并害

之。”钟会因自认为在嵇康面前得不到尊严便怀恨在心，乃至在司马昭面前诋毁嵇康。《晋书》这段所描写的钟会与嵇康的对话非常典型，君子、小人之别一目了然。

第十则 《论语·里仁篇》(4.11)

【原文】

子曰：“君子怀①德，小人怀土②；君子怀刑③，小人怀惠。”

【注释】

①怀：思念，关心。

②土：乡土。

③刑：古代法律制度的“刑”作“刑”，刑罚的“刑”作“荆”。

【今译】

孔子说：“君子思念的是道德，小人思念的是乡土；君子关心的是法度，小人关心的是恩惠。”

【对读】

如果从人们所过的生活来判断他们对于善或幸福的意见，那么多数人或一般人是把快乐等同于善或幸福。所以他们喜欢过享乐的生活。有三种主要的生活：刚刚提到的最为流行的享乐的生活、公民大会的或政治的生活，和第三种，沉思的生活。一般人显然是奴性的，他们宁愿过动物式的生活。

——[古希腊]亚里士多德著，《尼各马可伦理学》(第一卷)，廖申白译注，北京：商务印书馆，2017年版，第9—10页

【阐释】

君子心怀仁德之善和法度之公，而小人在乎的只是私事与私利。《论语》中常将君子与小人对举，“君子喻于义，小人喻于利”(《论语·里仁篇》)，其中“利”和“义”的区别在于心中要有仁德，要能够超越私人的生活，不局限于眼前的小恩小惠，达到更宽广的境界，自觉思考社会责任。

亚里士多德提出城邦中的人过着三种不同的生活，其中大多数的普通人只沉浸于享乐的生活，这是奴性的、动物式的。而卓越的人选择政治的生活，哲学家则采取沉思的生活，沉思的生活不以追求名利为目的，而是思考善与真理。

【例说】

例一：苏格拉底曾经将自己比作一只神赐予雅典城邦的牛虻，而雅典城邦则如同一匹巨大而迟缓的骏马，牛虻的叮咬可以促使马更有精神和活力。苏格拉底不断地鼓励与鞭策城邦的公民，使他们不要过多考虑实际利益，从而多去考虑城邦的公共利益和公众事务，关注心灵的安宁与道德的完善。

例二：杜甫《茅屋为秋风所破歌》："安得广厦千万间，大庇天下寒士俱欢颜。"杜甫是典型的儒家式人物，是践行儒家理想人格的范例，其兼善天下的情怀之深，具有超越时代的价值。鲁迅曾说："我总觉得陶潜站得稍稍远一点，李白站得稍稍高一点，这也是时代使然。杜甫似乎不是古人，就好像今天还活在我们堆里似的。"

第十一则 《论语·里仁篇》(4.5)

【原文】

子曰："富与贵①，是人之所欲也；不以其道得之，不处②也。贫与贱，是人之所恶也；不以其道得之，不去也。君子去仁，恶乎③成名？君子无终食之间违仁，造次④必于是，颠沛⑤必于是。"

【注释】

① 富与贵：财富和官位。
② 处：接受，占有。
③ 恶（wū）乎：凭什么。恶，同"乌"，何。乎，于。
④ 造次：仓促，匆忙。
⑤ 颠沛：困顿，偃仆，引申为颠沛流离。

【今译】

孔子说："财富和官位，是人人都想要的；但不用正当的方法得到它，君子就不会去接受。贫穷与低贱，是人人都厌恶的；但不用正当的方法去摆脱它，君子就不会去摆脱。君子如果离开了仁德，又怎么成就君子的美名呢？君子即使是一顿饭的时间也不会背离仁德，在紧迫匆忙中也一定按仁德处世，在颠沛流离中也一定按仁德处世。"

【对读】

那些有品位的人和爱活动的人则把荣誉等同于幸福，因为荣誉可以说就是政治的生活的目的。然而对于我们所追求的善来说，荣誉显得太肤浅。因为荣誉取决于授予者而不是取决于接受者，而我们的直觉是，善是一个人的属己的、不易被拿走的东西……牟利的生活是一种约束的生活。而且，财富显然不是我们在寻求的善。因为，它只是获得某种其他事物的有用的手段。

——［古希腊］亚里士多德著，《尼各马可伦理学》（第一卷），廖申白译注，北京：商务印书馆，2017 年版，第 10—11 页

【阐释】

人如何面对财富与名利？物质上的富足、地位上的显贵、声名上的荣耀，是人本能的欲求。但孔子认为名利的获得并不是没有价值准则的，"君子爱财，取之有道"，这个"道"便是"仁德"；亚里士多德认为财富只是工具，以赚钱为目的的生活是反本性、反自然的，善才是我们追求的目的。东西方文化都将仁、善等作为根于己的本源，是不可剥离的价值，抛开仁、善，真正的"名"和"荣誉"都将无法成立。

【例说】

例一："李斯者，楚上蔡人也。年少时，为郡小吏，见吏舍厕中鼠食不洁，近人犬，数惊恐之。斯入仓，观仓中鼠，食积粟，居大庑之下，不见人犬之忧。于是李斯乃叹曰：'人之贤不肖譬如鼠矣，在所自处耳。'"（《史记 · 李斯列传》）李斯贪图禄位、酷辣狠厉、性格偏狭。他对权位、富贵的贪慕，在早年间见到厕中鼠与仓中鼠时的表现便可以看出。李斯一路官至丞相，在秦始皇死后，因贪权畏祸，投靠赵高，杀扶苏，立胡亥，为虎作伥。秦二世当权后，李斯依旧贪恋权禄，一味阿谀逢迎，却最终被赵高设计，被秦二世论罪腰斩于咸阳。李斯虽有佐秦之功，但其妒杀韩非、焚书坑儒、与赵高狼狈为奸等行为，使得李斯的名声在历史上一直比较负面，他实在谈不上君子，而属小人之流。

例二：古罗马哲学家塞涅卡是暴君尼禄的导师，他虽是当时的富豪之一，但他对财富地位的认识始终很清醒，他曾经说："我从来没有信任过命运女神。我把她赐予我的一切——金钱、官位、权势——都搁置在一个地方，可以让她随时拿回去而不干扰我。我同它们之间保持很宽的距离，这样，她只是把它们取走，而不是从我身上强行剥走。"

第十二则 《论语 · 卫灵公篇》(15.20)

【原文】

子曰："君子疾①没②世而名不称焉。"

【注释】

① 疾：疾，担心，遗恨。

② 没：通"殁"，死。

【今译】

孔子说："君子担心死去后自己的名声不被人们称道。"

【对读】

有人一心渴望身后美名，却没有想到，那些记得他的人很快也要像他一样死去，这些人的子子孙孙很快也要死去。一代又一代传下去的名声开始还有一点火光，但最后终究要随着一代代人记忆的消失而熄灭。就算那些记住他的人永生不死，他的身后之名能够永恒，那又有什么意义呢？无需说这对死者毫无意义，即便是对于还在世的人，除非出于其他目的，否则别人的赞美又有什么用呢？你拒绝了自然赋予你的天性，心里只挂念着死后别人会怎样议论你，是不明智的啊。

——［古罗马］马可 · 奥勒留著，《沉思录》，李娟、杨志译，南京：译林出版社，2014 年版，第 28—29 页

【阐释】

《史记 · 孔子世家》："子曰：'弗乎！弗乎！君子病没世而名不称焉。吾道不行矣，吾何以自见于后世哉？'乃因史记作《春秋》，上自隐公，下讫哀公十四年，十二公。"孔子担忧自己不能作为"斯文"的传承者，不能将礼乐文明与仁德之道传于后世，从而通过著书立说来将生命附着于道之不朽，这是儒家看重身后之名的原因。与中国士人重视身后之名的传统不同，马可 · 奥勒留在《沉思录》中多次提及对身后美名的否定，他认为美名并不是不可磨灭的，且无法作用于已故之人，人生不应当陷于这种挂碍之中。

【例说】

例一：司马迁在《报任安书》中写道：“古者富贵而名摩灭，不可胜记，唯倜傥非常之人称焉。”他看到生命与富贵享乐的短暂，因此将自己有限的生命投入《史记》的写作，以期“藏之名山，传之后人”，获得人生的意义与尊严。

君子对于身后之名的重视，往往与立德、立功、立言的“三不朽”相关，这种观念深刻影响着中国古代学术、文化、思想的产生与传承。曹丕在《典论·论文》中对文章写作有一段经典的议论：“盖文章，经国之大业，不朽之盛事。年寿有时而尽，荣乐止乎其身，二者必至之常期，未若文章之无穷。是以古之作者，寄身于翰墨，见意于篇籍，不假良史之辞，不托飞驰之势，而声名自传于后。”

例二：“伟大人物的命运常常是受到同时代人不该有的奚落和后代人的来之过晚的尊敬。”（[法]罗伯斯比尔《关于出版自由》）

第十三、十四则 《论语·子张篇》（19.8、19.21）

【原文】

子夏曰：“小人之过也必文①。”

【注释】

①文：文饰，掩饰。

【今译】

子夏说：“小人犯了过错必定掩饰。”

【原文】

子贡曰：“君子之过也，如日月之食焉。过也，人皆见之；更①也，人皆仰之。”

【注释】

①更：改正。

【今译】

子贡说：“君子的过错，好比日食、月食。他有过错，人们都看得见；他改正过错，人们都仰望着。”

【对读】

应该把这两条规则谨记在心：第一，你所做的事情应该以合乎法律和众人的利益为唯一宗旨；第二，如果身边有人向你提出正确意见，纠正你的错误，那就改变你的意见。但唯一的前提必须是，你是出于公正或者众人的利益而改变意见，而不是仅凭一时高兴或者为了追求名声。

——［古罗马］马可·奥勒留著，《沉思录》，李娟、杨志译，
南京：译林出版社，2014 年版，第 27 页

【阐释】

君子与小人对待自身错误的态度是截然不同的。小人会掩饰自己的过错，掩饰过错恐怕是人的本能反应，但只有君子依靠德行的引领，正视自己的过错，不伪饰不辩解，并且勇于改过，实现人性的自我超越，使人格在改过中臻于完善。

古罗马的“帝王哲学家”马可·奥勒留认为，一个具有德行的人应当具备听从他人意见、及时纠正自我的能力，并且以公众利益、公正原则为度量衡，不受个人名利欲望的操控，改过是利他而非利己的。

【例说】

例一：“君子改过，小人饰非；改过终悟，饰非终迷；终悟福至，终迷祸归。”（邵雍《迷悟吟》）

例二：《世说新语》中记载，周处年少时为人凶霸，为祸乡里，曾与水中蛟、山中虎一起被人们称为“三横”。周处在除虎、蛟之害的过程中，意识到自己以往的暴行惹人憎恶，生出改过之意。后经陆云的点拨，改过自新，最终成为忠臣。

《世说新语》中记载戴渊投剑改过：“戴渊少时，游侠不治行检，尝在江、淮间攻掠商旅。陆机赴假还洛，辎重甚盛。渊使少年掠劫。渊在岸上，据胡床，指麾左右，皆得其宜。渊既神姿峰颖，虽处鄙事，神气犹异。机于船屋上遥谓之曰：‘卿才如此，亦复作劫邪？’渊便泣涕，投剑归机，辞厉非常。机弥重之，定交，作笔荐焉。过江，仕至征西将军。”戴渊在陆机的建议下，从强盗贼首到征西将军，这个转变发生的关键，是戴渊听到陆机发问的时候，当场有“泣涕”悔过之心。能够识过知耻，而不是恼羞成怒，这是改过的第一步。

在《邹忌讽齐王纳谏》的故事中，当齐王听进邹忌的劝说后，下定决心

“群臣吏民能面刺寡人之过者，受上赏；上书谏寡人者，受中赏；能谤议于市朝，闻寡人之耳者，受下赏”，史书中对“面刺”的着墨，也能看出儒家德治体系中对拥有君子之德的贤明君主的要求。

第十五则 《论语·卫灵公篇》(15.23)

【原文】

子曰：“君子不以言举人，不以人废言。”

【今译】

孔子说：“君子不根据一个人说的话来举荐他，也不因为一个人不好而废弃他有价值的话。”

【对读】

打算做演说家的人丝毫不需要明白什么是真正的正义，只要知道那些将对演说做出裁决的听众对正义会怎么看就行了；他也不需要知道什么是真正的善和真正的美，只要知道听众对善和美的看法就可以了，因为说服的效果取决于听众的意见，而不是依据真理。

——[古希腊]柏拉图著,《柏拉图全集》(第二卷)，王晓朝译，
北京：人民出版社，2003年版，第175页

这种语言的技艺是由追随信念的人，而不是由知道真理的人来展现的，它实际上是一种可笑的技艺，或者说它实际上根本不是技艺。

——[古希腊]柏拉图著,《柏拉图全集》(第二卷)，王晓朝译，
北京：人民出版社，2003年版，第179页

修辞学家是否不知道对与错、高尚与卑劣、正义与非正义，但发明了一种就这些事情说服听众的技艺，因此，尽管他对这些事情无知，但能在无知者中间显得比专家们更有知识。

——[古希腊]柏拉图著,《柏拉图全集》(第一卷)，王晓朝译，
北京：人民出版社，2002年版，第334页

【阐释】

《论语》中对待言语的态度非常谨慎,《论语·子张篇》中提到“君子一言以为知，一言以为不知，言不可不慎也”，言论往往能烛照人性，暴露一个人是否具有智慧与涵养。在言语方面，孔子提倡君子要“讷于言”，君子往往在语言

上内敛若愚，而不是锋芒毕露。言语往往是包裹着蜜糖的毒药，孔子认为“巧言令色，鲜矣仁”(《论语·学而篇》)，对巧舌如簧的人应当警惕。德才与言语技巧未必是正相关，因此不能单独将言语作为识人的标准，做到“不以言举人，不以人废言”。

柏拉图对修辞术等语言技艺也持否定态度。柏拉图与像演说家、修辞学家、诗人、智者等以语言技艺谋利的人为敌，他批判他们贩卖知识与美德、借用言语的外衣来行骗，却并不具备真理的立场。在他看来，真正的哲学家要“说真话”，鄙弃在语言上的任何放纵行为，杜绝将语言等技艺用于任何不合理的事物。

因此，我们应当辩证地看待言语与德才之间的关系，无论是向内的自我涵养，还是向外的社会交往，都要把握好言语的尺度。

【例说】

例一：颜回是一位“讷于言”的人，《论语·为政篇》中记载他“终日不违，如愚”，相较而言，子贡（端木赐）则在言语上机敏很多，孔子对颜回的评价却明显高于对子贡。《论语·公冶长篇》中“回也闻一以知十，赐也闻一以知二”，在学习方面，对同一件事情的反馈，颜回能有更深的思考与涵养，相较而言子贡则多言少思。

例二：在安徒生童话《皇帝的新衣》中，形成了言语风格截然不同的两类人的对比，一是利用虚荣心理而巧舌如簧的骗子，一是一语道破真相的小孩。显然，言语可以是华丽的“新衣”，但未必符合真、善的基本价值。我们可以将这则故事应用到诸多历史上的场景，比如南朝宋文帝刘义隆听取王玄谟夸大虚妄的言论后，“闻王玄谟陈说，使人有封狼居胥意”，草草北伐，最终以“赢得仓皇北顾”狼狈收场。现实中，你还能想到哪些类似的案例？

思路提示：开放性举例，关注言语的虚假、空洞、夸大等问题或现象，可以从时事中积累素材，也可以进行自我反思，从生活中反省。

第十六则 《论语·卫灵公篇》(15.7)

【原文】

子曰：“直哉史鱼①！邦有道，如矢②；邦无道，如矢。君子哉蘧伯玉！邦有道，则仕；邦无道，则可卷而怀之③。”

【注释】

① 史鱼：卫国大夫，姓史，名鳍，字子鱼。他多次向卫灵公推荐蘧伯玉，

但均未被卫灵公采纳。临终前，他叮嘱儿子以不给他办丧事的方式再次向卫灵公劝谏，终于达到了目的。他的行为被称为“尸谏”：“生以身谏，死以尸谏。”

② 如矢：矢，箭，形容直。

③ 卷而怀之：收起来藏在怀里。

【今译】

孔子说：“史鱼真是正直啊！国家政治清明时，他的言行像箭一样直；国家政治黑暗时，他的言行也像箭一样直。蘧伯玉真是一位君子啊！国家政治清明时，他就出来做官；国家政治黑暗时，他就把自己的才能收藏起来。”

【对读】

苏格拉底：……这极少数的真哲学家全像一个人落入了野兽群中一样，既不愿意参与作恶，又不能单枪匹马地对抗所有野兽，因此，大概只好在能够对城邦或朋友有所帮助之前就对己对人都无贡献地早死了。——由于所有这些缘故，所以哲学家都保持沉默，只注意自己的事情。他们就像一个在暴风卷起尘土或雨雪时避于一堵墙下的人一样，看别人干尽不法，但求自己得能终生不沾上不正义和罪恶，最后怀着善良的愿望和美好的期待而逝世，也就心满意足了。

……

苏格拉底：……要不是碰巧生活在一个合适的国度里，一个哲学家是不可能有最大成就的，因为只有在一个合适的国度里，哲学家本人才能得到充分的成长，进而能以保卫自己的和公共的利益。

——［古希腊］柏拉图著，《理想国：权威全译本》（第六卷），郭斌和、张竹明译，北京：商务印书馆，2019 年版，第 250 页

我们的城邦已经不依照传统的原则和法制行事了，而要建立一种新的道德标准又极为困难。再说，法律和习俗正在以惊人的速度败坏着，结果是，我虽然曾经满腔热忱地希望参加政治生活，但这些混乱的状况却使我晕头转向。尽管我并没有停止思考如何改进这种状况，如何改革整个制度，但我的行动推迟了，以等候有利的时机。

——［古希腊］柏拉图著，《柏拉图全集》（第四卷），王晓朝译，北京：人民出版社，2003 年版，第 80 页

【阐释】

对无论在政治清明还是政治黑暗境况中都保持矢志不渝的史鱼，孔子的评价是“直”，而对“卷而怀之”的蘧伯玉，孔子则称他为“君子”，对后者的评

价显然更高。孔子是有忧生关怀的，儒家虽有“杀身成仁”“舍生取义”的说法，但从来不认同盲目的或轻易的牺牲。儒家始终觉得生命珍贵，认为生存才是一切理想的前提。如果不是特殊的、必要的情况，君子不需要舍弃生命，韬光养晦、明哲保身亦是一种智慧。

《论语·泰伯篇》有曰：“笃信好学，守死善道。危邦不入，乱邦不居。天下有道则见，无道则隐。”“无道则隐”“卷而怀之”并不意味着放弃主张，而是等待一个可以施用的环境与时机，以图理想的存续，在以后能发挥更大的作用。

柏拉图在《理想国》中描述哲学家在现实政治环境中所遭受的两难困境。真正的哲学家在“野兽群”中难以对抗整个非理性的社会群体，但也绝不会同流合污，而是选择以沉默的方式，维护内心的正义与真理。

【例说】

例一：苏格拉底被雅典公民大会以引进新神和败坏青年为名判处死刑，面对无端的指控，在辩护过程中，苏格拉底回应“我不会因为想要避免惩罚而放弃哲学”“我绝不哀求获得宽恕”“我之所以被定罪，是由于缺少一样东西，但缺少的不是言词，而是厚颜无耻，甘愿向你们说那些你们最爱听的话”。苏格拉底本是罪不至死的，但他的辩护方式不是为自己脱罪，而是坚定地维护真理与哲学，最终选择了以死殉道的方式，从容地验证真理的尊严。在执行死刑之前，苏格拉底在狱中讨论哲学，甚至拒绝好友帮他越狱。在雅典公民大会上，苏格拉底留下的最后一句话是“现在我该走了，我去赴死；你们去继续生活，谁也不知道我们之中谁更幸福，只有神知道”。

例二：在《记念刘和珍君》中，鲁迅对于刘和珍等四十几个青年的牺牲倍感悲痛和愤怒，他认识到这些青年以卵击石的反抗是以生命为惨痛代价的，因而在文中发出如此议论：“时间永是流驶，街市依旧太平，有限的几个生命，在中国是不算什么的，至多，不过供无恶意的闲人以饭后的谈资，或者给有恶意的闲人作‘流言’的种子。至于此外的深的意义，我总觉得很寥寥，因为这实在不过是徒手的请愿。人类的血战前行的历史，正如煤的形成，当时用大量的木材，结果却只是一小块，但请愿是不在其中的，更何况是徒手。”

第十七则 《论语·季氏篇》(16.10)

【原文】

孔子曰：“君子有九思：视思明，听思聪，色思温，貌思恭，言思忠，事思敬，疑思问，忿思难，见得思义。”

【今译】

孔子说：“君子有九种要思考的事：看的时候要思考是否看清，听的时候要思考是否听清，对自己的脸色要思考是否温和，对自己的容貌要思考是否谦恭，说话的时候要思考是否忠诚，办事的时候要思考是否认真，遇到疑问的时候要思考是否询问，发怒的时候要思考是否有后患，看到有利可图的时候要思考是否正当。”

【对读】

人的生活因他的与神相似的那部分实现活动而享有幸福。动物则完全不能够有幸福，因为它不能沉思。所以，幸福与沉思同在。越能够沉思的存在就越是幸福，不是因偶性，而是因沉思本身的性质。因为，沉思本身就是荣耀的。所以，幸福就在于某种沉思。

——［古希腊］亚里士多德著，《尼各马可伦理学》（第十卷），廖申白译注，北京：商务印书馆，2017 年版，第 339—340 页

【阐释】

在理解君子的“九思”之前，首先要理解什么是思。《孟子·告子上》中说：“心之官则思，思则得之，不思则不得也。”思在孟子看来是心的活动，是一种主动的获得。君子的“九思”要求在视、听、色、貌等方面自觉地考量和反省，进而完善自身的德行，这是君子的修身，贯彻始终。亚里士多德认为沉思是“最高等的一种实现活动”，是人区别于动物、接近于神的重要活动。优良的生活是一种德性完满的幸福生活，是智慧的生活，人通过沉思来获得智慧、获得幸福。

【例说】

例一：在希腊德尔菲城阿波罗神庙中，镌刻着深奥难解的神谕。苏格拉底曾在遍访智者、诗人却失望之后，来到德尔菲城，看到了神庙中刻着的“认识你自己”，此后苏格拉底用了几年的时间来思索这句话，并将其作为自己哲学的原则。

例二：西方文艺复兴将价值核心从中世纪的神权回归人自身，关注人的个性、理性与情感体验。弗朗西斯·培根在《新工具》一书中提到：“我要直接以简单的感官知觉为起点，另外开拓一条新的准确的通路，让心灵循以行进。”弗朗西斯·培根不认同古希腊时期将认知诉诸纯粹而艰辛的思维运动和心灵活动，

他提出了一种作为“新工具”的归纳法，即以感觉、知觉为起点，从感官的认知渐渐达到心灵的理解力，依循这种方式来认识世界。相比较而言，孔子的君子“九思”是在为人处世的维度中，作用于自身的涵养，虽然经由听、视等感官而起，但过程和目的是内化的；弗朗西斯·培根从感觉到心灵的活动，是人发现、总结规律并以此理解、认识自然与世界的途径。

第十八则 《论语·季氏篇》(16.7)

【原文】

孔子曰：“君子有三戒：少之时，血气未定，戒之在色；及其壮也，血气方刚，戒之在斗；及其老也，血气既衰，戒之在得。”

【今译】

孔子说：“君子有三种情况应该警戒：年少的时候，血气还不成熟，要警戒对女色的迷恋；到了壮年，血气正旺盛，要警戒争强好斗；到了老年，血气衰弱了，要警戒贪得无厌。”

【对读】

放纵受到谴责也是正确的，因为这种感觉不是我们作为人独有的感觉，而是我们作为动物所具有的感觉。沉溺于这种快乐，最喜欢这些快乐而不是别的快乐，是兽性的表现。

——[古希腊]亚里士多德著，《尼各马可伦理学》(第三卷)，廖申白译注，北京：商务印书馆，2017年版，第97页

所以，在快乐方面过度是自我的放纵，是应受谴责的。

——[古希腊]亚里士多德著，《尼各马可伦理学》(第三卷)，廖申白译注，北京：商务印书馆，2017年版，第99页

节制的人欲求适当的事物，并且是以适当的方式和在适当的时间，这也就是逻各斯所要求的。

——[古希腊]亚里士多德著，《尼各马可伦理学》(第三卷)，廖申白译注，北京：商务印书馆，2017年版，第102页

【阐释】

孔子强调君子在生命的不同阶段要克制自己的劣性，约束自己的自然属性，这种节制是君子修身养性、保有德行的重要方式。柏拉图有灵魂马车的譬喻，

灵魂中的良马与劣马，对应着激情与欲望两个部分，而驾车夫则是理性。用理性来驾驭激情与欲望，理性中需要有节制这种美德。亚里士多德认为对于低级的快乐、欲望的放纵，是人与兽的共性，而人超越兽性的部分在于节制，并且节制是在“适当的时间”来“欲求适当的事物”。

【例说】

例一：17 世纪与勒内·笛卡尔齐名的荷兰哲学家斯宾诺莎曾说：“心灵的命令不是别的，正是欲望本身。”斯宾诺莎是犹太人，但他的思想被犹太教斥为异端邪说，教会曾经提出每年给他一笔不菲的资金，让他隐匿他的思想，以求至少在表面上忠于教会，斯宾诺莎毫不犹豫地予以拒绝。他放弃大部分父亲的遗产，选择苦修的哲学生活。在他贫病交加的后半生，他拒绝过富商的馈赠，拒绝过法国国王路易十四的丰厚年金，拒绝过海德堡大学的聘请，因为他不愿屈从权贵，坚持过一种节制的生活。黑格尔对斯宾诺莎的评价很高：“要达到斯宾诺莎的哲学成就是不容易的，要达到斯宾诺莎的人格是不可能的。”

例二：诸葛亮在《诫子书》中言“静以修身，俭以养德”，清朝曾国藩在家书中，也多次告诫兄弟子女要戒骄、戒惰、戒怒，提倡克制与节俭。在家族中，“戒”通过“诫”的形式流传，如家训、家诫等，而这种形式在现代社会正在逐渐消退，我们如何看待这种现象？

第八单元　多乎哉？不多也

——关于圣士的对读

徐振宇

第一则　《论语·雍也篇》(6.30)

【原文】

子贡曰："如有博施[①]于民而能济众，何如？可谓仁乎？"

子曰："何事于仁！必也圣乎！尧、舜[②]其犹病[③]诸！夫仁者，己欲立而立人，己欲达而达人。能近取譬[④]，可谓仁之方也已。"

【注释】

① 博施：广泛地施恩惠。

② 尧、舜：传说中上古时代的两位贤明君主。

③ 病：忧虑，为难。

④ 近取譬：近，指自己身边；譬，事例。

【今译】

子贡说："假如有一个人，他广泛地向百姓施恩惠，并且能赈济大众，怎么样啊？可以称得上仁吗？"

孔子说："岂止是仁啊！一定是圣了！尧、舜要做到这些，还会感到为难呢！至于仁，就是自己要有所建树，也要使别人有所建树；自己要人生顺达，也要使别人人生顺达。能从自己身边找到事例（去帮助别人），就是实施仁的方法了。"

【对读】

你不可为恶所胜，反要以善胜恶。

——《罗马书》12:21

【阐释】

孔子所推崇的“圣”是具有完美道德意义的理想化的人格形象，孔子这里未必认为“博施于民而能济众”这种品格就可以等同于“圣”，这里其实是以一种略显幽默的方式委婉地告诫子贡，能广泛地向百姓施恩惠并赈济大众是不足以称为“仁”的，那“仁”是什么呢？孔子认为要做到“仁”就是要“己欲立而立人，己欲达而达人”，实践“仁”要从切近处入手，推己及人。需注意，孔子所谓的“仁”是一种由近及远、由内而外、由亲到疏的情感。

《罗马书》的片段文字中要求人用爱和善来对待自己的仇敌，《论语·宪问篇》则提倡“以直报怨，以德报德”。

【例说】

例一：明清时期，当发生灾难饥荒，地方乡绅们往往会组织募捐赈灾，表率乡里，主动施善为乡民排忧解难，担当赈济救助之责。如明朝江南乡绅丁宾，据其同乡陈龙正记载，仅万历十五年至十七年这三年灾荒期，丁宾就捐出米、布、絮、钱等，共计白银三万余两，而且细致周到地亲临赈施。这体现了儒家“博施于民而能济众”的“圣”的理想追求。

思路提示：需把握乡绅将钱、米施于众人的赈灾行为就是“博施于民”的体现，赈灾救济就是“济众”，就《论语》这一则来看这已经超出了“仁”的基本要求。

例二：在古罗马，老年人没有任何地位，他们处于被遗弃的状态，尤其是老年病人。为了改变这种状况，在查士丁尼统治时期建立养老院收养老年人，使老年人能得到较好的照顾。现在，养老院已遍布世界各地，成为现代社会的基本福利之一。但在中国人的传统观念中，亲自侍奉年迈的父母才是更为理想的尽孝方式，从中可见西方“博爱”精神与儒家“仁爱”精神的差别。

第二则 《论语·述而篇》(7.26)

【原文】

子曰：“圣人，吾不得而见之矣；得见君子者，斯可矣。”

子曰：“善人，吾不得而见之矣；得见有恒者①，斯可矣。亡而为有，虚而为盈，约而为泰②，难乎有恒矣。”

【注释】

① 有恒者：保持节操的人。

② 泰：奢华。

【今译】

孔子说："圣人，我是不能看见了；能看见君子，就可以了。"

孔子说："完美的人，我是不能看见了；能看见保持节操的人，就可以了。本来没有却装作有，本来空虚却装作充足，本来穷困却装作奢华，这样的人是很难保持节操的。"

【对读】

人的高傲，必使他卑下；心里谦逊的，必得尊荣。

——《箴言》29:23

我非常明白我是没有智慧的，无论大小都没有。那么，神为什么要说我是世上最聪明的人呢？神不可能撒谎，否则便与其本性不合。

——［古希腊］柏拉图著，《柏拉图全集》（第一卷），王晓朝译，北京：人民出版社，2002 年版，第 7 页

【阐释】

《论语》中圣人是高于君子的一个抽象形象，在这一则的表述中，孔子使得圣人具有了很大的排他性，一是时间层面上明确了圣人在现世的不存在，二是道德层面上确立了圣人作为人格理想的道德位格。而在现实层面可以知见的则是君子与"有恒者"，而作为"有恒者"则须自知自己的不足，不可自满，更不应该假装充足或奢华。

《箴言》的片段文字中同样要求世人不可高傲自满，要保持谦逊。在西方文化中，谦逊（humility）一词来源于拉丁语"humus"，"humus"表示的是动植物腐烂后的有机物，这种有机物在生命的再生过程中承担了巨大的作用，当它进入地底下后，"化作春泥更护花"，就自然成为促使新生命成长的营养。由于早期人类对自然和生命的敬畏，这种看似卑微的有机物（humus）也受到了人们的崇敬，谦逊（humility）也逐渐成为一种被推崇的品德。

对自己有清晰的自我认识、保持谦逊的观念很容易让我们联想起古希腊苏格拉底"自知其无知"的观念，在《申辩篇》中，苏格拉底宣称自己是被德尔菲城的神钦点为"最聪明的人"，但是苏格拉底同时也告诉众人自己是没有智慧

的，如何理解这一似乎矛盾的表述呢？因为对苏格拉底来说，“唯有一个明智的人既能够认识自己，也能够探究他真正知道的东西和他不知道的东西”，正如德尔菲城阿波罗神庙石碑所刻“认识你自己”的箴言所示，能清楚地认识自己才是智慧的内涵所在，而一个具有自我认识的人“必然也知道，他知道什么东西，以及他不知道什么东西”，在这个意义上知道自己的无知正是苏格拉底的智慧所在。而《论语》中对“有恒者”不能“亡而为有，虚而为盈，约而为泰”的要求背后，其实也是要求人在修身过程中要正确地把握自己的不足，不可自满。

【例说】

例一：《战国策》记载“夫项橐生七岁而为孔子师”，《三字经》亦记述“昔仲尼，师项橐”，贤如孔子，有所不懂亦不耻于虚心以童子为师，表明孔子是一位不断精进、决不自满的“有恒者”。

思路提示：“有恒者”的要求是不能自满，要知不足，材料中孔子虚心以童子为师是符合《论语》对“有恒者”的要求的。

例二：艾萨克·牛顿的名言“我只像一个海滨玩耍的小孩子，有时很高兴地拾着一颗光滑美丽的石子儿，真理的大海还是没有发现”，体现了艾萨克·牛顿对自己的知识与学问有自知之明，并不因此而自矜自满。

思路提示：艾萨克·牛顿将自己比作“小孩子”，认为“真理的大海还是没有发现”，可见艾萨克·牛顿也是个谦虚、不自满的人，符合《论语》对“有恒者”的要求。

第三则 《论语·述而篇》(7.34)

【原文】

子曰：“若圣与仁，则吾岂敢？抑①为之不厌，诲人不倦，则可谓云尔②已矣。”公西华曰：“正唯弟子不能学也。”

【注释】

①抑：只是，不过是。

②云尔：如此。

【今译】

孔子说：“如果说到圣与仁，那我怎么敢当？我不过是学习和工作从不厌烦，教诲别人从不疲倦，可以说不过如此而已。”公西华说：“这正是我们学不到的。”

【对读】

首先，自然赋予我们接受德性的能力，而这种能力通过习惯而完善……从小养成这样的习惯还是那样的习惯绝不是小事。正相反，它非常重要，或宁可说，它最重要。

——［古希腊］亚里士多德著，《尼各马可伦理学》（第二卷），廖申白译注，北京：商务印书馆，2011 年版，第 37—38 页

【阐释】

此则当与本单元第一、二则合看，在孔子的观点中，“圣”是一个理想化的道德坐标，虽不能至，但也应该心向往之，朝着“圣”的目标不断努力，而修身实难，人生的修行路上切不可自满，故孔子也不自居“圣”与“仁”，但是自谓终其生求仁不厌诲人不倦，这正是道无止境之意，求圣为仁当终生以之。钱穆引《周易》以解此条，甚妙切，可合看：“《易》言：‘天行健，君子以自强不息。’人道与天行之合一，即在此不厌不倦上，是即仁知之极。四时行，百物生，此为天德。然行亦不已，生亦不已，行与生皆健而向前。故知圣与仁其名，为之不厌、诲人不倦是其实。孔子辞其名，居其实，虽属谦辞，亦是教人最真实话。圣人心下所极谦者，同时即是其所最极自负者，此种最高心德，亦惟圣人始能之。”《论语·阳货篇》第十九则：“子贡曰：‘子如不言，则小子何述焉？’子曰：‘天何言哉？四时行焉，百物生焉，天何言哉？’”中国古人法天师古，天地生生不已，因此人在求仁求圣的道路上也应法天则地，自强不息。

德行的完善需要持之以恒的努力，这一点是东西方轴心时代诸多学者的共识，如亚里士多德认为在追求德性的过程中习惯是最重要的，《论语》这一则的“为之不厌”其实就是强调要将践行仁、追求圣的观念和言行变成日常生活的习惯，这也就是孔子在《论语·里仁篇》中所说的“君子无终食之间违仁，造次必于是，颠沛必于是”的意思。

【例说】

《传习录·陆澄录》：“立志用功，如种树然。方其根芽，犹未有干；及其有干，尚未有枝；枝而后叶，叶而后花实。初种根时，只管栽培灌溉，勿作枝想，勿作叶想，勿作花想，勿作实想。悬想何益？但不忘栽培之功，怕没有枝叶花实？”王阳明以种树比拟修行用功，践行仁也当如种树，要“只管栽培灌溉”，坚持不懈，“不忘栽培之功”则仁自至，也是《论语》“为之不厌”之意。

思路提示：王阳明以种树为譬喻，认为用功就如种树，只管栽培灌溉，其

实是强调用功要坚持不懈，符合《论语》“为之不厌”所体现的坚持的精神。

第四则 《论语 · 子罕篇》(9.6)

【原文】

太宰[①]问于子贡曰：“夫子圣者与？何其多能也？”子贡曰：“固天纵之将圣，又多能也。”

子闻之，曰：“太宰知我乎！吾少也贱，故多能鄙事。君子多乎哉？不多也。”

【注释】

① 太宰：官名。

【今译】

太宰问子贡：“孔老先生是位圣人吗？为什么这样多才多艺呢？”子贡说：“这本是上天让他成为圣人，又使他多才多艺。”

孔子听到后，说：“太宰知道我呀！我小时候贫贱，所以学会了不少鄙贱的技艺。君子会有这样多的技艺吗？是不会的。”

【对读】

苏格拉底：如果有人对任何一门学问都想涉猎一下，不知餍足——这种人我们可以正确地称他为爱智者或哲学家吗？

格劳孔：如果好奇能算是爱智的话，那么你会发现许多荒谬的人物都可以叫作哲学家了。所有爱看的人都酷爱学习，因此也必定被包括在内，还有那些永远爱听的人也不在少数，也包括在内。——这种人总是看不到他们参加任何认真的辩论，认真的研究；可是，仿佛他们已把耳朵租出去听合唱了似的，一到酒神节，他们到处跑，不管城里乡下，只要有合唱，他们总是必到。我们要不要称这些人以及有类似爱好的人，还有那些很次要的艺术的爱好者为哲学家呢？

苏格拉底：绝不要。他们只是有点像哲学家罢了。

格劳孔：那么，哪些是真正的哲学家呢？

苏格拉底：那些眼睛盯着真理的人。

——［古希腊］柏拉图著，《理想国：权威全译本》(第五卷)，郭斌和、张竹明译，北京：商务印书馆，2019 年版，第 219—220 页

【阐释】

这一则应与孔子语“君子不器”(《论语·为政篇》)合看。太宰的问题预设了“圣者”应该“多能”，而孔子的回答就是要破除“多能”与“圣者”之间的逻辑关系，指明是否是“圣者”或“君子”并不在于是否“多能”，甚至一个君子并不应该是“多能”的，这是因为孔子心目中士人应该成为道德楷模甚至社会脊梁，士人求学、修身、处世的理想在于“治国平天下”，其职责在于维系和指引国家、社会和谐发展，而不以知识技能的广博为能。与之相似，古希腊所谓的“爱智者”或“哲学家”，所指的也不是涉猎丰富知识和技能的人，因为丰富的知识并不总是导向智慧，在柏拉图看来，只有对世界的终极真理——那作为一切存在者之前提的理念——进行永恒追寻的人方可被称为真正的哲学家。

【例说】

例一：王充《论衡·超奇》：“故夫能说一经者为儒生；博览古今者为通人；采掇传书，以上书奏记者为文人；能精思著文，连结篇章者为鸿儒。故儒生过俗人，通人胜儒生，文人逾通人，鸿儒超文人。”请比较王充的论述与这一则“君子多乎哉？不多也”，以及《论语·为政篇》中“君子不器”观念的异同。

思路提示：王充认为儒者不能只满足于做一个通习一经的专家，符合“君子不器”以及本则君子不以具体技能见长的观点，但王充特别标举儒者撰写文章的能力，又与《论语》强调君子的社会关怀的观点不同。

例二：青田儒学训导鲁轩《叙》义称刘基《多能鄙事》一书：“所编之录有曰饮食，所以卫性也；有曰服饰，所以华躬也；有曰器用，赡日给也；有曰百乐，防时虞也；有曰农圃牧养，则殖财之本根；有曰阴阳占卜，则演《易》之支流。凡若此者，皆切于民生日用之常，不可一缺者，事虽微而系甚大。”范惟一为此书所作《序》文曰：“其书凡饮食、服饰、居室、器用、农圃、医卜之类，咸所营综。其事至微细，若无关于天下国家。然迹民生日用之常，则资用甚切而溉益，颇弘其义，曷可少焉？”刘基《多能鄙事》多关怀民生日用的种种小道，搜罗种种日常生活必备的知识技能，以求切用于百姓的日常生活，这一思想与《论语》本则内容是否矛盾？你如何理解？

思路提示：开放作答。认为不矛盾的，可指出刘基《多能鄙事》看似多录小道小技，其实是认为这些技能关乎社会民生，因此与《论语》中的社会关怀相通；认为矛盾的，则可指出农圃之类的具体技能确实不是《论语》关注的对象。

第五则 《论语·子路篇》(13.20)

【原文】

子贡问曰：“何如斯可谓之士矣？”子曰：“行己有耻，使于四方，不辱君命，可谓士矣。”

曰：“敢问其次。”曰：“宗族称孝焉，乡党称弟焉。”

曰：“敢问其次。”曰：“言必信，行必果，硁硁然①小人哉！抑亦可以为次矣。”

曰：“今之从政者何如？”子曰：“噫！斗筲之人②，何足算也？”

【注释】

① 硁硁然：小石头坚固的样子。这里比喻浅薄固执。

② 斗筲（shāo）之人：斗，古代量名。筲，古代的饭筐，能容五升，或说容一斗二升。斗筲比喻度量和见识的狭小。

【今译】

子贡问：“怎样才可以叫作‘士’？”孔子说：“对自己的行为持有羞耻之心，出使外国很好地完成君主的使命，可以叫作‘士’了。”

子贡说：“请问次一等的。”孔子说：“宗族称赞他孝顺父母，乡里称赞他尊敬兄长。”

子贡说：“请问再次一等的。”孔子说：“言语一定信实，行为一定坚决，这是不问是非黑白而只管自己贯彻言行的小人呀！但也可以说是再次一等的‘士’了。”

子贡说：“现在那些执政者怎么样？”孔子说：“嘿！都是些器量狭小的人，哪里算得什么？”

【对读】

但在我这里他可以学到他想要学的东西。其内容是什么呢？这就是学会恰当地照料他的私人事务和国家事务，这样他就能把自己的家庭管理得井井有条，也能够在城邦中成为强大的人，就国家事务作最好的发言和采取行动。

——［古希腊］柏拉图著，《柏拉图全集》（第一卷），王晓朝译，北京：人民出版社，2002年版，第439—440页

智者们并不是真正的学者。他们的教育既是哲学教育，也是演说教育，教

人治理一个民族，或者通过观念以使一件事情办得通……此外他们还有着最普遍的实践目的，就是给予政治家一种预备教育，以便在希腊从事一般的职业性政治活动……

——［德］黑格尔著，《哲学史讲演录》（第二卷），贺麟、王太庆等译，北京：商务印书馆，2017 年版，第 10 页

【阐释】

孔子观念中对“士”的要求有不同的层面，其中“士”的最高追求在于承担国家使命，其次在于获得宗族认可，而个人的诚信则是“士”最基本的底线。这样一个等级序列很值得注意，从中可以看出孔子认为自我修养和教育弟子最终的目的在于经世致用、为国家治理服务，这与中国古代的教学传统是相关的。周朝学在王官，《礼记·王制》记载“大乐正论造士之秀者，以告于王，而升诸司马，曰进士”，这里“告于王”的“造士之秀”指的是国子学和地方乡学中的优秀人才，在中国古代，教育的目的在于为国家输送优秀的人才，而在《论语》中，“学而时习之”（《论语·学而篇》）与治国理政关系是非常紧密的，据《论语·学而篇》，子禽称孔子“至于是邦也，必闻其政”，可见孔子对政治的关心，也因此孔子的弟子子夏有“仕而优则学，学而优则仕”（《论语·子张篇》）之说，这一观念也影响了中国后世数千年。

在古希腊，更好地参与政治同样是教育的重要目的。公元前 5 世纪至公元前 4 世纪，在古希腊活跃着一批被称为智者的人，智者这个词原来指聪明而有才能的人，但这一时期智者指的是一群职业教师，他们周游各地，收费教授思维和辩论术，为青年人从事政治生活做准备。在此之后到了柏拉图时期，能恰当地照料私人事务和国家事务，“就国家事务作最好的发言和采取行动”依然是公民学习和接受教育的重要目的，这是因为在古希腊，公民和城邦是密不可分的，培养合格的城邦公民实际上是为了让公民更好地参与城邦的政治事务，以便更好地维护城邦的政治统治。可见在东西方文化的原点上，求学、修身最初都有着治理邦国的关怀，求学、修身的目的在于能承担国家或城邦的使命与责任，也是在这一观念的基础上，东西方后世一代代知识分子中逐渐孕育产生了为民族崛起、为维护公共利益而求学的崇高精神。

【例说】

明朝东林党领袖顾宪成撰的东林书院门前对联：“风声雨声读书声声声入耳，家事国事天下事事事关心。”读书的同时也要关心家事乃至国事，这符合《论语》这一则中对“士”承担国家使命、宗族责任的要求。

思路提示：需指出“家事国事天下事事事关心”与“行己有耻，使于四方，不辱君命，可谓士矣”在强调“士”的家国责任方面的相通之处。

第六则 《论语·子路篇》(13.28)

【原文】

子路问曰：“何如斯可谓之士矣?”子曰：“切切偲偲[①]，怡怡如[②]也，可谓士矣。朋友切切偲偲，兄弟怡怡。”

【注释】

① 切切偲偲(sī)：互相批评、勉励。

② 怡怡如：和顺的样子。如，……的样子。

【今译】

子路问：“怎么样才可以叫作‘士’了呢?”孔子说：“互相批评、勉励，和睦共处，可以叫作‘士’了。朋友之间互相批评、勉励，兄弟之间和睦共处。”

【对读】

雅典人：呃，提到儿童们的游戏，我认为我们的共同体对此陷入了一种普遍的无知状态，看不到它对我们已经制定的法律能否永久保存起着决定性的影响。凡是对儿童的游戏做出具体规定的地方，就能保证儿童总是以相同的方式做相同的游戏，从中得到快乐，而我们在一些更加严肃的事务上的立法也要像儿童做游戏一样不受干扰，但由于儿童的嗜好是无限多样的、不断波动的，因此儿童游戏总是会有新的变化和新的花样。如果不规定儿童的游戏类型，不依据游戏的情况或所使用的玩具来确定判断游戏好坏的标准，那么发明和引进新游戏的人就会受到特别的尊敬，我们把这些人称为社会的害人虫丝毫也不为过。

——[古希腊]柏拉图著,《柏拉图全集》(第三卷),王晓朝译,北京：人民出版社,2003年版,第553页

既然一城邦就[所有的公民]全体而言，共同趋向于一个目的，那么，全体公民显然也应该遵循同一教育体系，而规划这种体系当然是公众的职责。[一,]按照当今的情况，教育作为各家的私事，父亲各自照顾其子女，各授以自己认为有益的教诲，这样在实际上是不适宜的。教育(训练)所要达到的目

的既然为全邦所共同，则大家就该采取一致的教育（训练）方案。

——［古希腊］亚里士多德著，《政治学》（第八卷），吴寿彭译，北京：商务印书馆，2017年版，第412—413页

【阐释】

任何经典的表达都是有语境的，语境的差异带来了表述的差异。比如《论语》的这一则，同样是回答何谓“士”的问题，孔子给子贡与子路的回答很不相同，背后当然是孔子因材施教的理念。孔子门下学生的特质不同，故有所谓“德行”“言语”“政事”“文学”四科，其中子贡以“言语”见长，故孔子在回答何谓“士”的问题时教诲他“不辱使命”。子路“好勇”，做事刚直，《论语·先进篇》用“行行如也”形容他的表现，因此孔子教诲他与朋友兄弟好好相处。实际上除了这一则以外，孔子因材施教的做法在《论语》中更典型地体现在《论语·先进篇》中的一则小故事：“子路问：‘闻斯行诸？’子曰：‘有父兄在，如之何其闻斯行之？’冉有问：‘闻斯行诸？’子曰：‘闻斯行之。’公西华曰：‘由也问闻斯行诸，子曰有父兄在；求也问闻斯行诸，子曰闻斯行之。赤也惑，敢问。’子曰：‘求也退，故进之；由也兼人，故退之。’”对于“听到了是否就要去做”这个问题，孔子基于不同学生的特点因材施教，对不同的人做了不同的回答。这提示我们，《论语》中的表述经常是基于特定语境，面对具体学生而做出的特定阐述，对后人而言，面对经典，我们需要理解它，而不是机械地接受它，在解读经典时需注意经典中的表述所处的背景和语境及其合理性的边界。

而与之形成鲜明对照的是古希腊柏拉图和亚里士多德的教育观念，上一则已述，无论是古代中国还是古希腊，教育的重要目的都在于为政治事务服务，但在柏拉图和亚里士多德看来，教育内容的个体差异并不是十分值得提倡的，柏拉图主张在儿童教育过程中，儿童游戏的内容和方式都应该是相同的，亚里士多德更是直接提出城邦公民应该“采取一致的教育（训练）方案”。如何理解这种差异？古希腊在强大的理性主义影响下，教育旨在引导受教育者把握绝对的、至真至善的理念，差异意味着对理念的偏离。而中国古代并无一个作为绝对真理的理念占据教育和学习过程的中心，因此针对受教育对象调整教学内容就是可以被接受和提倡的。

【例说】

近代著名教育家蔡元培，曾经担任过南京临时政府的教育总长，后来又长期担任北京大学校长，对中国近代教育的发展，尤其对美育的提倡和实践，做

出了不可磨灭的贡献。他不仅致力于研究西方的美学和教育，而且对中国传统的教育遗产进行了认真的批判、继承。他同样重视因材施教，曾经明确指出：“然亦总须活用为妙。就是遇有特别的天才的，总宜施以特别的教练。在学生方面，也要自省，我于那几科觉得很困难的，须格外用功些，那几科觉得特别喜欢的，也不妨多学些。总之，教授、求学，两不可呆板便了。”

思路提示：对同样的问题，孔子对子路和子贡有不同的回答，这反映了孔子因材施教的教育观念，作答需指出蔡元培的教学理念体现的因材施教观念。

第七则 《论语·里仁篇》(4.9)

【原文】

子曰：“士志于道，而耻①恶衣恶食者，未足与议也。”

【注释】

①耻：以……为耻。

【今译】

孔子说：“士人有志于学习、践行真理，却又以穿破衣吃粗粮为羞耻，(这种人)是不值得与他谈论真理的。”

【对读】

神热爱我们中间有节制的人，因为这样的人像神。

——[古希腊]柏拉图著，《柏拉图全集》(第三卷)，王晓朝译，北京：人民出版社，2003年版，第476页

只要你把自己想要得到东西的意愿和想要回避东西的意愿放在贫穷和财富上，你就永远不会得到自己想得到的东西，永远不会回避开自己想要回避的东西。只要你把自己的这些意愿放在身体健康上，你就会悲惨不幸。只要你把自己的这些意愿放在官位、荣誉、国家、朋友、子女上，一句话，放在一切自己权能之外的东西上，你就同样会悲惨不幸。

——[古希腊]爱比克泰德著，《爱比克泰德论说集》，王文华译，北京：商务印书馆，2009年版，第245—246页

叫人活着的乃是灵，肉体是无益的。

——《约翰福音》6:63

【阐释】

《论语·乡党篇》称“食不厌精，脍不厌细”，孔子对于衣着饮食之礼有着很细致的要求，如《论语·乡党篇》有“色恶，不食。臭恶，不食”之说，但若立志行道，则虽“恶衣恶食”亦不挂怀，这是因为对一个士人来说，明道于心、行道于天下是比自己私人生活的美恶更为重要的事情。《论语·述而篇》：“子曰：‘饭疏食饮水，曲肱而枕之，乐亦在其中矣。不义而富且贵，于我如浮云。’”孔子亦曾因颜回“一箪食，一瓢饮，在陋巷，人不堪其忧，回也不改其乐”(《论语·雍也篇》)而对其反复称叹。其实，以道存心可以使一个士人获得巨大的快乐，这种快乐是外在生活条件的美好无法取代的，这也就是后世所谓的“孔颜乐处”。

在东西方文化中，对清苦生活的坚守常常得到贤者哲人的赞美，但其赞美的理据未必相同。在早期西方文化中，过度的欲望经常与恶相关联，古希腊哲学家苏格拉底、柏拉图、亚里士多德都提倡人应该过一种节制的生活，柏拉图认为过一种节制的生活是为了不让人被灵魂中坏的部分控制，而让灵魂中好的部分控制坏的部分，这一思想为亚里士多德所继承，构成了其影响深远的“中道”学说。古希腊提倡节制和清苦生活的另一代表即肇端于芝诺的斯多葛学派，这一学派以提倡禁欲著称，认为人应该顺应自然、服从神，克制在自己权能之外的过度的欲望，这一观念成为欧洲中世纪禁欲主义的先声。

【例说】

例一：

《咏贫士》(其二)

［东晋］陶渊明

凄厉岁云暮，拥褐曝前轩。南圃无遗秀，枯条盈北园。
倾壶绝余沥，窥灶不见烟。诗书塞座外，日昃不遑研。
闲居非陈厄，窃有愠见言。何以慰吾怀？赖古多此贤。

思路提示：需用具体诗句论述陶渊明对贫士的歌咏，体现安贫乐道的观念。

例二：印度圣雄甘地是印度民族解放运动的主要领导者，其革命生涯中令人印象深刻的是他苦行主义的观念，甘地在他的著作中写道：“追求真理务必引入苦行反省和自我磨难，有时甚至至死，不存在丝毫的自我利益。”甘地在革命进程中实践苦行主义的一个表现即是以绝食的方式推动印度的和平与独立进程。尽管苦行并不能从根本上解决印度社会的问题，但甘地为了道义忍受磨难，坚守清苦生活的精神依然令人敬佩，与《论语》所谓“士志于道”的精神也是相符的。

思路提示：甘地的苦行有真理（“道”）的追求，也有国家社会的追求，这与《论语》“士志于道”的精神是相符的。

第八则 《论语·泰伯篇》(8.7)

【原文】

曾子曰：“士不可以不弘毅①，任重而道远。仁以为己任，不亦重乎？死而后已，不亦远乎？”

【注释】

① 弘毅：心胸宽广，意志坚强。

【今译】

曾子说：“士人不可以不心胸宽广，意志坚强，因为他们责任重大，路途遥远。把实现‘仁’看作自己终生的追求，这不是重大的责任吗？承担这样的重任，到死才停止，这不是路途遥远吗？”

【对读】

幸福，如所说过的，需要完全的善和一生的时间。

——［古希腊］亚里士多德著，《尼各马可伦理学》(第一卷)，廖申白译注，北京：商务印书馆，2009 年版，第 26 页

如果幸福在于合德性的活动，我们就可以说它合于最好的德性，即我们的最好部分的德性。我们身上的这个天然的主宰者，这个能思想高尚［高贵］的、神性的事物的部分，不论它是努斯还是别的什么，也不论它自身也是神性的还是在我们身上是最具神性的东西，正是它的合于它自身的德性的实现活动构成了完善的幸福。而这种实现活动，如已说过的，也就是沉思。

——［古希腊］亚里士多德著，《尼各马可伦理学》(第十卷)，廖申白译注，北京：商务印书馆，2011 年版，第 334 页

【阐释】

《论语》这一则可与《论语·述而篇》第三十四则合参。人应该如何度过自己的一生？曾子说“仁以为己任”，其实这也是儒家伦理为中国传统士大夫提出的人生追求，对儒者来说，“仁以为己任”应该念念不忘，毕生以之，因此

“任重而道远”，因其任重，所以需要宽广的胸襟，因其道远，故而需要坚强的意志。

当人为自己的一生确立一个可以“终生行之”的理想追求，这样的人生就是有意义的，也是幸福的，这个理想，对中国传统士大夫来说是“仁”，要以仁立身处世，乃至德化民众、复兴周礼。而在古希腊人的观念中，至善的人生应该是思辨的人生。无论是苏格拉底、柏拉图还是亚里士多德，他们都认为只有思辨的人生才是高贵的、才是值得过的、才能带来幸福，这样的人生值得每个人去追求。因此亚里士多德提出，幸福需要人用一生的时间去过一种沉思的生活，审视人生、追求智慧。从中可以看出东西方文化在人生观、价值观上的“求仁”与“爱智”的不同。

【例说】

伯夷、叔齐是商末孤竹君的两个儿子。相传孤竹君遗命立小儿子叔齐为国君，叔齐让位给年长的伯夷，伯夷不受；叔齐不愿打乱宗法规则，也未继位，兄弟俩先后离开国家，路上，两人凑巧碰到一起，他们听说西伯昌有德，所以两人决定一起过去考察一下。快到西岐边境，听说西伯昌已经逝去，武王正兴兵伐商，两人扣马谏之：“父死不葬，爰及干戈，可谓孝乎？以臣弑君，可谓仁乎？”不成。武王灭商后，他们耻食周粟，采薇而食，饿死于首阳山。他们的让位和不食周粟，以身殉道的行为正符合了“仁以为己任”“死而后已”的儒家价值追求，因此他们两人在儒家备受推崇。《论语·述而篇》记录了子贡与孔子的一番问答：“（子贡）入，曰：‘伯夷、叔齐何人也？’曰：‘古之贤人也。’曰：‘怨乎？’曰：‘求仁而得仁，又何怨？’出，曰：‘夫子不为也。’”《论语·季氏篇》中孔子又曾说：“齐景公有马千驷，死之日，民无德而称焉。伯夷、叔齐饿于首阳之下，民到于今称之。”孟子亦曾说：“圣人，百世之师也，伯夷、柳下惠是也。故闻伯夷之风者，顽夫廉，懦夫有立志……奋乎百世之上，百世之下，闻者莫不兴起也。非圣人而能若是乎？”（《孟子·尽心下》）

思路提示：伯夷、叔齐从辞让王位到以“不食周粟”抗争周朝直至饿死，可谓终其一生行仁，符合了《论语》“仁以为己任”“死而后已”的观念。

第九则　《论语·宪问篇》（14.2）

【原文】

子曰：“士而怀居①，不足以为士矣。”

【注释】

① 怀居：怀，怀思，留恋。居，安居。

【今译】

孔子说：“士人留恋安居，便不配做士人了。”

【对读】

幸福还似乎包含着闲暇。因为我们忙碌是为着获得闲暇，战斗是为着得到和平。

——［古希腊］亚里士多德著，《尼各马可伦理学》（第十卷），廖申白译注，北京：商务印书馆，2017 年版，第 335 页

人类天赋具有求取勤劳服务同时又愿获得安闲的优良本性；这里我们当再一次重复确认我们全部生活的目的应是操持闲暇。勤劳和闲暇的确都是必需的；但这也是确实的，闲暇比勤劳高尚，而人生所以不惜繁忙，其目的正是在获致闲暇。

——［古希腊］亚里士多德著，《政治学》（第八卷），吴寿彭译，北京：商务印书馆，2017 年版，第 416 页

只有在全部生活必需都已具备的时候，在那些人们有了闲暇的地方，那些既不提供快乐，也不以满足必需为目的的科学才首先被发现。

——［古希腊］亚里士多德著，《形而上学》，苗力田译，北京：中国人民大学出版社，2003 年版，第 3 页

【阐释】

《论语》这一则可与上一则合参，正是因为以“仁”为毕生的价值追求，任重而道远，所以孔子认为士是不可以“怀居”的。这里的“居”有两层意思，既指空间上的安居之处，也指内心层面的安逸，即人内心安居之处。孔子在这里是提醒士人不可留恋安逸，好逸恶劳，因为士人“仁以为己任”（《论语·泰伯篇》），需以经世济民为己任，“己欲立而立人，己欲达而达人”（《论语·雍也篇》），而不能太过留恋一己之居室乡里，更不能留恋安逸，无所作为。

有趣的是，对于有着爱智传统的古希腊，尽管他们事实上表现出鲜明的海洋文明的特质，以热衷探索和征服著称，但在思想上对闲暇与安逸有着更高程度的重视。亚里士多德认为，作为幸福生活的一部分，闲暇是值得人们追求的，休闲不是为了更好地工作，恰恰相反，忙碌的工作是为了获得闲暇。这种观念

其实与西方文化对所谓“智慧”（σοφια）的热爱与追求是相关的，古希腊哲人认为，科学与智慧并不诞生于忙碌，而是诞生于闲暇，具备了物质条件，时间有富余，科学与智慧才有可能产生。

孔子否定“怀居”，同时也赞叹“沂水春风”这样合乎礼制的悠然生活。奋斗与安逸是人生的两面，当一个人不愿走出舒适区，放不下安居的处所和安逸的生活，他就很难看到更广阔的天地和不一样的风景，也就无法提升自己的生命境界，更谈不上为人类、为社会做出多大的贡献。可是如果执着于忙碌也可能导致工作对人本身的异化，那样人就会沦为劳动的机器，一个自由而鲜活的灵魂也就被遮蔽了。如果一个社会中的所有个体都是这样的存在状态，这个社会就太过沉闷枯燥了。“士而怀居，不足以为士矣”，这一则背后关涉的是人应该以怎样的生存姿态栖居在这个世界上的问题，这也是每个人都需要思考和面对的问题。

【例说】

例一：《史记·孟子荀卿列传》：“孟轲，邹人也。受业子思之门人。道既通，游事齐宣王，宣王不能用。适梁，梁惠王不果所言，则见以为迂远而阔于事情。当是之时，秦用商君，富国强兵；楚、魏用吴起，战胜弱敌；齐威王、宣王用孙子、田忌之徒，而诸侯东面朝齐。天下方务于合从连衡，以攻伐为贤，而孟轲乃述唐虞三代之德，是以所如者不合。退而与万章之徒序《诗》《书》，述仲尼之意，作《孟子》七篇。”孟子一生以实践仁政王道为追求，周游列国，最终列国不行其道，又发奋著书，传道于后世，可谓“士”而不“怀居”的典范。

思路提示：需指出孟子周游列国以求实践其道的行为与《论语》中“士”而不“怀居”的观点是相符合的。

例二：亚瑟·叔本华在《论哲学和智力》中说：“要真心探究哲学，我们的精神思想必须处于真正悠闲、自得的状态之中。我们的精神思想不能追随任何实际的目的，亦即不能受到意欲的指挥。”

思路提示：亚瑟·叔本华认为获取知识、追求真理需要让精神处于悠闲、自得的状态中，这可以与《论语》这一则中认为士人不应该满足于身心安逸的观念对话。

第十则　《论语：子张篇》（19.1）

【原文】

子张曰：“士见危致命，见得思义，祭思敬，丧思哀，其可已矣。”

【今译】

子张说：“士人看见危险能献出生命，看见有所得能考虑是否符合道义，祭祀的时候想到严肃恭敬，居丧的时候记着要悲痛哀伤，那也就可以了。”

【对读】

雅典公民们，真理就是这样：一个人的职位在哪里，不管这是自己选定的，还是上级指派的，他都应该坚守在那里，面对着危险，不考虑死亡，也放弃其他顾虑，绝不让荣誉受到损害。

——［古希腊］柏拉图著，《柏拉图对话集》，王太庆译，北京：商务印书馆，2004年版，第39页

【阐释】

《论语》这一则学者推测是孔子去世后弟子述孔子之遗教来教导后学并与同门切磋之语，故虽出自子张之口，而其义理皆本于孔子。其中特别值得思考的是“见危致命，见得思义”的观点，在儒家思想中这仅仅是士大夫成仁立身的基本要求，孔子说“志士仁人，无求生以害人，有杀身以成仁”（《论语·卫灵公篇》），在儒家思想中，当生命与仁义发生冲突时，士人理应选择放弃生命，恪守道德价值。而古希腊的苏格拉底也是为道义而放弃生命这一行为准则的践行者，被判死刑的苏格拉底本有多次逃生的机会，但他仍毅然赴死，这是因为对苏格拉底来说，正义与善是一切行为的目的，维护城邦的民主制度对苏格拉底来说是正义的和善的，而善是人生的价值追求，因此需要不惜生命去维护。

由此可看出儒家面对生命有限性的态度，生命的有限是人类共有的焦虑，孔子说“未知生，焉知死”（《论语·先进篇》），但儒家并非全然不处理这一问题，面对死亡，儒家的办法之一是找到一个价值高于生命的理想和追求，以此实现对生死的超越，一代代儒家贤者安立“仁”“义”等范畴正是为了明确这样的价值追求，正如孟子所说：“生，亦我所欲也；义，亦我所欲也。二者不可得兼，舍生而取义者也”（《孟子·告子上》），正是因为找到了比生命更为崇高的价值追求，人才有了直面死亡的勇气，以仁义作为自己毕生的追求，修身以成君子，“己欲立而立人，己欲达而达人”（《论语·雍也篇》），这样的人生才具有超越死亡的更为持久的意义与价值。

【例说】

例一：《南史·甄彬传》：“彬有行业，乡党称善。尝以一束苎就州长沙寺

库质钱，后赎苎还，于苎束中得五两金，以手巾裹之，彬得，送还寺库。道人惊云：'近有人以此金质钱，时有事不得举而失。檀越乃能见还，辄以金半仰酬。'往复十余，彬坚然不受，因谓曰：'五月披羊裘而负薪，岂拾遗金者邪？'卒还金。梁武帝布衣而闻之，及践阼，以西昌侯藻为益州刺史，乃以彬为府录事参军，带郫县令。将行，同列五人，帝诫以廉慎。至彬，独曰：'卿昔有还金之美，故不复以此言相属。'由此名德益彰。及在蜀，藻礼之甚厚云。"

思路提示：甄彬在赎回的苎麻里发现金子后送还西库，不受不义之财，正是"见得思义"的典型表现。

例二：史书记载："天祥将出狱，即为绝笔自赞，系之衣带间。其词曰：'孔曰成仁，孟曰取义；惟其义尽，所以仁至。读圣贤书，所学何事？而今而后，庶几无愧！'过市，意气扬扬自若，观者如堵。临刑，从容谓吏曰：'吾事毕矣。'问市人孰为南北，南面再拜就死。俄有使使止之，至则死矣。见闻者无不流涕。"南宋覆亡之际，元世祖许文天祥以中书宰相之位，而文天祥忠于南宋，宁死不受，遂留绝笔于衣带，南面再拜而赴死，是杀身成仁、舍生取义、"见危致命"的例子。

第十一则《论语·颜渊篇》(12.20)

【原文】

子张问："士何如斯①可谓之达②矣？"

子曰："何哉，尔所谓达者？"

子张对曰："在邦必闻，在家必闻。"

子曰："是闻也，非达也。夫达也者，质直而好义，察言而观色，虑以下人③。在邦必达，在家必达。夫闻也者，色取仁而行违，居之不疑。在邦必闻，在家必闻。"

【注释】

① 何如斯：怎样。

② 达：通达。

③ 下人：低于别人，不如别人。下，低。

【今译】

子张问："士人怎样才可以叫作通达？"

孔子说："你说的通达是什么意思？"

子张回答：“在朝廷里做官必定有名声，在卿大夫家做官必定有名声。”

孔子说：“这是名声，不是通达。所谓通达，是品质正直，好行义事，洞察别人的话语，观望别人的神色，对照思考自己不如别人的地方。这样的人，在朝廷里做官必然通达，在卿大夫家做官必然通达。至于那些有名声的人，只是外表装出仁的样子，而行动上却违背仁，还以仁人自居而不疑惑。但他在朝廷做官一定有名声，在卿大夫家做官一定有名声。”

【对读】

我们会把我们愿意奉献给神的，把有地位的人们最为追求的，以及我们指定给最高尚［高贵］的行为的那种善，视为最大的外在善。这种善也就是荣誉。荣誉就是最大的外在善……如果他是坏人，他就根本不配得荣誉。因为，荣誉是对德性的奖赏，我们只把它授予好人。

——［古希腊］亚里士多德著，《尼各马可伦理学》(第四卷)，廖申白译注，北京：商务印书馆，2017 年版，第 117—118 页

不要贪图虚名，彼此惹气，互相嫉妒。

——《加拉太书》5:26

凡事不可结党，不可贪图虚浮的荣耀；只要存心谦卑，各人看别人比自己强。

——《腓立比书》2:3

有些人一味地追名逐利，这种人通常被人议论，但是很少有人真心地敬仰他们。

——［英］弗朗西斯·培根著，《生活的艺术》，孙晴译，南京：江苏凤凰文艺出版社，2018 年版，第 194 页

【阐释】

《论语》这一则是讨论外在的名声与内在的修养的问题。孔子认为内在的修养应该成为外在名声的前提，为此区分了“达”与“闻”这两个完全不同的概念，“闻”是外在的名声，一个人如果执着于外在的名声，自以为是，而不对自己的品格修养有所反省，“居之不疑”甚至专意务外，欺世盗名，则于人于己自是无益。这一则是针对当时士人中多有专意于外在名声的现象而发，可与《论语·宪问篇》：“子曰：‘古之学者为己，今之学者为人’”对读。学习是为了提升自己的品格修养，这个过程就是所谓的“质直而好义，察言而观色，虑以下人”，而不是为了向人炫耀，骗取名声，《荀子·劝学》亦表达了类似的意思：“君子之学也，以美其身；小人之学也，以为禽犊”，君子应以提升自身的品格修养为目的，切忌为了炫耀而学习。在中国古代各思想流派中，儒家重内修轻名声的特点是比较显著的，这在一定程度上形成了中国人谦逊内敛的民族品格。

与之相对，西方文化中，外在名声十分重要，这表现在古代西方人对荣誉的尊崇，在荣誉面前，个体生命、自身责任、集体利益经常都是可以牺牲的。同时，古希腊学者注意到外在荣誉与内在道德品格的对立，亚里士多德认为荣誉是“最大的外在善”，也指出只有有德性的人才配得上荣誉。弗朗西斯·培根也指出，一味追名逐利却没有真才实学的人是无法真正被人敬仰的。而另一方面，西方文化中对外在名声的摈斥则来自《圣经》,《圣经》要求人不要贪图虚名，这也与亚伯拉罕系宗教所提倡的谦卑有关。

【例说】

例一：《汉书·王莽传》赞曰：“王莽始起外戚，折节力行，以要名誉，宗族称孝，师友归仁。及其居位辅政，成、哀之际，勤劳国家，直道而行，动见称述。岂所谓‘在家必闻，在国必闻’，‘色取仁而行违’者邪？”王莽少时独守清净，生活简朴，为人谦恭；他勤奋好学，师从沛郡陈参学习《仪礼》。而且他侍奉母亲及寡嫂，抚育兄长遗子，行为检点，作风严谨，又结纳贤士，很快声名远播。但因其过于追求虚名，改革措施一味追求复古而忽视其实际效应，最终导致身败名裂，被后世学者视为“在邦必闻，在家必闻”的典型。

思路提示：王莽的行孝道、行仁义是为了获得在社会、国家中的名声，即是“在邦必闻，在家必闻”的典型。

例二：当代大学者钱锺书，终生淡泊名利，甘于寂寞。他谢绝所有新闻媒体的采访，中央电视台《东方之子》栏目的记者，曾千方百计想冲破钱锺书的防线，最后还是不无遗憾地对全国观众宣告：钱锺书先生坚决不接受采访，我们只能尊重他的意见。20 世纪 80 年代，美国著名的普林斯顿大学特邀钱锺书去讲学，每周只需钱锺书讲 40 分钟课，一共讲 12 次，酬金 16 万美元，食宿全包，可带夫人同往。待遇如此丰厚，可是钱锺书拒绝了。1991 年 11 月钱锺书 80 华诞的前夕，家中电话不断，亲朋好友、学者名人、机关团体纷纷要给他祝寿，中国社会科学院要为他开祝寿会、学术讨论会，钱锺书一概婉辞。钱锺书先生终其一生锤炼自己的学问，而不屑于借助媒体鼓吹和宣传自己，可谓远远超越了求“闻”的境界。

思路提示：钱锺书一生精进自己的学问和为人，拒绝接受采访和祝寿，超越了“闻者”的境界。

第九单元　其他

朱璟依

第一则《论语·述而篇》(7.1)

【原文】

子曰："述而不作①，信而好古，窃②比于我老彭③。"

【注释】

① 述而不作：述，传述，阐述。作，创造。

② 窃：私，私自，私下。

③ 老彭：人名，但究竟指谁，学术界说法不一。有的说是殷商时代一位"好述古事"的"贤大夫"，有的说是老子和彭祖两个人，有的说是殷商时代的彭祖。

【今译】

孔子说："阐述而不进行创造，相信并喜爱古代文化，我私下把自己比作老彭。"

【对读】

苏格拉底答道："……一个人如果和他所知道是有才德的人交朋友，把自己所知道的好东西都教给他，我们就认为他所做的是不愧为一个光荣而善良的公民。安提丰，正如别人所欢喜的是一匹好马、一条狗或一只鸟一样，在更大的程度上我所欢喜的乃是有价值的朋友；而且，如果我知道什么好的事情，我就传授给他们，并把他们介绍给我所认为会使他们在德行方面有所增长的任何其他教师。贤明的古人在他们所著的书中遗留下来的宝贵的遗产，我也和他们共同研讨探索，如果我们从古人的书中发现什么好的东西，我们就把它摘录出来，我们把能够这样彼此帮助看为是极大的收获。"

——[古希腊]色诺芬著，《回忆苏格拉底》，吴永泉译，北京：商务印书馆，2017 年版，第 38 页

【阐释】

孔子这样形容自己："我非生而知之者，好古，敏以求之者也。"(《论语·述而篇》) 孔子重周礼，说"郁郁乎文哉"(《论语·八佾篇》)，对于前代优秀的文化传统，他非常自觉地护卫和传承。他整理典籍，编纂六经，却没有留下亲自撰写的作品，我们只能从孔门弟子及再传弟子编纂的《论语》中看见孔子的为人。在"述而不作"这一点上，苏格拉底与孔子相似。苏格拉底同样没有著书立说，我们只能通过他的学生柏拉图和色诺芬对他的描绘来了解他的思想。

但我们同时还要看到，孔子与苏格拉底的"述"不是一般意义上的阐述，而是为东西方文化确立方向性的阐述，因此"述"本身也具有"作"的意义。

【例说】

例一：宋朝理学家陆九渊《语录》有云："或问先生：'何不著书？'对曰：'六经注我，我注六经。'"此言指明了两种读书治学的途径。"我注六经"是指阅读者根据自己的知识储备去理解六经的本义，"六经注我"则是指阅读者运用六经的话来阐述自己的思想。你如何理解两者的关系？

思路提示：这两种读书治学的途径各有侧重、相辅相成。"我注六经"强调对文本的理解，"六经注我"强调表达和运用。在读书治学过程中应当把两者结合起来。

例二：受儒家文化的深远影响，中国人普遍有着浓厚的"崇古心理"。从早些年《百家讲坛》引领经典研读热潮，到最近《中国诗词大会》《经典咏流传》等传统文化类综艺节目的火爆，公众对传统文化的热情不断升温，大大小小的国学班、形形色色的国学课层出不穷，"国学热"成为一种社会和文化现象。你如何看待这种社会风潮？

思路提示："国学热"作为一种社会风潮，要一分为二地看待。一方面，传统文化重归公众视野，是我国综合国力增强、民众文化自信提高的表现，值得鼓励发扬。另一方面也应当看到，传统文化本身是良莠不齐的，当今的传统文化市场受趋利因素影响出现了一些不好的现象。因此我们在学习传统文化知识的时候要注意鉴别，择善而从。

第二则 《论语·子罕篇》(9.5)

【原文】

子畏于匡①。曰："文王②既没，文不在兹③乎？天之将丧斯文也，后死者④不得与于斯文也；天之未丧斯文也，匡人其如予何？”

【注释】

① 畏于匡：公元前 496 年，孔子离开卫国到陈国去，经过匡地。匡人曾受到鲁国阳虎的掠夺和残杀。孔子的相貌与阳虎相像，匡人误以为孔子是阳虎，所以将他围困。畏，拘囚。

② 文王：周文王，姓姬，名昌，西周开国之君周武王的父亲，是孔子认为的古代圣贤之一。

③ 兹：这，指孔子自己。

④ 后死者：指孔子自己。

【今译】

孔子被匡地人拘禁。他说：“周文王死了以后，周朝的礼乐文化不都体现在我的身上吗？上天如果想要灭绝这些文化，那我就不可能掌握这些文化了；上天如果不灭绝这些文化，那么匡人又能把我怎么样呢？”

【对读】

我可要对你们说：“雅典人啊，我敬爱你们，可是我要服从神过于服从你们，我一息尚存而力所能及，总不会放弃爱智之学，总是劝告你们……”……我遇人就要这么做，无论对老幼、同胞或异邦人，尤其是对同胞，因为他们和我关系较为切近。你们要明白，这是神命我做的事，我认为，我为神办此差是本邦向所未有的好事。我巡游各处，一无所事，只是谆劝你们老幼不要顾虑身家财产在先而与性灵的最高修养并重……所以，雅典人啊，关于这事，我要申明：你们听或是不听安匿托士的话，放我或是不放，我总不会改行易操，即使要死多次。

——［古希腊］柏拉图著，《游叙弗伦　苏格拉底的申辩　克力同》，严群译，北京：商务印书馆，2017 年版，第 55 页

【阐释】

孔子和苏格拉底都生在旧制度逐渐瓦解，“世风日下，人心不古”的时代，他们都有通过教化民众来改良社会的政治理想，但终究困难重重，难以遂愿。面对这一无可奈何的人生困境，他们没有抱怨，没有改变自己的追求，而是将自身追求的合理性寄托于“天命”和“神”，依托着这种内心深处的信仰达到了自我实现。

孔子一生志在恢复周礼，在被匡人拘禁时，他毫不畏惧，镇定自若，他有自己的逻辑：上天不灭周文化，所以周文化传递到了自己身上。既然如此，匡

人是不可能对自己怎么样的。这是一种文化自觉、文化自信，也是一种“知天命”“畏天命”“敬天命”。

苏格拉底被雅典城邦公民大会起诉的罪名有两项：引进新神和败坏青年。其实苏格拉底所追寻的“神”并不是传统意义上的具体的神，而仅仅是自己的良知，是一种具有哲学色彩的信仰。雅典人同意释放苏格拉底的唯一条件就是他不得再研究哲学，否则就会处死他，苏格拉底拒绝了。

苏格拉底是西方哲学史上第一个把哲学从天上带到人间的人，他对生活、道德、生死和善恶问题的追问，使哲学的关注对象从自然转向人的内心、人的理性和道德原则。苏格拉底因对真理的执着追求与热爱，被后人奉为西方道德圣贤的典范，而他却以一种悲剧的方式结束了自己的生命。面对无妄之灾，他没有丝毫的激愤和畏惧，而是依旧用他智慧的语调诚挚地奉劝着一切，坦然地成为了殉道者。

【例说】

例一：隋唐时佛教盛行，儒学的影响日渐衰微，唐朝文学家韩愈以继承道统、恢复儒道为己任，撰写了《原道》一文，其中说道：“博爱之谓仁，行而宜之之谓义，由是而之焉之谓道，足乎己，无待于外之谓德。仁与义为定名，道与德为虚位；故道有君子小人，而德有凶有吉……曰：斯道也，何道也？曰：斯吾所谓道也，非向所谓老与佛之道也。尧以是传之舜，舜以是传之禹，禹以是传之汤，汤以是传之文、武、周公，文、武、周公传之孔子，孔子传之孟轲，轲之死，不得其传焉。荀与杨也，择焉而不精，语焉而不详。由周公而上，上而为君，故其事行；由周公而下，下而为臣，故其说长。然则如之何而可也？曰：不塞不流，不止不行。人其人，火其书，庐其居；明先王之道以道之，鳏寡孤独废疾者有养也。其亦庶乎其可也！”（[清]姚鼐纂集，《古文辞类纂》，上海：上海古籍出版社，2016年版，第7—9页）

韩愈在文中推究儒学之道的源头与传承世系，回顾了先秦以来杨墨、佛老等异端思想侵害儒道，使仁义道德之说趋于混乱的历史，对儒道衰微、佛老横行的现实深表忧虑。文章以上古以来社会历史的发展为证，表彰了圣人及其开创的儒道在历史发展中的巨大功绩，论证了儒家社会伦理学说的历史合理性，并以儒家正心诚意、修身齐家、治国平天下的人生理想为对比，批评了佛老二家置天下国家于不顾的心性修养论的自私和悖理，揭示了它们对社会生产、生活和纲常伦理的破坏作用，提出了“人其人，火其书，庐其居；明先王之道以道之，鳏寡孤独废疾者有养也”的具体措施。

韩愈认定道的本原是儒家的“仁义道德”，他以继承儒学文脉、恢复儒道为己任，展现了士大夫的历史使命感和责任感，具有非凡的气度与担当。

例二：在“中华民族伟大复兴”“文化强国”“中国梦”“新时代青年”这些充满正能量的主流话语体系背后，一些90后、00后青少年群体却热衷于通过网络社交媒体传播消极话语。这种现象的兴起可能源自青少年不知道“自己是谁”，不知道自己要做什么。加拿大哲学家查尔斯·泰勒在《自我的根源：现代认同的形成》一书中指出：“现代人最典型的道德困境是意义感的丧失，或者觉得生活没有意义，缺少方向感，没有确定性。”

请结合苏格拉底的名言“认识你自己”，谈谈如何理解并应对青少年的这种现象。

思路提示：人是可以为自己的人生确立意义的。网络社交媒体消极话语的背后折射出当代青少年难以为自我确立意义的精神困境，其形成的原因是复杂的，可以从东西方思想的交流与冲突、急功近利的社会风气、偏重应试而缺乏生命体验的教育现状等方面分析。青少年可以通过阅读、自省、社会实践、与父母师长交流等多种方式来寻找人生的意义与价值，认识自我是一生的事情。

第三则 《论语·述而篇》(7.5)

【原文】

子曰：“甚矣吾衰也！久矣吾不复梦见周公①！”

【注释】

①周公：周文王的儿子，周武王的弟弟，鲁国始祖。姓姬，名旦，封地为周，爵位为公，所以称周公旦。传说是西周典章制度的制定者，他是孔子所崇拜的圣人之一。

【今译】

孔子说：“我衰老得很厉害了！我好久没有再梦见周公了！”

【对读】

法官先生们，你们也必须充满自信地看待死亡，并确立这样一种坚定的信念：任何事情都不能伤害一个好人，无论是生前还是死后，诸神不会对他的命运无动于衷。呆板地说来，我的这种经验还没到来。我非常明白我最好去死，我摆脱心神烦乱的时候已经到来了。这就是为什么没有征兆来阻止我的原因。因此，我一点儿都不怨恨那些控告我和判我死刑的人……

我们离开这里的时候到了，我去死，你们去活，但是无人知道谁的前程更幸福，只有神才知道。

——［古希腊］柏拉图著，《柏拉图读本》，王晓朝编译，北京：新世界出版社，2007 年版，第 28 页

【阐释】

现在我们常用“梦周公”来指称睡觉，这是我们把古人的话用浅了。孔子一生志在恢复周公所开创的礼乐文化，但终其一生也没有成功。时至暮年，不由得为梦想不能实现而喟然长叹，表达了壮志未酬的遗憾和不甘。

对读片段选取的是苏格拉底面临死刑判决时最后的申辩，虽然苏格拉底的语言仍然慷慨激昂、正义凛然，没有表达出一丝绝望和叹息，但隐藏在这种刚烈言语背后的悲哀和遗恨，想必也是读者可以体会到的。

【例说】

例一：南宋词人辛弃疾生于金国，青年时参与耿京起义，擒杀叛徒张安国，回归南宋，献《美芹十论》《九议》等，条陈战守之策。先后在江西、湖南、福建等地为守臣，平定荆南茶商赖文政起事，又力排众议，创制飞虎军，以稳定湖湘地区。但由于他与当政的主和派政见不合，故而屡遭劾奏，数次起落，最终退隐山居。开禧北伐前后，宰臣韩侂胄接连起用辛弃疾知绍兴、镇江二府，并征他入朝任枢密都承旨等官，均遭辞免。开禧三年（1207 年），辛弃疾抱憾病逝，享年六十八岁。

辛弃疾有《贺新郎》一词：

“甚矣吾衰矣。怅平生、交游零落，只今馀几！白发空垂三千丈，一笑人间万事。问何物、能令公喜？我见青山多妩媚，料青山见我应如是。情与貌，略相似。

一尊搔首东窗里。想渊明《停云》诗就，此时风味。江左沉酣求名者，岂识浊醪妙理？回首叫、云飞风起。不恨古人吾不见，恨古人不见吾狂耳。知我者，二三子。”（文学鉴赏辞典编纂中心编，《宋词三百首鉴赏辞典》，上海：上海辞书出版社，2017 年版，第 433 页）

请结合《论语》中的语录与辛弃疾的生平经历解说这首词。

思路提示：这首词的中心思想有两个要点：一是年华老去、壮志难酬的慨叹，二是知音难求，只能从自然与古人那里获得慰藉的无奈。结合辛弃疾生平和《论语》中的“甚矣吾衰也”的典故进行分析即可。

例二：电影《心灵奇旅》讲述了梦想成为爵士钢琴家的乔伊 · 高纳与厌世

的灵魂"22"相遇，他们携手返回现实世界寻找生命意义的故事。当乔伊·高纳历尽困苦终于实现了自己的夙愿——完成了一次绝妙的演出之后，他却有种"不过而已"的空虚感。而灵魂"22"却在体会到落叶飘在掌心的感触之时，迸发出生命的火花，获得了前往地球的通行证。请结合这部电影的情节，谈谈你对生命的理解。

思路提示:《心灵奇旅》旨在告诉人们，生命的意义不在于完成一个特定的目标，而在于活在当下，珍惜平凡生活中的点滴美好。

第四、五则《论语·先进篇》(11.9、11.10)

【原文】

颜渊死。子曰:"噫！天丧予！天丧予！"

【今译】

颜渊死了。孔子说:"唉！天灭我啊！天灭我啊！"

【原文】

颜渊死，子哭之恸①。从者曰:"子恸矣！"曰:"有恸乎？非夫人之为恸而谁为？"

【注释】

① 恸：极度哀痛、悲伤。

【今译】

颜渊死了，孔子哭得很悲伤。跟随孔子的人说:"您太伤心了！"孔子说:"真的太伤心了吗？我不为这样的人伤心，还为什么人伤心呢？"

【对读】

苏格拉底：法律会以某种方式告知：遇到不幸时尽可能保持冷静而不急躁诉苦，是最善的。因为，这类事情的好坏是不得而知的；不作克制也无补于事；人世生活中的事本也没有什么值得太重视的；何况悲痛也只能妨碍我们在这种情况下尽可能快地取得我们所需要的帮助呢！

格劳孔：你指的什么帮助呢？

苏格拉底：周密地思考所发生的事情呀！就像在（掷骰子时）骰子落下后

决定对掷出的点数怎么办那样，根据理性的指示决定下一步的行动应该是最善之道。我们一定不能像小孩子受了伤那样，在啼哭中浪费时间，而不去训练自己心灵养成习惯：尽快地设法治伤救死，以求消除痛苦。

——［古希腊］柏拉图著，《理想国：权威全译本》（第十卷），郭斌和、张竹明译，北京：商务印书馆，2019 年版，第 406 页

【阐释】

《论语》中以上两则记孔子之“噫”、孔子之“恸”。在《论语》中，如此大动情感的孔子再没有了。孔子在评说《诗经·关雎》时曾说：“乐而不淫，哀而不伤。”他是一个讲“中和”“中庸”“折中”的人，颜渊之死竟让我们看到了他的哀而伤，可见他对颜渊的爱是非常深的。

苏格拉底则与孔子不同，他对生活中的不幸采取平静接受、冷静对待的态度，相较孔子之哀痛似乎少了许多人情味。古希腊哲学推崇理性、理念，讲求逻辑，不重情感。而儒家哲学本质上属于伦理学范畴，根植于日常生活与人情往来，较之西方哲学更世俗化，反映到具体的行为上，也就有更多情感的表露了。

【例说】

例一：《世说新语·伤逝》记载，“竹林七贤”之一的王戎死了儿子，他的朋友山简去探望他，王戎悲伤得不得了。山简说：“一个怀抱中的婴儿罢了，怎么能悲痛到这个地步！”王戎说：“圣人不动情，最下等的人谈不上有感情；感情最专注的，正是我们这一类人。”（原文：“圣人忘情，最下不及情；情之所钟，正在我辈。”）山简很敬佩他的话，更加为他悲痛。

例二：请阅读以下两段选文，你认为庄子是有情之人还是无情之人，为什么？

选段一：庄子妻死，惠子吊之，庄子方箕踞鼓盆而歌。惠子曰：“与人居，长子，老身，死，不哭，亦足矣；子鼓盆而歌，不亦甚乎？”庄子曰：“不然。是其始死也，我独何能无概然？察其始，而本无生；非徒无生也，而本无形；非徒无形也，而本无气。杂乎芒芴之间，变而有气，气变而有形，形变而有生；今又变而之死；是相与为春、秋、冬、夏四时行也。人且偃然寝于巨室，而我嗷嗷然随而哭之，自以为不通乎命，故止也。”（杨柳桥撰，《庄子译注》，上海：上海古籍出版社，2006 年版，第 272—273 页）

选段二：庄子送葬，过惠子之墓。顾谓从者曰：“郢人垩慢其鼻端，若蝇翼，使匠石斫之。匠石运斤成风，听而斫之，尽垩，而鼻不伤。郢人立不失容。

宋元君闻之，召匠石曰：‘尝试为寡人为之。’匠石曰：‘臣则尝能斫之，虽然，臣之质死久矣。’自夫子之死也，吾无以为质矣！吾无言之矣！”（杨柳桥撰，《庄子译注》，上海：上海古籍出版社，2006年版，第406页）

思路提示：庄子是有情之人。他在妻子的葬礼上鼓盆而歌，是为了展现自己对生死的旷达态度给别人看，有一定表演性质。而他在惠子墓前叹息自己永远地失去了知音，则是非常自然的真情流露了。清朝学者吴文英的一段话恰当地描述了庄子的性情：“庄子眼极冷，心肠极热。眼冷，故是非不管；心肠热，故悲慨万端。虽知无用，而未能忘情，到底是热肠挂住；虽不能忘情，而终不下手，到底是冷眼看穿。”

第六则 《论语·述而篇》（7.8）

【原文】

子曰：“不愤①不启，不悱②不发。举一隅③不以三隅反，则不复也。”

【注释】

①愤：学习时冥思苦想却得不到答案的状态。

②悱（fěi）：学习时想表达却表达不出来的状态。

③隅：方形物体的角。

【今译】

孔子说：“学生如果还没到冥思苦想却得不到答案的时候，我就不去开导他；学生还没到想表达却表达不出来的时候，我就不去启发他。对他举出一个角，如果他不能由此推知其他三个角，我就不再教他了。”

【对读】

苏格拉底：我们使他感到困惑，使他像遭到虹鱼袭击那样感到麻木，这样做给他带来任何伤害了吗？

美诺：我认为没有。

苏格拉底：实际上，我们在一定程度上帮助他寻找正确的答案，因为他现在虽然无知，但很乐意去寻找答案……

美诺：他确实是这样的。

苏格拉底：在产生困惑、明白自己无知、有求知的欲望之前，尽管他事实上并不知道答案，但他以为自己知道，在这种情况下他还会去试着寻求或学习吗？

美诺：不会。

苏格拉底：那么使他麻木一下对他来说是好事吗？

美诺：我同意。

苏格拉底：现在请注意，从这种困惑状态出发，通过与我共同探索真理，他会有所发现，而我只是向他提问，并没有教他什么。如果我给他任何指点或解释，而不是仅就他自己的意见向他提问，那么你就随时抓住我。

——［古希腊］柏拉图著，《柏拉图读本》，王晓朝编译，北京：新世界出版社，2007 年版，第 156—157 页

【阐释】

孔子和苏格拉底在教育理念和教育方法上是相似的。从教的角度来说，他们都主张启发式教学，善于通过提问来激发学生的疑惑和好奇心，通过进一步的提问和引导来促进学生独立深入地思考。从学的角度来说，他们都十分看重学习者求知的动机和积极探究、触类旁通的主观能动性。

【例说】

例一：汪曾祺在《沈从文先生在西南联大》中写道：

“教创作靠‘讲’不成。如果在课堂上讲鲁迅先生所讥笑的‘小说作法’之类，讲如何作人物肖像，如何描写环境，如何结构，结构有几种——攒珠式的、橘瓣式的……那是要误人子弟的。教创作主要是让学生自己‘写’。沈先生把他的课叫作‘习作’‘实习’很能说明问题。如果要讲，那‘讲’要在‘写’之后。就学生的作业，讲他的得失。教授先讲一套，让学生照猫画虎，那是行不通的。

……

……沈先生的讲课是非常谦抑、非常自制的。他不用手势，没有任何舞台道白式的腔调，没有一点哗众取宠的江湖气。他讲得很诚恳，甚至很天真。但是你要是真正听‘懂’了他的话——听‘懂’了他的话里并未发挥罄尽的余意，你是会受益匪浅，而且会终生受用的。听沈先生的课，要像孔子的学生听孔子讲话一样：‘举一隅而三隅反’。

……

沈先生教写作，写的比说的多，他常常在学生的作业后面写很长的读后感，有时会比原作还长。这些读后感有时评析本文得失，也有时从这篇习作说开去，谈及有关创作的问题，见解精到，文笔讲究……

沈先生教创作还有一种方法，我以为是行之有效的，学生写了一个作品，

他除了写很长的读后感之外，还会介绍你看一些与你这个作品写法相近似的中外名家的作品。记得我写过一篇不成熟的小说《灯下》，记一个店铺里上灯以后各色人的活动，无主要人物、主要情节，散散漫漫。沈先生就介绍我看了几篇这样的作品，包括他自己写的《腐烂》。学生看看别人是怎样写的，自己是怎样写的，对比借鉴，是会有长进的。这些书都是沈先生找来，带给学生的。因此他每次上课，走进教室里时总要夹着一大摞书。”（汪曾祺著，《人间草木》，杭州：浙江人民出版社，2020 年版，第 229—232 页）

例二：俗话说：“师傅领进门，修行靠个人。”你认为教师的引导和学生的自主学习，哪一个对学生的成长更重要？为什么？

思路提示：两者侧重点不同，对于学生的成长都很重要。教师的引导重在指明方向、传授方法，学生的自主学习则是实践与行动。在学习的前期，教师的引导更重要，在学习的中后期，学生的自主学习更重要。

第七则 《论语·子罕篇》（9.11）

【原文】

颜渊喟然叹曰：“仰之弥高，钻之弥坚。瞻之在前，忽焉在后。夫子循循然①善诱人，博我以文，约我以礼，欲罢不能。既竭吾才，如有所立卓尔。虽欲从之，末由②也已。”

【注释】

① 循循然：一步一步有次序地。

② 末由：末，没有。由，途径。

【今译】

颜渊长叹说：“老师的道，抬头仰望，越望越觉得高大雄伟，努力钻研，越钻研越觉得深厚。看着好像在前面，突然又觉得在后面。老师特别能一步一步引导人，用文化来丰富我，用礼仪来约束我，使我想停止学习也做不到。但是我已竭尽了我的才能也没能达到高度，总好像有一个非常高大的东西立在前面。虽然我想攀登上去，却没有找到途径。”

【对读】

也许，我们最好先考察一下普遍善的概念，研究一下它的含义是什么，尽管这种讨论令人为难，因为它要谈及我们自己的朋友（指亚里士多德的老师柏拉图及其继任者）所提出的理论。不过我们最好还是这样选择。的确，为了维护真而牺牲个人的所爱，这似乎是我们，尤其是我们作为爱智慧者的责任。因为，虽然友爱与真两者都是我们的所爱，爱智慧者的责任却首先是追求真。

——［古希腊］亚里士多德著，《尼各马可伦理学》（第一卷），廖申白译注，北京：商务印书馆，2017 年版，第 12 页

【阐释】

《论语》这一则中的这几句话是颜渊向老师学习时发出的感叹。颜渊首先是体验到了老师的高境界，并由衷地景仰老师的这种境界，所以他才有一种因不能达到这种境界而着急、苦恼的感叹。司马迁在《史记·孔子世家》中化用《诗经》文句，以"'高山仰止，景行行止'。虽不能至，然心向往之"一句，形象地表述了对孔子人格的高度仰慕之情。

对读的片段有一个更加流行的意译版本："吾爱吾师，吾尤爱真理。"东西方的文化传统中对待老师的态度是有所不同的，西方文化注重追求知识、知性、真理等客观事物，老师和学生是追求真理道路上的同行者，因此师生关系倾向于平等自然。中国传统文化则更加注重向内的探求，注重培育修养、人格、德行，老师往往是具有一定美德与修养的理想人格，是学生仰视并模仿的对象，所以中国传统非常重视师道尊严。

【例说】

例一：日本小说家中岛敦在短篇小说《弟子》中这样描绘子路眼中的孔子：

"孔子有一种洞察所有人内心世界的敏锐，甚至让人觉得他是否也曾经有过放荡不羁的生活经历。从他的这个方面，再想到要达到这种纯净度极高的理想主义终点的路程中所涉及内容的广泛性，子路不由得从心里发出感叹。无论是不能忍受丝毫瑕疵的伦理派，还是从世俗的含义来看，这都是一个让人放心的人。历来子路所见之人的伟大之处，都存在于他的利用价值之中，只是因为能够起到这样或那样的作用所以才觉得了不起。而孔子则全然不同。只要在这里有孔子这个人的存在就已经足够了。至少子路是这么认为的。他已经完全地倾倒了。进入门下还不到一个月，他甚至已经感觉到自己无法离开孔子这个精神支柱了。

后来，在孔子漫长而艰苦的流离生涯中，再没有像子路这样欣然跟随的人了。他并不打算作为孔子的弟子以求仕途，而且有意思的是，他甚至也并非想要留在老师身边磨炼自己的才德。仅凭着这种至死不渝、无所欲求到极致的敬爱之情，就把这个男人留在了老师的身边。就像曾经的剑不离手一样，现在的

子路无论如何都无法离开孔子了。

那时孔子还不到四十岁，只比子路大九岁。但是子路从这个年龄差感受到的却是他们之间接近无限的心灵差距……"（[日]中岛敦著，《山月记》，杨晓钟等译，西安：陕西人民出版社，2018 年版，第 76—77 页）

请谈谈你对这几段选文的理解。

思路提示：选文中有几个关键词，分别是"精神支柱""欣然跟随"和"心灵差距"。中岛敦在小说中将子路塑造得与颜渊类似，子路对孔子的崇拜、敬仰与跟随，都和《论语》中"仰之弥高，钻之弥坚……虽欲从之，末由也已"一脉相承。日本传统文化同样崇敬儒学、尊师重教。

例二：民国时期著名的语言文字学家黄侃师从章太炎，他们都对古代汉语的音韵学有很深入的研究，黄侃利用文献还原构拟上古汉语声母，提出了更完整的"照二归精说"，他的老师章太炎一开始并不相信这一说法，但黄侃找到了古书中许多反切、通假字的证据，证明了自己的观点，章太炎也改变了态度，认同了黄侃的研究。黄侃所著的《音略》一书将这段趣事记载为"吾师初不谓然，后乃见信"。

黄侃这种"吾爱吾师，吾尤爱真理"的研究态度，与西方学术传统中的科学精神是相通的。

第八则 《论语·先进篇》(11.3)

【原文】

德行：颜渊、闵子骞、冉伯牛、仲弓①；言语：宰我、子贡；政事：冉有、季路；文学②：子游、子夏。

【注释】

① 闵子骞、冉伯牛、仲弓：闵子骞，名损，子骞是他的字，鲁国人；孔子的弟子，小孔子十五岁。冉伯牛，名耕，伯牛是他的字，鲁国人，孔子的弟子。仲弓，名雍，仲弓是他的字，鲁国人，孔子的弟子。

② 文学：指古代文献，即孔子所传的《诗》《书》《礼》《易》《乐》《春秋》等。

【今译】

孔子的学生中，德行好的有：颜渊、闵子骞、冉伯牛、仲弓；善于辞令的有：宰我、子贡；善于治理政事的有：冉有、季路；通晓古代文献的有：子游、子夏。

【对读】

苏格拉底：我们知道，任何种子或胚芽（无论植物的还是动物的）如果得不到合适的养分、季节、地点，那么，它愈是强壮，离达到应有的发育成长程度就愈远，因为，恶对善比对不善而言是一更大的反对力量。

……

苏格拉底：因此我认为这也是很合理的：如果得到的是不适合的培养，那么最好的天赋就会比差的天赋所得到的结果更坏。

——［古希腊］柏拉图著，《理想国：权威全译本》（第六卷），郭斌和、张竹明译，北京：商务印书馆，2019 年版，第 242 页

苏格拉底：那么你听着，看我说得对不对。我们在建立我们这个国家的时候，曾经规定下一条总的原则。我想这条原则或者这一类的某条原则就是正义。你还记得吧，我们规定下来并且时常说到的这条原则就是：每个人必须在国家里执行一种最适合他天性的职务。

——［古希腊］柏拉图著，《理想国：权威全译本》（第四卷），郭斌和、张竹明译，北京：商务印书馆，2019 年版，第 156 页

【阐释】

据《史记》记载，孔子弟子“盖三千焉，身通六艺者七十有二人”。《论语》这一则里提到的十人是孔子门下最杰出的十位弟子，被称作“孔门十哲”。孔子能发现学生各自擅长的领域，并加以针对性的引导和教育，将他们培养成国家不同部门的有用之才。苏格拉底的教育观也是类似的，他将学生比喻成种子，就像不同植物需要不同的温度、光照和土壤，不同的学生也需要不同的培养方式，以顺应他们天性的发展，最终能在城邦里各司其职。

【例说】

例一：唐朝文学家柳宗元在《种树郭橐驼传》中这样描述郭橐驼种树的秘诀：

“其乡曰丰乐乡，在长安西。驼业种树，凡长安豪富人为观游及卖果者，皆争迎取养。视驼所种树，或移徙，无不活，且硕茂早实以蕃。他植者虽窥伺效慕，莫能如也。

有问之，对曰：‘橐驼非能使木寿且孳也，能顺木之天，以致其性焉尔。凡植木之性，其本欲舒，其培欲平，其土欲故，其筑欲密。既然已，勿动勿虑，去不复顾。其莳也若子，其置也若弃，则其天者全而其性得矣。故吾不害其长而已，非有能硕茂之也；不抑耗其实而已，非有能早而蕃之也。他植者则不然。

根拳而土易，其培之也，若不过焉则不及。苟有能反是者，则又爱之太殷，忧之太勤，旦视而暮抚，已去而复顾。甚者爪其肤以验其生枯，摇其本以观其疏密，而木之性日以离矣。虽曰爱之，其实害之；虽曰忧之，其实仇之，故不我若也。吾又何能为哉！’”（[清]张伯行选编，《唐宋八大家文钞》，上海：上海古籍出版社，2019年版，第101页）

柳宗元此文是针对当时官吏繁政扰民的现象而言的，他以此文向朝廷进谏，天下长治久安，不仅要“治民”，还要“养民”，使人民得到休养生息。文中记叙的事理同样可应用于教育。十年树木，百年树人。教育的目的在于启发人性中固有的求知、求善本能，让学生顺应天性发展。学校给予孩子过度的关注和压力，家长把自己的意志强加在孩子身上，都可能适得其反。

例二：美国哲学家赫伯特·马尔库塞在《单向度的人：发达工业社会意识形态研究》一书中提出，当代发达的工业社会成功地压制了人们心中的否定性、批判性和超越性的向度，使这个社会成为单向度的社会。娱乐、媒体、信息、技术等已经在以一种压倒性的态势占据着人们的闲暇时间和精神世界，而生活在其中的人就成了单向度的人，这种人丧失了个性、自由和创造力。

你认为赫伯特·马尔库塞的批判是否有道理？请结合你的生活体验，谈谈怎样做一个“多向度的人”。

思路提示：赫伯特·马尔库塞的批判非常中肯。随着科技水平的提高，人们获取信息的媒介和手段越发丰富，这让人目迷五色，时间严重碎片化，难以长时间集中注意力进行深度的阅读、思考与工作。想成为一个“多向度的人”，就要注意培养自己的自律意识和执行能力，能够在喧嚣的环境里沉下心来，花足够多的时间与精力认真做好重要的事情。

第九则 《论语·先进篇》(11.16)

【原文】

子贡问：“师与商①也孰贤？”子曰：“师也过，商也不及。”曰：“然则师愈与？”子曰：“过犹不及。”

【注释】

① 师与商：师，颛孙师，即子张。商，卜商，即子夏。

【今译】

子贡问：“颛孙师（子张）和卜商（子夏）二人谁更贤能呢？”孔子说：“颛

孙师（子张）做事常常过头，卜商（子夏）做事常常不足。”子贡说：“这样说，那么颛孙师（子张）好一些吗？”孔子说：“做过头和做不足是一样的。”

【对读】

道德德性同感情与实践相关，而感情与实践中存在着过度、不及与适度。例如，我们感受的恐惧、勇敢、欲望、怒气和怜悯，总之快乐与痛苦，都可能太多或太少，这两种情形都不好。而在适当的时间、适当的场合、对于适当的人、出于适当的原因、以适当的方式感受这些感情，就既是适度的又是最好的。这也就是德性的品质。

——［古希腊］亚里士多德著，《尼各马可伦理学》（第二卷），廖申白译注，北京：商务印书馆，2017 年版，第 49 页

【阐释】

孔子和亚里士多德都主张“过犹不及”，中庸为佳，做什么都应恰到好处。任何一种属性发展到极端，不管是过多或过少都会有负面影响，而每种德性都是两个极端之间的中道。

《论语》中涉及中庸的语句还有不少。“中庸之为德也，其至矣乎！民鲜久矣。”（《论语·雍也篇》）这句话强调中庸为天下之至德，但实现起来很困难。“求也退，故进之；由也兼人，故退之。”（《论语·先进篇》）这句讲的是孔子依照中庸的标准来规训学生。“不得中行而与之，必也狂狷乎！狂者进取，狷者有所不为也。”（《论语·子路篇》）这句讲的是孔子选择朋友的标准，最高的便是“中行”，即恰到好处的言行，符合中庸之道的言行。

【例说】

例一：唐朝的大儒韩愈，字退之。他的名和字都出自《论语》。“愈”是“超过、胜出”的意思，名意在进取，字意在退让，一进一退之间，正合中庸之道。

例二：《论语》中记载了一种被孔子称为“德之贼也”的“乡愿”之人。《论语·子路篇》：“子贡问曰：‘乡人皆好之，何如？’子曰：‘未可也。’‘乡人皆恶之，何如？’子曰：‘未可也。不如乡人之善者好之，其不善者恶之。’”“愿”是“谨厚”之意，“乡愿”即指那些在乡里左右逢源，“乡人皆好之”的老好人。

请思考：“乡愿”和中庸的区别在哪里？孔子为何极度推崇中庸，而厌恶“乡愿”？

思路提示：中庸与“乡愿”最重要的区别在于是否有做人的原则和底线。中庸指待人接物保持中正平和的态度，强调为人处世要知分寸，不过度，适可而止，而这一切都是建立在坚持内心的道德原则这个前提之上的。“乡愿”则是无原则地讨好所有人，以追求自己利益的最大化，缺失对自己的道德要求，正是中庸之人所不齿的。

第十则 《论语·阳货篇》(17.25)

【原文】

子曰：“唯女子与小人为难养也，近之则不孙①，远之则怨。”

【注释】

① 不孙：行为无拘，无礼。孙，同“逊”。

【今译】

孔子说：“只有女子和小人是难以相处的，亲近他们，他们就会无礼；疏远他们，他们就会怨恨。”

【对读】

苏格拉底：你认为真理与有分寸相近呢，还是与没分寸相近呢？

格劳孔：和有分寸相近。

苏格拉底：因此，除了别的品质而外，我们还得寻求天然有分寸而温雅的心灵，它本能地就很容易导向每一事物的理念。

……

苏格拉底：综上所述，一个人如果不是天赋具有良好的记性，敏于理解，豁达大度，温文尔雅，爱好和亲近真理、正义、勇敢和节制，他是不能很好地从事哲学学习的……

——[古希腊]柏拉图著，《理想国：权威全译本》(第六卷)，郭斌和、张竹明译，北京：商务印书馆，2019年版，第235页

【阐释】

对《论语》这一则中孔子说的这句话，历来有不同的理解。我们可以认为孔子是在教导人们：待人接物要有分寸感，边界意识，把握好距离。对一般人既不要太“近”，随意僭越规矩；也不要太“远”，不然就太冷漠。也可以认为

孔子在教导人们：人“近”己当愈“恭”，人不知而不愠；而不能像有些女子和小人那样，对于他人的不同态度有过激的情绪反应。

苏格拉底同样推崇有分寸而温雅的心灵，倡导自我克制，以礼待人。

【例说】

例一：中国的传统文化始终推崇“温润如玉”的君子形象，如《礼记·玉藻》记载：“君子之容舒迟，见所尊者齐遬。足容重，手容恭，目容端，口容止，声容静，头容直，气容肃，立容德，色容庄。”《诗经·卫风·淇奥》中则以“绿竹”起兴，借绿竹的挺拔青翠来赞颂君子的高风亮节，用生动活泼的语言刻画了一位幽默而不失分寸的君子：“瞻彼淇奥，绿竹如箦。有匪君子，如金如锡，如圭如璧。宽兮绰兮！猗重较兮！善戏谑兮！不为虐兮！”

例二：现代社会常被诟病的一点，便是人情淡薄、彼此冷漠，失去了亲密感和协同感。在某种程度上，一部分生活在城市的人正是被其陌生化的、匿名式的生活“权利”所吸引，人与人之间“可以无限靠近，但要保持冷漠；可处盈尺之地，但要保持距离”，互相尊重，但少言寡语。

你认为造成这种“陌生化社会”的原因是什么？这种变化是好是坏？你希望构建一种怎样的人际关系？

思路提示：“陌生化社会”的形成因素是多元的，可以从城市化进程加快、生活节奏加速、人们的自我意识与隐私意识的加强等多个维度进行分析。这种变化既有好处也有坏处。好处是，这意味着经济规模扩大、人员流动性增强、公共服务水平的提高，是一种社会意义上的进步。坏处是，人与人之间的关系变得冷漠疏离，缺乏基本的信任感和归属感，违背了人在情感上的天然需要，不利于健全人格的培养与完善，又是一种人性意义上的退步。

第十一则　《论语·子罕篇》（9.17）

【原文】

子在川上曰：“逝者如斯夫①！不舍②昼夜。”

【注释】

① 逝者如斯夫：逝者，流逝的时光。斯，这，指代河水。夫（fú），语气助词，在这里可译为“啊”。

② 舍：停止。

【今译】

孔子在河边说：“流逝的时光就像这河水一样啊！不分昼夜地向前流去。”

【对读】

历代淑女歌

［法］弗朗索瓦·维庸

芙萝拉是罗马城的佳丽，
请告诉我，她在何处羁留？
阿基比达如今又在哪里，
还有泰伊丝，前者的女友？
还有厄科，话音掠过河流，
她的声音会在水上回荡，
人间无此绝色，天上才有？
去岁下的雪，今又在何方？

才女爱洛伊丝何处归依？
阿贝拉为爱她被阉以后，
当了修士，终生颠沛流离，
最后去圣德尼，吃尽苦头。
再说，何处又是这位王后，
她一声令下，就把布里当
捆在袋中往塞纳河里丢。
去岁下的雪，今又在何方？

白王后可和百合花相比，
她更有美人鱼般的歌喉，
大脚的贝特，艾丽斯，尤其
阿杭布吉握有曼恩在手，
还有贞德，这洛林的闺秀
被英军活活烧死在卢昂？
她们在哪里？圣母，请开口！
去岁下的雪，今又在何方？

君王啊，请不必问个不休，
究竟何处可求这些女郎，
纵然再问，我的回答依旧：
去岁下的雪，今又在何方？

——《法国抒情诗选》，程曾厚编译，北京：商务印书馆，2013 年版，第 59—60 页

【阐释】

什么东西流逝了？多数人都认为孔子在这里是慨叹时光的流逝，所以加倍努力。他那句“发愤忘食，乐以忘忧，不知老之将至云尔”（《论语・述而篇》）可为证。但除了感慨时光的流逝，孔子是否还感慨别的什么流逝？如事业，如政治理想，是不是也随着生命的流逝一起流逝了？如果包含了这些，那么说这句话时，孔子的心中，一定有很深重的感伤了。

《历代淑女歌》是中世纪法国诗人弗朗索瓦・维庸著名的诗作，别称《古美人谣》。诗中所吟咏的古代女子，上至古希腊、古罗马的女神和哲人，下至 15 世纪法兰西女英雄；她们之中有地位卑微的妓女，也有位高权重的摄政太后；有超凡脱俗的思想家，也有出轨的王后。尽管这些女性身份各异，她们却展现出一种共性：有独立自主的思想，不惧权威，不受世俗道德的束缚。诗人在选择歌颂对象时，显然更注重她们的精神层面，美貌反而是其次的。这些女子所展露的品性，正是诗人自己所追求的。诗人吟唱她们、追溯她们，又不得不为她们的消逝无迹而叹息，正如诗末献词中所说的。弗朗索瓦・维庸写了这么长的一首诗，只不过是在说：古代绝色佳人如旧年白雪般消融，无影无踪，纵使她们当初冉美好又能怎样呢，还不是消失得不留痕迹？诗人对死亡和生命消逝的感悟，古今中外都是相通的。

【例说】

例一：阅读以下三首诗歌，体会诗人对待生命流逝的不同态度。

其一《诗经・唐风・蟋蟀》：“蟋蟀在堂，岁聿其莫。今我不乐，日月其除。无已大康，职思其居。好乐无荒，良士瞿瞿。”

其二《诗经・唐风・山有枢》：“山有漆，隰有栗。子有酒食，何不日鼓瑟？且以喜乐，且以永日。宛其死矣，他人入室！”

其三陶渊明《形神影三首・神释》：“三皇大圣人，今复在何处？彭祖爱永年，欲留不得住。老少同一死，贤愚无复数。日醉或能忘，将非促龄具！立善常所欣，谁当为汝誉？甚念伤吾生，正宜委运去。纵浪大化中，不喜亦不惧。应尽便须尽，无复独多虑。”

思路提示：面对生命流逝，这三首诗都表现出了一定的焦虑情绪，不过三首诗分别采取了不同的方式试图消解这种焦虑。第一首诗寄托于辛勤工作，第二首诗倡导及时行乐，第三首诗则告诉人们要顺应生老病死的自然规律，不要过多思虑。

例二：罗曼·罗兰在《约翰·克利斯朵夫》中写道：“大半的人在二十岁或三十岁上就死了。一过这个年龄，他们只变成了自己的影子，以后的生命不过是用来模仿自己。把以前真正有人味儿的时代所说的、所做的、所想的、所喜欢的，一天天地重复。而且重复的方式越来越机械，越来越脱腔走板。”

你认为生命是不断增值还是不断贬值的过程？为什么？

思路提示：随着年龄的增长，人的体力呈现先增长再衰退的趋势，这是不可避免的自然规律，然而生命的价值不能用生物学的标尺来衡量。人是自我界定的，每一天的作为积累起来，最终会决定生命是处于增值还是贬值的过程中。

第十二则 《论语·为政篇》(2.2)

【原文】

子曰：“诗三百①，一言以蔽②之，曰：‘思无邪③。’”

【注释】

① 诗三百：《诗经》三百零五篇，三百举其整数。

② 蔽：概括。

③ 思无邪：语见《诗经·鲁颂·駉》。

【今译】

孔子说：“《诗经》三百篇，可以用一句话来概括它，就是‘思想感情纯正无邪’。”

【对读】

作为一个整体，诗艺的产生似乎有两个原因，都与人的天性有关。首先，从孩提时候起人就有摹仿的本能。人和动物的一个区别就在于人最善摹仿并通过摹仿获得了最初的知识。其次，每个人都能从摹仿的成果中得到快感……

由于摹仿及音调感和节奏感的产生是出于我们的天性（格律文显然是节奏的部分），所以，在诗的草创时期，那些在上述方面生性特别敏锐的人，通过点滴的积累，在即兴口占的基础上促成了诗的诞生。

——［古希腊］亚里士多德著，《诗学》（第四章），陈中梅译注，
北京：商务印书馆，2017 年版，第 47 页

可是，我们还得研究，在这些属性［即怡悦和解倦效用］上，音乐是否另有比先前所说的更为高尚的本性。无论年龄差别多大，性格差别多远，人们的确都能对音乐自然地感受到怡悦，也许在这种共同的怡悦上，还另外有所感受——也许我们正应考虑到音乐是否对我们的性格和灵魂有所影响的问题。倘使音乐影响情操，则显然可见，其效应亦将及于性格。若干不同的曲调引起人们不同的感受，奥林帕斯的歌曲尤甚：这可证见音乐对于性格的影响。

——［古希腊］亚里士多德著，《政治学》（第八卷），吴寿彭译，
北京：商务印书馆，2009 年版，第 426 页

【阐释】

据《史记》记载，《诗经》之前有三千多首，三百零五首是经由孔子删订之后而确立下来的。三百零五首的内容已经相当丰富了，爱情、家园、征战……表现了西周、春秋时期生活的方方面面，有歌颂，有揭露，有赞美，有批判，反映出了华夏先民们淳朴而活泼的性灵。孔子用“思无邪”三个字来概括《诗经》，实在是简洁至极。

亚里士多德认为文学艺术源于对生活的摹仿，这种摹仿出于人的天性，诗歌表达了人类所共通的情感。

“诗”的本义是歌词，古时诗与乐是一体的，诗教就是乐教。东西方文化都推崇诗歌和音乐对人的教化作用，《礼记·经解》云：“温柔敦厚，《诗》教也……其为人也，温柔敦厚而不愚，则深于《诗》者也。”亚里士多德在《政治学》中也提出了类似的观点，认为音乐能够陶冶人的性灵，塑造人的性格。

【例说】

例一：英国诗人托马斯·斯特尔那斯·艾略特在《传统与个人才能》一文中谈道：“诚实的批评和敏感的鉴赏，并不注意诗人，而注意诗。”“诗人的职务不是寻求新的感情，只是运用寻常的感情来化炼成诗。”“诗不是放纵感情，而是逃避感情，不是表现个性，而是逃避个性。”托马斯·斯特尔那斯·艾略特认为，诗人要尽可能避免抒发个人色彩的情感，而关注更加朴素和基本的情感类型，这样诗人才能更好地引发读者的共鸣。因此好的诗人的作品不需要关注诗人的身份和经历，因为诗人逃避了过于个性化的情感。由此开启了 20 世纪中叶在西方流行的“新批评”（The New Criticism）文学理论派别，“新批评”学

派提出“回到文学本身”，即无须考虑作者、时代等外在因素，强调文学作品是一个独立的世界，文学作品之所以能够流传后世是因为它自身具有“文学性”。

这和中国传统的诗歌鉴赏原则“以意逆志”“知人论世”(《孟子·万章》)相背离，后者的意思是，要从诗歌的意象语言之中推断作者的志境怀抱，要把文学作品放到具体的时代环境中去考量和理解。

请比较这两种诗歌鉴赏方式的区别。你认为哪些文学作品适合用“新批评”的方式来阅读，哪些作品适合用“以意逆志”“知人论世”的方式来阅读?

思路提示：“以意逆志”“知人论世”的鉴赏方式旨在通过分析作者的生平经历、所处的时代背景来更好地理解文学作品的含义，这种阅读方式主要针对时代和作者确定、内容偏个性化的作品。“新批评”学派则强调文本细读，注重对文字本身的理解和感悟，适合时代作者不确定或者不重要，表达人类普遍情感的文学作品。以先秦时代的诗歌为例,《楚辞》更适合“以意逆志”“知人论世”的方式，通过了解屈原的生平遭遇来体会诗句的含义。《诗经》则更适合“新批评”学派的鉴赏方式，因为《诗经》属于民歌，表达的是人类基本且共通的情感。

例二:《毛诗序》有言：“诗者，志之所之也。在心为志，发言为诗。情动于中而形于言。”古诗词研究大家叶嘉莹先生将这句话总结为“感发的力量”。她在接受纪录片《掬水月在手》剧组的采访时说，自己一生研究、从教，不仅是为了追求学问知识，更是为着古典诗词中的感发生命。人对于宇宙、人生应当抱有一种关怀和爱心，学诗就是要对天地、草木、鸟兽，包括人世的聚散离合，都有所关怀。说到一首诗歌的好坏，先要看作诗的人是不是内心真正有一种感动，是不是有他自己真正的思想、感情、意念，还是在那里说一些虚伪、夸张的谎话。

请谈谈阅读中带给你最多感发的一首诗。

第十三则 《论语·雍也篇》(6.21)

【原文】

子曰：“中人以上，可以语①上也；中人以下，不可以语上也。”

【注释】

①语：告诉，谈论。

【今译】

孔子说：“中等智慧以上的人，可以与他谈论高深的道理；中等智慧以下的人，不可以与他谈论高深的道理。”

【对读】

人们如欲有所作为，必须注意两项标的——可能标的和适当标的；人们努力以赴各自的标的，尤应注意这些标的的可能性和适当性确实与本人的情况相符合。就音乐而言，这些情况随人的年龄而相异。年老气衰便难再唱高音乐调，他就只能低吟较轻柔的词曲……对于儿童们，凡内含有益的教训并可培养秩序的曲调就应该一律教授；而吕第亚调则两者兼胜，尤为相宜。这样，音乐教育显然应该要求符合三项标准——中庸标准、可能标准和适当标准。

——［古希腊］亚里士多德著，《政治学》（第八卷），吴寿彭译，北京：商务印书馆，2017 年版，第 440 页

【阐释】

因材施教是指对不同的人以不同的教育方式施以不同的教育内容，是孔子坚持的一个教育原则。人的基础有厚薄，悟性有深浅，见识有高低。对此，教师都应当有清醒的认识，否则，他的教育行为是低效甚至无效的。

亚里士多德在《政治学》最后一卷简短地谈到了教育原则，并以音乐教育为例子。他在文中提出了著名的教育的三个标准：中庸标准、可能标准和适当标准。中庸标准即教育的手段要中正平和，不能过度。可能标准指教育的目标要合理设置，具有可实现性与可操作性。适当标准指教育的方案要顺应受教育者本人的天性和实际情况。这三项教育标准是互相联系、互为因果的。

我们不难看出，东西方先哲在教育方面的立场是相近的。

【例说】

例一：《论语·先进篇》记载的一则小故事形象地展现了孔子的因材施教。

“子路问：‘闻斯行诸？’子曰：‘有父兄在，如之何其闻斯行之？’冉有问：‘闻斯行诸？’子曰：‘闻斯行之。’公西华曰：‘由也问闻斯行诸，子曰有父兄在；求也问闻斯行诸，子曰闻斯行之。赤也惑，敢问。’子曰：‘求也退，故进之；由也兼人，故退之。’”

例二：汪曾祺在《西南联大中文系》中写道：“西南联大中文系教授对学生的要求是不严格的。除了一些基础课，如文字学（陈梦家先生授）、声韵学（罗常培先生授）要按时听课，其余的，都较随便。比较严一点的是朱自清先生的‘宋诗’。他一首一首地讲，要求学生记笔记，背，还要定期考试，小考，大考。有些课，也有考试，考试也就是那么回事。一般都只是学期终了，交一篇读书报

告。联大中文系读书报告不重抄书，而重有无独创性的见解。有的可以说是怪论。有一个同学交了一篇关于李贺的报告给闻先生，说别人的诗都是在白地子上画画，李贺的诗是在黑地子上画画，所以颜色特别浓烈，大为闻先生激赏。有一个同学在杨振声先生教的‘汉魏六朝诗选’课上，就‘车轮生四角’这样的合乎情悖乎理的想象写了一篇很短的报告《方车轮》。就凭这份报告，在期终考试时，杨先生宣布该生可以免考。”（汪曾祺著，《人间有味》，南京：江苏人民出版社，2020年版，第98页）

例三：你认为因材施教和教育公平是否矛盾？为什么？

思路提示：因材施教不仅与教育公平不矛盾，而且是教育公平的一种实现方式。关键在于教师能否真正掌握不同学生的“材”，了解每一个学生的性格特点与天赋所在，并给予针对性的指导。

第十四则 《论语·述而篇》（7.11）

【原文】

子谓颜渊曰：“用之则行，舍之则藏①，惟我与尔有是夫！”子路曰：“子行三军，则谁与？”子曰：“暴虎②冯河③，死而无悔者，吾不与也。必也临事而惧④，好谋而成者也。”

【注释】

① 舍之则藏：舍，舍弃，不用。藏，隐藏。

② 暴虎：赤手空拳和老虎搏斗。

③ 冯河：不乘船而徒步过河。

④ 惧：谨慎。

【今译】

孔子对颜渊说：“用我呢，我就去干；不用我，我就隐藏起来，只有我和你才能做到这样吧！”子路对孔子说：“您如果统帅三军，那么您和谁共事呢？”孔子说：“赤手空拳和老虎搏斗，徒步涉水过河，死了都不会后悔的人，我是不会和他共事的。和我共事的一定要是遇事谨慎，善于谋划而能成事的人。”

【对读】

苏格拉底：因此，你一定明白，我们挑选战士并给以音乐和体操的教育，这也是在尽力做同样的事情。我们竭力要达到的目标不是别的，而是要他们像羊毛接受染色一样，最完全地相信并接受我们的法律，使他们的关于可怕事情和另外一些事情的信念都能因为有良好的天性和得到教育培养而牢牢地生根，并且使他们的这种“颜色”不致被快乐这种对人们的信念具有最强褪色能力的碱水所洗褪，也不致被苦恼、害怕和欲望这些比任何别的碱水褪色能力都强的碱水所洗褪。这种精神上的能力，这种关于可怕事物和不可怕事物的符合法律精神的正确信念的完全保持，就是我主张称之为勇敢的，如果你没有什么异议的话。

格劳孔：我没有任何异议。因为，我觉得你对勇敢是有正确理解的，至于那些不是教育造成的，与法律毫不相干的，在兽类或奴隶身上也可以看到的同样的表现，我想你是不会称之为勇敢，而会另给名称的。

——［古希腊］柏拉图著，《理想国：权威全译本》（第四卷），郭斌和、张竹明译，北京：商务印书馆，2019 年版，第 151 页

【阐释】

孔子和苏格拉底在“勇敢”这一命题上的见解是相似的，他们都反对鲁莽的匹夫之勇。

孔子认为，“暴虎冯河，死而无悔”的人，虽然视死如归，但有勇无谋，是不能成就大事的。勇是仁者必具的品性，但勇不是蛮干，而是“临事而惧，好谋而成”。从这一点上我们也能看出孔子对生命的珍视，对谨慎的推崇。

苏格拉底则点明了将匹夫之勇修炼为战士之勇的途径：教育的熏陶和法律的约束。

【例说】

例一：《孟子·告子上》有云：“鱼，我所欲也；熊掌，亦我所欲也。二者不可得兼，舍鱼而取熊掌者也。生，亦我所欲也；义，亦我所欲也。二者不可得兼，舍生而取义者也。生亦我所欲，所欲有甚于生者，故不为苟得也；死亦我所恶，所恶有甚于死者，故患有所不辟也。”孔子推崇的“临事而惧”与孟子主张的“舍生取义”是否矛盾？为什么？

思路提示：“临事而惧”和“舍生取义”并不矛盾，因为两者针对的是不同层级的事。“临事而惧”针对的是有危险但无关原则的“小事”，“舍生取义”针对的则是关乎个人信仰、国家大义的“大事”。

例二：教育部 2004 年版《中学生日常行为规范》第四十条写道：“见义勇为，敢于斗争，对违反社会公德的行为要进行劝阻，发现违法犯罪行为及时报

告。”2015 年修订的《中小学生守则》将这句话删去，改为“会自护懂求救”。你怎么看待这一修订？

思路提示：教育部修订条例的初衷在于保障未成年人的人身安全，比起“见义勇为”，更提倡“见义智为”，体现出生命至上的原则，是正确的修订。

第十五则 《论语·泰伯篇》(8.4 节选)

【原文】

曾子言曰：“鸟之将死，其鸣也哀；人之将死，其言也善。”

【今译】

曾子（对孟敬子）说：“鸟快要死时，它的叫声是悲哀的；人快要死时，他说的话是善意的。”

【对读】

苏格拉底起身在屋子里踱步，过了一会儿他说腿发沉，于是躺了下来，这是那个监刑官的吩咐。那个人，也就是那个监刑官，把手放在苏格拉底身上，过了一会儿又检查他的脚和腿。他起先用力掐苏格拉底的脚，问他是否有感觉。苏格拉底说没感觉。然后他又用同样的方法掐他的腿，并逐渐向上移，这种方法使我们知道苏格拉底的身子正在变冷和僵硬。监刑官又摸了一下苏格拉底，说等药力抵达心脏，苏格拉底就完了。

苏格拉底的脸上被盖了起来，但当他的腰部以下都已冷却时他揭开了盖头，说出了他最后的话：“克里托，我们必须向阿斯克勒庇俄斯祭献一只公鸡。注意，千万别忘了。”

“不会忘，我们一定会这样做的”，克里托说，“你肯定没有别的事了吗？”

苏格拉底没有回答，过了一会儿，他微微地动了一下。当那个监刑官揭开他的盖头来看时，他的眼睛已经无光了。克里托说话的时候，苏格拉底已经合上了嘴和双眼。

——［古希腊］柏拉图著，《柏拉图全集》(第一卷)，王晓朝译，北京：人民出版社，2017 年版，第 132 页

【阐释】

这是曾子生病时对人说的话。意思是当人走到生命的尽头时，会反省自己的一生，回归到生命的本质，所以说出来的话往往是真心的，有着对生命的真

切感悟的体验。

对读的段落是柏拉图记载的苏格拉底快要死时的场景，苏格拉底的临终遗言是“我还欠阿斯克勒庇俄斯一只公鸡”。阿斯克勒庇俄斯是古希腊神话中的医药神，为什么苏格拉底临终时挂念着要向医药神献祭呢？千百年来众说纷纭。比如弗里德里希·尼采认为，这句话喻示生命是一种疾病，它依靠死亡而被治愈了，因而暴露了苏格拉底骨子里是一个悲观主义者。从容赴死的苏格拉底似乎是因为参透了文化的衰败命运而厌倦了生命。而苏格拉底的理性也不过是为了对抗这种衰落而不得不“强行获得的权力”，同时又是这种文化的衰落命运必然选择的结果。这只是弗里德里希·尼采加入了个人色彩的解读，至于苏格拉底的原意究竟为何，大概永远是个谜了。

【例说】

例一：秦相李斯被赵高诬陷谋反，具五刑，腰斩于咸阳，夷三族。临刑前，他回头对二儿子说：“我想和你再牵着黄狗一同到蔡东门去追逐狡兔，又怎能办得到呢！（原文：‘吾欲与若复牵黄犬俱出上蔡东门逐狡兔，岂可得乎！’）”后人遂用“黄犬之叹”这一成语来形容蒙祸受害，后悔莫及。

“竹林七贤”之一的嵇康被钟会诬陷，致使司马昭下令处死嵇康。行刑当日，三千名太学生上书朝廷，请求赦免他，并要求让嵇康来太学任教，他们的这些要求并没有被同意。临刑前，嵇康神色不变，如同平常一般。他看了看太阳的影子，知道离行刑尚有一段时间，便向兄长嵇喜要来平时爱用的琴，在刑场上抚了一曲《广陵散》。曲毕，嵇康把琴放下，叹息道：“袁孝尼（袁准）曾经向我请求学习《广陵散》，我每每吝惜而固守不教授他，《广陵散》现在要失传了！（原文：‘袁孝尼尝请学此散，吾靳固不与，《广陵散》于今绝矣！’）”

嵇康的好友向秀在《思旧赋》中写道：“昔李斯之受罪兮，叹黄犬而长吟。悼嵇生之永辞兮，顾日影而弹琴。”表达了对往日美好的追忆、故友逝去的悲哀，以及对当时黑暗的政治环境的怵惕之情。

例二：墓志铭作为对逝者一生的盖棺定论，其意义不言而喻。许多历史文化名人的墓志铭都颇具巧思，如古希腊“喜剧之父”阿里斯托芬的墓志铭出自哲学家柏拉图之手：“美乐女神要寻找一所不朽的宫殿，终于在阿里斯托芬的灵府发现。”爱尔兰诗人威廉·巴特勒·叶芝的墓志铭是他去世前夕写的一首诗的最后十七个字：“对人生，对死亡，给予冷然之一瞥，骑士驰过。”

请查阅资料，和同学分享你认为的最有个性的墓志铭，或为某位你喜欢的历史人物拟定一则墓志铭。